Über dieses Buch

»Wer das Problem des Todes – des freien oder unfreien – je bedacht hat, wird an diesem Buche nicht vorbeigehen dürfen«, schreibt Jean Améry in einer enthusiastischen Würdigung des Buches von A. Alvarez.
Mit je einer Fallstudie beginnt und endet ›Der grausame Gott‹. Einführend berichtet der Autor vom Freitod der englischen Lyrikerin Sylvia Plath, mit der er eng befreundet war; das Endkapitel ist autobiographisch und erzählt knapp und ohne jedes Selbstmitleid von Alvarez' eigenem Selbstmordversuch. Eingefügt in diesen Rahmen steht eine Analyse der Geschichte des Suizids von der Antike über das Mittelalter bis ins 20. Jahrhundert und der Versuch einer Psychologie und Phänomenologie des Selbstmords.
Keine Epoche war so lebens- und todessüchtig zugleich wie die unsrige, und nie wurden die Wurzeln der »Sympathie mit dem Tode«, wie Thomas Mann die Todessehnsucht nennt, so deutlich bloßgelegt wie von den Tiefenpsychologen, den Schriftstellern, den Philosophen unseres Jahrhunderts. Bis zu dessen Beginn war Selbstmord eine rare Ausnahme. Seit etwa fünfzig Jahren jedoch breitet sich das Selbstmordfieber fast epidemisch aus. Vor allem der Prozentsatz an Künstlern, an sensiblen Schriftstellern, die ihr Leben selbst beenden, wächst seit einigen Generationen ständig. Selbstmord als Zeichen der Freiheit, als Folge von Lebensüberdruß, als Erfüllung des sehnsüchtigen Wunsches nach dem Tode?
»Soziologen und Psychologen, die den Selbstmord als Krankheit definieren, setzen mich«, so schreibt Alvarez, »heute nicht weniger in Erstaunen als Katholiken und Moslems, die ihn als schwere Todsünde bezeichnen. Ich glaube, er steht ebenso sehr jenseits sozialer und psychischer Vorausberechnung wie jenseits der Moralgesetze. Er ist eine schreckliche, aber völlig natürliche Reaktion auf die gespannten, drükkenden, unnatürlichen Zwangslagen, in die wir uns manchmal selber hineinmanövrieren.«

Der Autor

A. Alvarez, 1929 in London geboren, gab nach verschiedenen Forschungsstipendien in Großbritannien und den USA 1956 seine akademische Karriere zugunsten der Tätigkeit als freier Schriftsteller auf. Er war literarischer Redakteur des *Observer* und veröffentlichte literaturkritische Bücher und Essays sowie einen eigenen Lyrikband.

A. Alvarez

Der grausame Gott

Eine Studie über den Selbstmord

Aus dem Englischen übertragen von Maria Dessauer

Fischer
Taschenbuch
Verlag

Fischer Taschenbuch Verlag
1.–12. Tausend: April 1980
13.–17. Tausend: Dezember 1981
Ungekürzte Ausgabe

Umschlagentwurf: Jan Buchholz/Reni Hinsch
(Foto: Harro Wolter)

Titel der englischen Originalausgabe:
›The Savage God – A study of suicide‹
Erschienen bei Weidenfeld and Nicolson, London 1971
Redaktion: Geno Hartlaub und Regine Stützner
Fischer Taschenbuch Verlag GmbH, Frankfurt am Main
Lizenzausgabe mit freundlicher Genehmigung
des Hoffmann und Campe Verlags, Hamburg

Gesamtherstellung: Hanseatische Druckanstalt GmbH, Hamburg
Printed in Germany
1080-ISBN-3-596-23807-2

Inhalt

Für Anne

Nach uns der grausame Gott

WILLIAM BUTLER YEATS

Der Gott Tezkatlipoka, er galt als ein wahrer Gott, unsichtbar, mächtig, jede Stätte zu betreten, die Himmel, die Erde und den Ort der Toten. Man sagte, wenn er auf Erden war, hat er die Menschen zum Krieg angespornt, Feindschaft und Zwietracht gestiftet und viel Angst und Unruhe verursacht. Er hetzte die Völker gegeneinander auf, so daß sie Kriege führten, und darum ward er »der Feind auf beiden Seiten« geheißen.

Er allein verstand, wie die Welt regiert wird, und spendete allein Wohlstand und Reichtum und nahm sie nach seinem Belieben wieder fort; er spendete Reichtümer, Wohlstand und Ruhm, Tapferkeit und Herrschaft, Ehren und Würden und nahm sie wieder fort, wann es ihm gefiel. Darum ward er gefürchtet und verehrt, denn es lag in seiner Macht, zu erheben und niederzuwerfen.

BERNARDINO DE SAHAGUN, »Historia general de las cosas de Nueva España«

Vorwort

Als ich noch zur Schule ging, hatten wir einen ungewöhnlich sanftmütigen, ziemlich unordentlichen Physiklehrer, der auf scherzhafte Art immer wieder auf den Selbstmord zu sprechen kam. Er war ein schmächtiger Mann mit breitem, rotem Gesicht, großem, von wolligen grauen Locken bedecktem Haupt, und er lächelte ständig besorgt. Es hieß, er habe in Cambridge, im Unterschied zur Mehrzahl seiner Kollegen, sein Fach mit Auszeichnung bestanden. Eines Tages bemerkte er gegen Ende seiner Stunde in mildem Ton, jeder, der sich die Kehle durchschneide, solle darauf bedacht sein, seinen Kopf vorher in einen Sack zu stecken, da er andernfalls ein fürchterliches Schlamassel hinterlasse. Alle lachten. Dann läutete die Ein-Uhr-Glocke, und die Jungen zogen zum Mittagessen ab. Der Physiklehrer radelte geradewegs nach Hause, steckte seinen Kopf in einen Sack und schnitt sich die Kehle durch. Viel Schlamassel gab es nicht. Ich war kolossal beeindruckt.

Der Lehrer fehlte uns sehr, da es schwer war, in unserer trübseligen, abgeschlossenen Gemeinschaft einen guten Mann zu finden. Während des darauffolgenden skandalumwitterten Schweigens und der Gerüchte kam mir jedoch nie der Gedanke, er habe etwas Unrechtes getan. Später kämpfte ich selbst lange mit Depressionen und glaubte allmählich zu verstehen, warum dieser Mann einen derart verzweifelten Ausweg gewählt hatte. Und kurz darauf lernte ich Sylvia Plath kennen, in jener außerordentlich produktiven Zeit, die ihrem Tod vorausging. Damals sprachen wir gelegentlich vom Selbstmord, jedoch gelassen wie über ein beliebiges anderes Thema. Nachdem sie sich das Leben genommen hatte, wurde mir erst deutlich, daß ich fast nichts über eine Handlung wußte, die zu verstehen ich so lange heimlich für mich in Anspruch genommen hatte. Das vorliegende Buch ist ein Versuch, den Dingen auf den Grund zu gehen.

Es beginnt mit einem Bericht über Sylvia Plath, nicht nur um ihr, die ich zu den begabtesten Schriftstellern unserer Zeit zähle, zu huldigen, sondern auch, um einen bestimmten Akzent zu setzen. Ich will das Buch mit der genauen Schilderung je eines

Falls anfangen und enden lassen, so daß die Theorien und Abstraktionen, mit denen wir uns beschäftigen werden, gleichsam im menschlichen Einzelschicksal wurzeln. Vieldeutigkeit und komplexe Motivation eines Akts wie Selbstmord entwirrt keine einzige Theorie. An die notwendige Einseitigkeit jedweder Erklärung sollen uns Prolog und Epilog mahnend erinnern. Darum habe ich versucht, die Gefühlsveränderungen und -verwirrungen, die zu Sylvias Tod führten, nach bestem Wissen und mit der mir möglichen Objektivität nachzuzeichnen. Von diesem Beispiel ausgehend, bin ich dem Thema in die weniger persönlichen Bereiche gefolgt, in die es mich führte.
Ein langer Weg, wie sich zeigen sollte. Als ich mich aufmachte, geschah dies in dem unschuldigen Glauben, über den Freitod sei nicht viel geschrieben worden, außer dem schönen philosophischen Essay von Camus *»Der Mythos von Sisyphos«*[1]*, einem umfangreichen und bedeutenden Buch von Emile Durkheim[2], Erwin Stengels unschätzbarem Handbuch[3] und dem ausgezeichneten, aber leider vergriffenen historischen Überblick von Giles Romilly Fedden[4]. Bald erkannte ich meinen Irrtum.
Die Literatur über diesen Gegenstand ist gewaltig, sie wächst mit jedem Jahr. Doch nur wenig davon ist für den Nichtfachmann von nennenswertem Interesse, und noch weniger hat mit dem zu tun, was der Laie persönlich über den Selbstmord weiß. Als nicht zu bremsende Publizisten haben sich vornehmlich Soziologen und klinische Psychiater erwiesen. Dennoch ist es möglich – sogar leicht möglich –, fast jedes ihrer unzähligen Bücher, fast jeden ihrer unzähligen Artikel durchzuackern, ohne je zu bemerken, daß sie sich mit der erbärmlichen, verstörenden, quälenden Krise befassen, die der Selbstmord gemeinhin ist. Selbst die Psychoanalytiker scheinen das Thema zu meiden. In ihren Werken berühren sie es meist nur nebenbei bei der Erörterung anderer Gegenstände. Es gibt einige bemerkenswerte Ausnahmen, die ich später gebührend nennen werde. Weitgehend aber mußte ich mir die psychoanalytische Selbstmordtheorie zusammenstückeln, so gut ich es vom Standpunkt des interessierten Außenstehenden, der nicht in Behandlung ist, vermochte. Alles Diesbezügliche befindet sich im dritten Teil. Jeder aber, der einen Gesamtüberblick über Tatbestände und Statistiken des Selbstmords und über den gegenwärtigen Stand von

* Die hochgestellten Ziffern verweisen auf die Anmerkungen und Quellennachweise auf Seite 262 ff.

Theorie und Forschung sucht, sollte zu Professor Stengels klarer und einfühlsamer Untersuchung über Selbstmord und versuchten Selbstmord greifen.

Je zahlreicher die wissenschaftlichen Untersuchungen waren, die ich las, desto stärker festigte sich in mir die Überzeugung, ich könne nichts Besseres tun, als den Selbstmord aus der Perspektive der Literatur zu betrachten, um zu erkennen, wie und wann er in die Vorstellungswelt schöpferischer Menschen gelangt. Literatur ist zunächst ein Gebiet, über das ich etwas weiß, zudem eine Disziplin, die sich vornehmlich mit dem befaßt, was Cesare Pavese »das Handwerk des Lebens«[5] nannte. Da der Künstler sich seiner Motive deutlicher bewußt ist als die Mehrzahl der Menschen, da er sich besser auszudrücken vermag, würde er wahrscheinlich Aufklärungen bieten können, welche die Soziologen, Psychiater und Statistiker vermissen lassen. Indem ich diesen schwarzen Faden verfolgte, bin ich zu einer Hypothese gelangt, die meiner Ansicht nach in mancher Hinsicht erklärt, womit sich die Kunst der Gegenwart befaßt. Um zu verstehen, warum der Selbstmord in der heutigen Literatur so zentral erscheint, trat ich einen langen Weg in die Vergangenheit an. Ich wollte sehen, welche Entwicklung das Thema in den letzten fünf oder sechs Jahrhunderten genommen hat. Die Untersuchung zwang mich zu einer vielleicht langweiligen Ausführlichkeit. Doch ich schreibe nicht für den Fachmann, und falls das Buch sich am Ende doch nur als Lektüre für Literaten erweisen sollte, so wäre mein Versuch mißlungen.

Ich biete keine Lösungen an. Ich glaube auch nicht an die Möglichkeit von Lösungen, da der Selbstmord für verschiedene Menschen verschiedener Zeiten verschiedene Bedeutung hatte. Für Petronius Arbiter war er eine letzte stilvolle Blüte, die er einem höchster Lebensart geweihten Dasein anhängte. Für Thomas Chatterton die Alternative zum langsamen Hungertod. Für Sylvia Plath war er ein Versuch, der verzweifelten Situation zu entkommen, in die sie die eigene Dichtung getrieben hatte. Für Cesare Pavese war er zwangsläufig, wie der nächste Sonnenaufgang, ein Geschehen, das aller Weltruhm und Welterfolg nicht aufhalten konnten. Die einzige denkbare Lösung, auf die der Selbstmörder hoffen kann, ist Hilfeleistung der einen oder anderen Art: mitfühlendes Verständnis für das, was er durchmacht, Verständnis von seiten der Samariter oder des Priesters oder von seiten jener wenigen Ärzte, die Zeit und Neigung haben, ihm zuzuhören, fachliche Hilfe durch den Psychiater oder von jenen,

die Professor Stengel optimistisch als »therapeutische Gemeinschaft« bezeichnet, eine Gruppe, die eigens dazu gebildet wird, sich mit solchen Notfällen zu befassen. Doch vielleicht wünscht der Selbstmörder keine Hilfe.
Statt Antworten anzubieten, habe ich hier lediglich versucht, zwei Vorurteilen zu begegnen. Das erste ist das höchst fromme Lied – zumeist wird es jetzt zwar von Leuten angestimmt, die sich zu keiner Kirche bekennen – , welches den Selbstmord als eine völlig indiskutable moralische Verfehlung oder Krankheit entsetzt zurückweist. Das zweite Vorurteil ist die augenblickliche wissenschaftliche Mode, die gerade dann, wenn sie den Selbstmord zum Gegenstand ernsthafter Forschung nimmt, ihm jede ernsthafte Bedeutung aberkennt, indem sie aus Verzweiflung dürre Statistiken macht.

Fast jeder hat eine eigene Ansicht über den Selbstmord. Die Menschen, die mir Hinweise und Ratschläge gaben, Einzelheiten mitteilten, waren zu zahlreich, als daß ich sie alle anzuführen oder ihnen gebührend zu danken vermöchte. Besonderen Dank schulde ich Tony Godwin, dessen allem Augenschein widersprechende Überzeugung, ich könne dieses Buch zustande bringen, mir einen großzügigen Vorschuß einbrachte und so die Freiheit, es zu schreiben. Dank auch dem *Arts Council of Great Britain* für sein Stipendium, das sich in einem kritischen Augenblick als eine wahre Wohltat erwies. Dank Diane Harte, die sich mit dem Manuskript abmühte und es immer wieder peinlich genau abschrieb. Dank aber vor allem meiner Frau Anne, die half, Kritik übte und durch ihre entscheidende Unterstützung diese Studie überhaupt ermöglicht hat.

Erster Teil

Prolog
Sylvia Plath

Sterben
Ist eine Kunst, wie alles.
Ich kann es besonders schön.

Ich kann es so, daß es die Hölle ist, es zu sehn.
Ich kann es so, daß man wirklich fühlt, es ist echt.
Sie können, glaube ich, sagen, ich bin berufen zu diesem Ziele.

SYLVIA PLATH

Die Lust an der Zerstörung ist auch eine schöpferische Lust.

MICHAEL BAKUNIN

Wenn ich mich recht erinnere, lernte ich Sylvia Plath und ihren Mann im Frühjahr 1960 in London kennen. Meine erste Frau und ich wohnten damals in der Nähe von Swiss Cottage, im etwas schäbigen Randgebiet des literarischen Hampstead. Das große Gebäude stammte aus der Zeit König Eduards VII. Sein Backstein war von einem besonders häßlichen Rot, der Farbe eines alten Dampfkessels, den man so lange dem Rost ausgesetzt hat, daß selbst der Glanz des Verfalls vergangen ist. Als wir einzogen, war das Haus gerade von einer jener auf Spekulationskäufe spezialisierten Immobiliengesellschaften umgebaut worden, die besonders üppig blühten, ehe ein auffliegender Skandal den ausbeuterischen Hausbesitzern das Leben schwermachte. Natürlich hatten sie Schundarbeit geleistet: Die Einrichtung war billig, die Ausführung schauderhaft; die Fensterrahmen schienen zu klein für das sie umgebende Mauerwerk, und bei jeder Fuge zeigten sich breite unverputzte Lücken. Aber wir hatten die Böden auf Hochglanz poliert und die Wände in leuchtenden Farben gestrichen, wir hatten allerlei Krimskrams bei den Trödlern von Chalk Farm gekauft und diese Errungenschaften ebenfalls geputzt und angemalt. Am Ende wirkte die Wohnung schick, auf dünne, zerbrechliche Weise allerdings: Der richtige Ort für das erste Kind, das erste Buch, das erste wirkliche Unglück. Als wir anderhalb Jahre später auszogen, klafften dort, wo die neuen Fenster herausgebrochen worden waren, Risse in den Außenmauern. Auch in unserem Leben klafften mittlerweile Risse, und so schien alles zusammenzupassen.
Da ich für den *›Observer‹* regelmäßig Lyrik besprach, verkehrte ich wenig mit Schriftstellern. Bekanntschaft mit denen, die ich rezensierte, schien allzu viele Schwierigkeiten zu machen: Nette Menschen schreiben oft schlechte Verse, gute Dichter können Ungeheuer sein; in den meisten Fällen waren beide, sowohl der Mensch als auch sein Werk, scheußlich. Summa summarum fiel es mir leichter, einen Namen nicht mit dem dazugehörigen Gesicht in Verbindung zu bringen und nur über die gedruckte Seite mein Urteil zu fällen. An meiner Regel hielt ich sogar noch

fest, als man mir sagte, daß Ted Hughes mit seiner amerikanischen Frau und seinem kleinen Kind ganz in meiner Nähe, gleich hinter Primrose Hill, wohnte. Drei Jahre vorher hatte er *»The Hawk in the Rain«* herausgebracht, ein Werk, das ich sehr bewunderte. Irgend etwas an seinen Gedichten ließ mich vermuten, daß ihm mein Urteil gleichgültig sein würde. Sie schienen aus einer Tiefenwelt emporzutauchen, die nur ihm gehörte; trotz aller technischen Meisterschaft vermittelten sie den Eindruck, das literarische Treiben interessiere den Autor nicht. »Keine Sorge«, sagte man mir, »er fachsimpelt nie.« Man sagte mir außerdem, daß seine Frau Sylvia heiße und gleichfalls Lyrik schreibe, »aber« – und das sollte zu meiner Beruhigung dienen – »sie ist sehr scharfsinnig und intelligent«.

1960 erschien Hughes' *»Lupercal«*. Ich hielt das Buch für das beste Werk eines jungen Autors, das ich seit Beginn meiner Tätigkeit beim *›Observer‹* gelesen hatte. Als ich in diesem Sinne eine Besprechung schrieb, verlangte die Zeitung für ihre Klatschspalte einen kurzen Artikel über ihn. Ich rief Hughes an, und wir vereinbarten, mit unseren Kindern einen Spaziergang zum Primrose Hill zu machen. Ein netter, unverfänglicher Plan, so schien mir.

Die Hughes lebten unweit des Regent's-Park-Zoos in einer winzigen Wohnung. Die Fenster blickten auf einen heruntergekommenen Platz: abbröckelnde Häuser um eine buntscheckige Gartenwildnis herum. In der Nähe der Hills wurde es immer vornehmer: Gewitzte Häusermakler, die in den Sonntagsblättern inserierten, hatten ihre Plakate aufgestellt; die Eingangstüren zeigten modische Farben – ›Cantalupe‹, ›Mandarine‹, ›Blaubeere‹, ›Themsengrün‹ – überall mußte man an strahlend weiße Innenräume denken, die alten Gebäude glänzten und leuchteten in neuem Putz.

Ihres Häuserblocks hatte man sich jedoch noch nicht angenommen; er war schmutzig, rissig und von Kinderlärm erfüllt. Die Gebäude in den angrenzenden Straßen wurden noch von der gleichen Art Arbeiterfamilien bewohnt, für die sie achtzig Jahre vorher gebaut worden waren. Bisher hatte sie noch niemand modernisiert und ihren Preis vervierfacht – doch dazu sollte es bald genug kommen. Der Weg zur Wohnung der Hughes im ersten Stock führte über eine feuchte Treppe, vorbei an einem Kinderwagen und einem Fahrrad, die im Hausflur standen. Die Etage war so klein, daß alles verquer gestellt schien. Man quetschte sich in einen Gang, der so eng und vollgestopft war, daß man kaum den Mantel ablegen konnte. Die Küche schien nur jeweils eine Person aufnehmen zu können, sie war mit gestreckten Armen auszumessen. Im Wohnzimmer saß man in einer Reihe nebeneinander zwischen einer Bücherwand und einer Bilderwand. Das Schlafzimmer mit seiner geblümten Tapete hatte für nichts anderes als für das Doppelbett Platz. Aber die Farben waren freundlich, die Möbel hübsch. Die ganze Wohnung vermittelte den Eindruck von Leben und Geschäftigkeit. Eine Schreibmaschine stand auf einem kleinen Tisch am Fenster; sie lösten einander beim Tippen ab, arbeiteten umschichtig und sorgten abwechselnd für das Baby. Abends räumten sie die Maschine fort, um für das Kinderbettchen Platz zu schaffen. Später überließ der amerikanische Lyriker W. S. Mervin ihnen ein Zimmer, in dem Sylvia morgens, Ted nachmittags arbeitete.

Es war Teds große Zeit. Er stand im Begriff, ein Autor von beträchtlichem Ansehen zu werden. Sein erstes Buch war gut aufgenommen worden und hatte in den Staaten zahlreiche Preise erhalten, was gewöhnlich zur Folge hat, daß das zweite Buch abfällt. Statt dessen erfüllte und übertraf *»Lupercal«* alle Verheißungen von *»The Hawk in the Rain«*. Auf der eintönigen Szene britischer Lyrik war eine kraftvolle Gestalt aufgetreten. Wie stark seine Bedenken und sein Mißtrauen gegenüber dem eigenen Werk auch sein mochten: Seine Stärke und Leistung mußten ihm in gewissem Grad bewußt sein. Gott allein mochte wissen, wie weit er es noch bringen würde, doch in einer wesentlichen Hinsicht war er bereits »angekommen«. Er war ein großer Mann von kräftigem Aussehen, er trug schwarze Cordsamtjakken, schwarze Hosen und schwarze Schuhe; seine dunklen Haare hingen ihm unordentlich in die Stirn; sein breiter Mund wirkte geistreich. Er war die beherrschende Figur.

Damals stand Sylvia in seinem Schatten; die Dichterin trat hinter der jungen Hausfrau und Mutter zurück. Sylvia hatte einen langen, ziemlich flachen Körper, ein längliches, unhübsches, aber waches und ausdrucksvolles Gesicht mit einem lebhaften Mund und schönen braunen Augen. Ihr bräunliches Haar war in einem strengen Knoten zusammengefaßt. Sie trug Jeans und ein flottes Hemd, wirkte auf amerikanische Art adrett, strahlend sauber und tüchtig wie die junge Frau auf einer Kochreklame, freundlich, dabei eher zurückhaltend.

Ihre Lebensumstände, von denen ich damals nichts wußte, straften ihr hausfrauliches Wesen Lüge. Sie war ein Wunderkind gewesen – ihr erstes Gedicht erschien, als sie acht Jahre war –, später wurde sie eine glänzende Schülerin, die zunächst in der Wellesley High School, dann im Smith College alle verfügbaren Preise, Stipendien und die besten Zensuren erhielt. Die New Yorker Klatschzeitschrift *›Mademoiselle‹* entdeckte sie als außergewöhnliche Persönlichkeit; sie wurde überall in Manhattan herumgereicht, eingeladen und fotografiert. Danach hatte sie, fast automatisch, ein Fulbright-Stipendium für Cambridge gewonnen und dort Ted Hughes kennengelernt. An einem schönen Tag im Juni 1956 wurden sie getraut. Eine große Stütze war für Sylvia ihre aufopfernde verwitwete Mutter gewesen, eine Lehrerin, die sich zu Tode arbeitete, damit ihre beiden Kinder gedeihen konnten. Sylvias Vater – Ornithologe, Entomologe, Ichthyologe, Hummelspezialist von internationalem Ansehen – starb, als sie neun Jahre alt war. Beide Eltern waren Akademiker und Intellektuelle deutscher Herkunft und hatten deutsch gesprochen. Als Sylvia und Ted nach dem Abschluß in Cambridge in die Staaten gingen, schien sich für beide eine glänzende Universitätslaufbahn anzubahnen.

Oberflächlich betrachtet war es eine typische Erfolgsstory: Die blendende Examinandin, die so rasch und rastlos voranstürmte, daß niemand sie jemals einholen würde. Und dieser Erfolg hätte ein Leben lang andauern können, wenn nichts den Impuls gehemmt hätte und die Triumphierende nicht an der Geschwindigkeit der eigenen Entwicklung und am inneren Druck zerbrochen wäre. Doch schon zweimal war ihre Entwicklung gestört worden und fast zum Stillstand gekommen. Zwischen dem Monat bei *›Mademoiselle‹* und ihrem letzten Collegejahr erlitt sie einen Nervenzusammenbruch und unternahm einen verzweifelt ernsten Selbstmordversuch. Dies wurde zum Thema ihres Romans *»Die Glasglocke«*[1]. Als sie in neuer Funktion zum Smith College gehörte – »eine hervorragende Lehrerin«, behaupteten die Kollegen von ihr –, lohnten die akademischen Auszeichnungen für sie die Mühe nicht mehr. Darum hatte sie 1958 die Universitätslaufbahn aufgegeben – Ted hatte sie nie ernsthaft erwogen – und im Vertrauen auf ihr lyrisches Talent den Beruf der freien Schriftstellerin gewählt. Das alles erfuhr ich erst viel später. Zur Zeit hatte Sylvia ihr Tempo verlangsamt; sie war gebändigt, ganz von ihrem kleinen Töchterchen in Anspruch genommen, liebenswürdig in jener förmlichen, eher nichtssagenden transatlantischen Weise, die den anderen in Abstand hält.

Während sie das Baby anzog, ging Ted die Treppe hinunter, um den Kinderwagen fertig zu machen. Ich blieb noch einen Augenblick oben und schloß den Reißverschluß am Mantel meines Sohnes. Sylvia wandte sich mir zu, ohne eine Spur von Überschwenglichkeit.
»Ich bin so froh darüber, daß Sie *das* Gedicht genommen haben«, sagte sie. »Es ist eines meiner liebsten, schien aber niemandem sonst zu gefallen.«
Ich war völlig verdutzt, wußte nicht, worüber sie sprach. Sie bemerkte es und kam mir zu Hilfe.
»Das Gedicht, das Sie vor einem Jahr im *›Observer‹* gebracht haben. Über die Fabrik zur Nachtzeit.«
»Um Himmels willen, Sylvia Plath.« Nun war es an mir, mich in Übertreibungen zu retten. »Entschuldigen Sie meine Begriffsstutzigkeit. Es war ein entzückendes Gedicht.«
›Entzückend‹ war zwar nicht das zutreffende Wort, aber was sonst soll man einer wackeren jungen Hausfrau gegenüber sagen? Ich hatte die Verse aus einem ganzen Stapel von Gedichten ausgewählt, die, makellos getippt, mit beiligendem internationalem Antwortcoupon aus Amerika gekommen waren. Alle Gedichte waren formvollendet und talentvoll, doch das war in jenen Tagen keine Seltenheit. Die ausgehenden fünfziger Jahre bildeten in der amerikanischen Dichtung eine Periode von bemerkenswert hohem stilistischen Niveau: Jede Universität, die diesen Namen verdiente, besaß ihren eigenen technisch ›hochbegabten‹ Hauslyriker. Mindestens eines der Gedichte aber zeigte mehr als rhetorische Eleganz. Damals hatte es keinen Titel; später in der Sammlung *»The Colossus«* nannte sie es *»Night Shift«*. Das Gedicht gehört zu jenen, die zunächst mit solchem Nachdruck aussprechen, wovon sie nicht *handeln*, daß man auf die folgenden positiven Erklärungen nicht genügend achtet:

Es war kein schlagendes Herz,
Jenes gedämpfte Gedröhn, Geklirr,
Weit weg; kein Blut in den Ohren
Alle Fieber zusammentrommelnd,

Um sie dem Abend aufzuerlegen.
Das Geräusch kam von außen:
Eine metallische Explosion,
Angeboren offenbar den

Beruhigten Vorstädten: niemand
Erschrak darüber, obwohl der Schall
Mit seinem Stoßen den Boden erschütterte.
Es schlug Wurzel, als ich kam ...[2]

Das Gedicht schien mir mehr zu sein als ein Beispiel guter Schilderung, über das man sich gemäß dem Modediktat jenes Jahrzehnts moralisierend auslassen mußte. Der Ton war getroffen, alle Einzelheiten der Szene schienen sich unaufhörlich nach innen zu wenden. Es ist ein Gedicht über die Angst, glaube ich. Und obgleich die Angst in seinem Verlauf rational gedeutet und erklärt wird (das Stoßen in der Nacht verursachen rotierende Maschinen), kommen am Ende jene drohenden maskulinen Kräfte wieder zum Durchbruch, vor denen man sich fürchten muß. Das Gedicht hatte unbeholfene Stellen, doch im Vergleich zu dem Zeug, das allmorgendlich ungebeten aus meinem Briefkasten fiel, war es etwas Seltenes, ein überraschendes, völlig eigenwüchsiges Erzeugnis.

Ich war verlegen, weil ich nicht gewußt hatte, wer sie war. Sie schien verlegen, weil sie mich daran erinnert hatte, verlegen und niedergeschlagen.

Ted sah ich von nun an gelegentlich, Sylvia selten. Er und ich trafen uns gewöhnlich in der Nähe von Primrose Hill oder Hampstead Heath in einer Kneipe und tranken ein Bier. Manchmal führten wir unsere Kinder spazieren. Fast nie fachsimpelten wir; wir wünschten, ohne daß wir uns darüber verständigt hätten, unserer Beziehung keinen professionellen Charakter zu geben. Im Laufe des Sommers machten wir eine Rundfunksendung zusammen. Hinterher holten wir Sylvia ab und gingen zu ihrem Stammlokal hinüber. Die Aufnahme war ein Erfolg gewesen. Wir standen um den Kinderwagen herum vor der Kneipe im Freien, tranken unser Bier und waren mit uns zufrieden. Auch Sylvia schien ungezwungen, witziger, weniger verkrampft als bei früheren Begegnungen. Zum erstenmal spürte ich etwas von ihrem wirklichen Charme und Temperament.

Zu jener Zeit etwa zogen meine Frau und ich aus unserer Wohnung in der Nähe von Swiss Cottage in ein in der Nähe der Heath gelegenes Haus um. Zwei Tage bevor wir das Quartier räumen mußten, brach ich mir bei einer Kletterei das Bein, dieser Unfall warf alles über den Haufen, denn schließlich mußte das Haus ja gestrichen werden, mit oder ohne gebrochenem Bein. Ich erinnere mich, nicht enden wollende Zimmerböden mit weißen und schwarzen Fliesen belegt zu haben, wobei ich mir mit einem ekelhaften braunen Leim Finger und Kleidung beschmutzte, die Haare verklebte und die große träge Masse meines Gipsverbands beim Kriechen wie einen Sarg hinter mir herzog. Viel Zeit für Freunde blieb da nicht. Ted schaute manchmal herein; dann humpelte ich mit ihm zu einem kurzen Besuch in die Kneipe. Sylvia aber sah ich überhaupt nie. Im Herbst ging ich mit einem Lehrauftrag für ein halbes Jahr in die Staaten.

Während ich drüben war, schickte der *›Observer‹* mir Sylvias ersten Gedichtband zur Besprechung. Er schien dem Bild zu entsprechen, das ich mir von ihr gemacht hatte; echtes Talent, diszipliniert, zum Teil noch stark im Schatten ihres Mannes stehend. Manche Gedichte waren von ihm beeinflußt, andere erinnerten an Theodore Roethke[3] oder Wallace Stevens[4]; offensichtlich suchte sie noch ihren eigenen Stil. Ihre Technik jedoch war überragend, und fast alle Gedichte ließen die noch unerschlossenen Quellen und noch schweigenden Tumulte ahnen. »Ihre Gedichte ruhen sicher in einer Fülle von Erfahrung, die nie ganz ans Tageslicht gelangt«, schrieb ich. »Das Gefühl des Schreckens macht die Eigenart ihres Werkes aus. Es ist, als würde sie ständig von etwas bedroht, das sie nur aus den Augenwinkeln erkennen kann.«

Ich stehe noch heute zu diesem Urteil. Gemessen an ihren späteren Werken und, was noch überzeugender wirkte, angesichts ihres späteren Todes, ist *»The Colossus«* überschätzt worden. »Für jeden erkennbar ist bereits alles in kristallischer Form da«, lautet die Lehrmeinung heute. Es gibt sogar akademische Kritiker, die diese eleganten frühen Gedichte den nackteren und brutaleren Frontalangriffen ihrer reifen Werke vorziehen, obwohl die Kritik der ersten Ausgabe ihres Buchs einen recht kühlen Empfang bereitet hat. Indes kann späte Einsicht zwar die historische Relevanz, nicht aber die Qualität einer Dichtung ändern. *»The Colossus«* bürgte für ihre Begabung: Der Band enthielt eine Handvoll schöner Gedichte; wichtiger jedoch waren die Fähigkeiten, die sich im Werk zeigten, die Genauigkeit und Dichte ihrer Sprache, der selbstverständliche Umgang mit dem Wort, ihr Gespür für subtile Rhythmen und die Sicherheit, mit der sie Reime und Halbreime handhabte. Sie hatte jetzt eine Fertigkeit entwickelt, die alles meistern konnte, was da kam. Ich irrte jedoch, als ich andeutete, sie habe im damaligen Stadium die Mächte, die sie erschütterten, noch nicht erkannt oder erkennen wollen. Es zeigte sich, daß sie sie nur allzu gut kannte: sie hatten sie, als sie neunzehn Jahre alt war, fast in den Selbstmord getrieben. Und im letzten Stück des Bandes, dem langen *»Poem for a Birthday«*, wandte sie sich um und faßte sie ins Auge. Die Anklänge an Roethke aber verdunkelten mir diese Wahrheit, und ich sah sie nicht.

Nachdem ich im Februar 1961 aus den Staaten zurückgekehrt war, sah ich die beiden Hughes wieder, doch immer nur kurz und nur selten. Teds Liebe zu London war erloschen, es drängte ihn aus der Stadt; Sylvia war krank gewesen, sie hatte erst eine Fehlgeburt, dann Blinddarmentzündung gehabt, und ich hatte mein eigenes Problem, eine Scheidung. Ich entsinne mich, daß Sylvia mir für meine Besprechung von *»The Colossus«* dankte und entwaffnend hinzufügte, sie halte meine Einschränkungen für richtig. Ich erinnere mich auch, daß sie von dem Haus schwärmte, das sie in Devon gefunden hatten: einem alten Haus mit Strohdach, Steinfliesen und einem großen Obstgarten. Sie zogen weg, ich zog weg; etwas war zu Ende gegangen.

Beide schickten weiterhin Gedichte an den *›Observer‹*. Im Mai veröffentlichten wir Sylvias *»Morgenlied«*, ein Gedicht über ihre Tochter, im November desselben Jahres *»Mojave Desert«*, das jahrelang in keine Sammlung aufgenommen wurde, zwei Monate später *»Der Rivale«*. Der Strom wurde tiefer, der Wortschatz einfacher.

Ich sah sie erst im Juni 1962 wieder, als ich auf dem Weg nach Cornwall, wo ich die Pfingsttage verbringen wollte, bei den beiden hereinschneite. Sie wohnten ein paar Meilen nördlich von Exeter. Für Devons Verhältnisse war das Dorf nicht hübsch: mehr grauer Stein und Trostlosigkeit als Ziegel, Strohdächer und Blumen. Während die besten englischen Dörfer so wirkten, als seien sie nie wirklich wach geworden, schien ihres sich zum Schlafen zurückgezogen zu haben. Einst war es vielleicht ein Zentrum gewesen, ein Ort von einiger Bedeutung, wo die Leute aus der Umgebung zusammenkamen und wo etwas los war. Doch die Zeiten waren vorbei. Exeter hatte die Führung übernommen, und das Leben des Dorfes war wie beim Verfall einer Familie dahingeschwunden.

Das Haus der Hughes war einst das Herrenhaus des Orts gewesen. Es lag etwas höher als die übrigen Häuser, oben an einem steilen Feldweg neben einer Kirche aus dem zwölften Jahrhundert. Es war weitläufig, hatte ein Strohdach, einen Hof mit Kopfsteinpflaster und ein geschnitztes Eichentor, Wände und

Gänge waren aus Stein, die Zimmer glänzten in neuem Anstrich. Wir setzten uns in den großen verwilderten Garten und tranken Tee, während die nun zweijährige kleine Frieda zwischen den Blumen umhertaumelte. Die Apfelbäume und Kirschbäume bildeten eine kleine Allee, ein Goldregen bog sich unter seinen Blüten, ein Fleck mit Gemüsebeeten war da, nach einer Seite hin ging es eine kleine Anhöhe hinauf. Die Anhöhe war ein prähistorischer Grabhügel. In Anbetracht der Vorlieben und der Neigungen der Hughes hätte sie auch kaum etwas anderes sein können. Überall leuchteten Blumen, das Gras stand hoch, war ungepflegt, und die ganze üppige Szenerie schien vor Sommer überzuquellen.

Im Januar war ihr zweites Kind, ein Junge, geboren worden, und Sylvia hatte sich verändert. Sie war nicht mehr ruhig und zurückhaltend, hausfrauliches Anhängsel eines dominierenden Ehemanns, sie wirkte gefestigt und ausgefüllt, schien ihre weibliche Selbständigkeit wiedergewonnen zu haben. Vielleicht hatte die Geburt eines Sohnes etwas mit dem neuen zuversichtlichen Wesen zu tun. Dieses war gewiß nicht der einzige Grund für Klarheit und Scharfsinnigkeit. Sie führte mich durch Haus und Garten; die elektrischen Einrichtungen, die frisch gestrichenen Zimmer, der Obstgarten und der Grabhügel – vor allem der Grabhügel, ›der Schutzwall der alten Leichname‹, wie sie ihn später in einem Gedicht nannte – waren *ihr* Eigentum. Ted war zufrieden, die Hände in den Schoß zu legen und mit der kleinen Frieda zu spielen, die sehr von ihm abhängig war. Da die Hughes eine lebenskräftige Ehe führten, einander eng verbunden waren, schien es Ted nicht zu bekümmern, daß die Machtverhältnisse sich gegenwärtig zu ihren Gunsten verschoben hatten.

Den Grund verstand ich, als ich Abschied nahm. »Ich schreibe wieder«, sagte sie. »Es ist diesmal wieder richtiges Schreiben. Ich hätte gern, daß Sie sich ein paar von den neuen Gedichten anschauen.« Ihr Verhalten mir gegenüber war herzlich und offen, so als habe sie entschieden, daß sie mir trauen könne.

Einige Zeit zuvor hatte der *›Observer‹* ein Gedicht von ihr angenommen, *»Finistère«*. Im August endlich druckten wir es ab. Inzwischen hatte sie uns ein herrliches kurzes Gedicht geschickt *»Crossing the Water«*, das nicht in *»Ariel«*[5] aufgenommen wurde, obwohl es ebenso gut ist wie viele andere, die in der Anthologie erschienen. Es kam zusammen mit einem förmlichen kurzen Begleitbrief und einem gewissenhaft frankierten und adressierten Rückumschlag. Sie schien in unveränderter

Tüchtigkeit wirksam zu sein. Dennoch machte Ted, als ich ihm einige Zeit darauf in London begegnete, einen angespannten und gedankenverlorenen Eindruck. Sylvia hatte auf einer allein unternommenen Autofahrt eine Art Unfall gehabt; anscheinend hatte sie das Bewußtsein verloren, war von der Fahrbahn abgekommen auf ein früheres Flugplatzgelände, glücklicherweise ohne Schaden zu nehmen und ohne ihren alten Morris-Kombiwagen zu beschädigen. Als Ted davon berichtete, unterstrich seine dunkle Erscheinung seine düstere Stimmung.

Im August verreiste ich für einige Wochen. Als ich wiederkam, war der Herbst da. Obwohl es noch nicht Mitte September war, wirbelten die Blätter schon in den Straßen, der Regen hatte eingesetzt. Angesichts des ertrinkenden Himmels schien der Sommer an diesem ersten Morgen in London so weit entfernt wie das Mittelmeer. Automatisch warf ich mir schnell die Kleider über: die Londoner Duckstellung. Wir hatten einen langen Winter vor uns.

Ende September brachte der *›Observer‹* *»Crossing the Water«*. Eines Nachmittags kurz darauf, als ich arbeitete und die Reinmachefrau im oberen Stockwerk sich geräuschvoll zu schaffen machte, läutete die Türglocke. Es war Sylvia, schick gekleidet, entschieden fröhlich und bester Stimmung.

»Ich kam gerade vorbei und dachte, ich muß doch mal reinschauen«, sagte sie. In ihrer konventionellen Stadtkleidung und mit ihrem strengen Haarknoten sah sie aus wie eine Dame aus der Zeit Eduards VII., die eine heikle, jedoch notwendige gesellschaftliche Pflicht erfüllt.

Das kleine Studio, das ich gemietet hatte, war ursprünglich ein Stall gewesen. Es lag am Ende eines langen Durchgangs hinter einer Garage und war in seiner baufälligen Art zwar schön, aber ohne Komfort. Es enthielt nichts, worauf man sich hinlümmeln konnte – nur spinnenbeinige Windsorstühle und auf dem blutroten nackten Linoleum zwei Vorleger. Ich goß Sylvia etwas zu trinken ein, und sie setzte sich vor den Kohleofen auf einen der Vorleger wie eine Studentin. Sie nippte an ihrem Whisky und ließ das Eis im Glase klingen.

»Dieses Geräusch macht mich heimwehkrank nach den Staaten«, sagte sie. »Nur dies, sonst nichts.«

Wir sprachen über ihr Gedicht, das im *›Observer‹* erschienen war, und redeten über dies und jenes. Schließlich fragte ich sie, warum sie in der Stadt sei. Sie antwortete mit einer Art höflicher Munterkeit, daß sie sich auf Wohnungssuche befinde. Beiläufig fügte sie hinzu, daß sie und die Kinder zur Zeit allein lebten. Ich erinnerte mich an unser letztes Zusammentreffen im üppigen Devon-Garten; es schien unmöglich, daß etwas diese Idylle zerstört haben konnte. Ich stellte keine Fragen, und sie gab keine Auskünfte. Statt dessen sprach sie von dem neuen Drang zu schreiben, der sie beherrschte. Mindestens ein Gedicht am Tag, sagte sie, und oft mehr. Es klang nach dämonischer Besessenheit. Und mir kam der Gedanke, daß dies der mögliche Grund für die, wenn auch nur vorübergehende Trennung sei: nicht Meinungsverschiedenheiten, sondern unerträgliche Gleichartigkeiten. Wenn zwei echte, ehrgeizige, hauptberufliche Dichter eine Ehegemeinschaft gründen und beide produktiv sind, wird jedes Gedicht, das der eine schreibt, im anderen das Gefühl wecken, es sei aus seinem eigenen Hirn ans Tageslicht gezerrt worden. Wenn man auf einer gewissen Höhe schöpferischer Intensität angelangt ist, empfindet man die Untreue der Muse, die sich mit dem Partner einläßt, als unzulässiger als die Untreue des Partners – oder der Partnerin – mit einer ganzen Armee von Verführern.

»Ich möchte Ihnen ein paar von den neuen Gedichten vorlesen«, sagte sie und zog einen Stoß maschinenbeschriebener Papiere aus der neben ihr auf dem Boden liegenden Schultertasche.

»Gern«, sagte ich und streckte die Hand danach aus. »Lassen Sie sehen.«

Sie schüttelte den Kopf: »Nein. Ich möchte nicht, daß Sie sie für sich lesen. Sie müssen laut gelesen werden. Sie sollen sie *hören.*«

Und mit gekreuzten Beinen auf dem unbequemen Fußboden sitzend – die Frau oben rumorte weiter –, las sie mir *»Berck-Plage«* vor: »Das also ist die See, das große Unfestgelegte ...« Sie las schnell, mit harter, leicht nasaler Aussprache, stieß die Verse wie im Zorn hervor. Noch heute halte ich das Gedicht für schwer verständlich, die Entwicklung ist indirekt, die Bilder sind dicht, sie folgen gedrängt aufeinander. Ich hatte den undeutlichen Eindruck von etwas Anzüglichem und leicht Obszönem, glaube aber nicht, daß ich viel begriff. Als sie zu Ende war, bat ich sie deshalb, das Gedicht nochmals vorzulesen. Diesmal hörte ich mit etwas mehr Verständnis zu und konnte einige Bemerkungen über Einzelheiten machen. In gewisser Weise schien ihr das zu genügen. Wir diskutierten ein wenig, und sie las mir weitere Gedichte vor; eines von ihnen war *»Der Mond und der Eibenbaum«*, ein anderes, wie ich mich zu erinnern glaube,

»Ulme«; im ganzen waren es sechs bis acht. Sie wollte nicht zulassen, daß ich selbst las, daher wurde mir wenig oder gar nichts von der Subtilität der Dichtungen bewußt. Doch erkannte ich immerhin, daß ich etwas Kraftvolles hörte, etwas Neues, etwas schwer Zugängliches. Aus Gründen des Selbstschutzes vermutlich kritisierte ich jede mögliche Einzelheit und jede kleine Schwäche. Sie dagegen schien froh darüber, lesen und diskutieren zu können und mit Anteilnahme angehört zu werden.

»Die ist 'ne Dichterin, was?« fragte meine Reinmachefrau am nächsten Tag.

»Ja.«

»Das habe ich mir gedacht«, sagte sie mit grimmiger Befriedigung.

Seither schaute Sylvia ziemlich oft bei mir herein, wenn sie in London war, und brachte jedesmal einen Stapel neuer Gedichte zum Vorlesen mit. Auf diese Weise hörte ich unter anderem die *»Bienen-Gedichte«, »Ein Geburtstagsgeschenk«, »Der Bewerber«, »Hinkommen«, »39,5° Fieber«, »Brief im November«* und *»Ariel«*, ein außergewöhnliches Gedicht. Ich sagte ihr, es sei das Beste, was sie je geschrieben habe. Wenige Tage darauf schickte sie mir eine schöne Kopie in ihren schweren runden Schriftzügen, die sie gleich einer mittelalterlichen Handschrift mit Blumen und schnörkeligen Verzierungen illuminiert hatte.

Eines Tages, wann weiß ich nicht mehr mit Sicherheit, las sie, wie sie sagte, ›ein paar leichte Verse‹ vor. Mit dieser Bezeichnung meinte sie *»Papi«* und *»Madame Lazarus«*. Ihre Stimme klang erregt und gehässig. Diesmal hatte ich nicht das Gefühl der Unzulänglichkeit und des zeitlichen Nachhinkens meines Verstehens; die Gedichte waren mir sogleich ziemlich klar. Ich war entsetzt. Beim ersten Hören schienen die Texte weniger Dichtungen als schwere Beleidigungen zu sein. Und da ich nun etwas über ihre Lebensgeschichte wußte, konnte ich nicht verkennen, wie stark sie persönlich an der Thematik teilhatte. Mit einer Deutung der Art aber hätte ich behauptet, daß die Gedichte mißlungen seien, was offensichtlich nicht zutraf. Wie immer suchte ich meine Rettung darin, Einzelheiten zu bemängeln. Auf eine Zeile hatte ich es besonders abgesehen:

Meine Damen und Herrn,

Dies sind meine Hände,
Meine Knie.

Ich mag Haut und Knochen sein,
Vielleicht Japanerin...[6]

»Warum *Japanerin*?« nörgelte ich pedantisch. »Bloß, weil Sie den Reim brauchen? Oder versuchen Sie, auf bequeme Weise eine höhere Ebene zu erreichen, indem Sie die Opfer der Atombombe mit hineinzerren? Wenn Sie solch explosives Material verwenden wollen, müssen Sie gelassener schreiben...« Sie machte scharfe Einwände, doch später, als das Gedicht nach ihrem Tod endlich veröffentlicht wurde, war die Zeile verschwunden. Und das ist schade, glaube ich, denn sie brauchte den Reim eben doch; das Gedicht kann die scheinbar nicht so ganz wesentliche Anspielung ertragen, ohne daß die Stimmung unterbrochen wird. Ich hatte auf die erste brutale Wirkung überempfindlich reagiert und seine sonderbare, unheimliche Eleganz nicht verstanden.

Gedichte und Person und was sie aussagten, waren in jener Zeit völlig verschieden. In Sylvias Verhalten zeigte sich nichts von der Verzweiflung und unerbittlichen Zerstörungssucht ihrer Gedichte. Sie blieb unbarmherzig vergnügt und energisch: Sie beschäftigte sich mit ihren Kindern und ihrer Bienenzucht in Devon, mit der Wohnungssuche in London, sie bereitete die *»Glasglocke«* für den Druck vor, sie tippte ihre Gedichte und schickte sie an größtenteils verständnislose Redakteure (kurz vor ihrem Tod sandte sie einen Stoß ihrer besten Gedichte, von denen die meisten nun bereits zu den klassischen zählen, an eine englische Wochenzeitung; keines wurde angenommen). Sie hatte auch wieder zu reiten angefangen. Sie war ihre eigene Lehrmeisterin auf einem starken Hengst namens Ariel und stolz und selig über diese neue erregende Erfahrung. Wenn sie mit gekreuzten Beinen auf dem Boden sitzend ihre Gedichte vorgelesen hatte, erzählte sie mit ihrer nasalen Neu-England-Stimme von ihren Reiterlebnissen. Und, vielleicht, weil ich gleichfalls ein Clubmitglied war, sprach sie auch und in ähnlicher Weise vom Selbstmord: Über ihren zehn Jahre zurückliegenden Versuch, an den sie vermutlich viel hatte denken müssen, als sie die Korrekturfahnen ihres Romans las, und über ihren kürzlichen Autounfall. Es war kein Unfall gewesen; sie war vorsätzlich, in der ernsthaften Absicht zu sterben, über die Böschung gefahren.

Ich habe es wieder gekonnt.
Einmal jedes Jahrzehnt
Bring ich es fertig –

Eine Art wandelndes Wunder, ...

Ich bin erst dreißig.
Und wie die Katze kann ich neunmal sterben, bevor es vorbei ist,

Wovon dies Nummer drei ist. ...[7]

Sie war jedoch nicht gestorben, und das Ganze gehörte nun der Vergangenheit an. Ich bin deshalb auch davon überzeugt, daß sie in jener Zeit nicht an Selbstmord dachte. Sie konnte im Gegenteil über den Akt ungehemmt schreiben, weil er schon hinter ihr lag. Der Autounfall war ein Tod gewesen, den sie überlebt hatte, der Tod, den jedes Jahrzehnt einmal durchzumachen, ihr, wie sie sardonisch glaubte, vom Schicksal bestimmt war.
Im Leben wie im Gedicht klang in ihrer Stimme weder Hysterie noch irgendwelches Verlangen nach Sympathie. Sie sprach in ähnlichem Ton vom Selbstmord wie von jeder anderen gefährlichen, den Menschen auf die Probe stellenden Tätigkeit: hartnäkkig, sogar heftig, doch ohne jedes Selbstmitleid. Sie schien den Tod als physische Herausforderung zu betrachten, die sie mehrmals überwunden hatte. Eine Erfahrung ähnlicher Art wie die, Ariel zu reiten oder ein durchgehendes Pferd zu meistern – was sie in ihrem ersten Jahr in Cambridge getan hatte – oder einen steilen Schneehang hinabzurasen, ohne richtig Skifahren zu können – ebenfalls eine Episode aus ihrem Leben und eine der besten des Romans. Kurz, Selbstmord war kein Hinübergleiten in den Tod, nicht der Versuch, ›gen Mitternacht ohn' Schmerz zu enden‹; Selbstmord war etwas, das bis in die Nervenenden gespürt und bekämpft werden mußte, ein Ritus, der zu einem eigenen und eigentümlichen *Leben* befähigte.
Gott weiß, welche Wunde der Tod des Vaters ihr in ihrer Kindheit beigebracht hatte, doch mit den Jahren war daraus die Überzeugung entstanden, erwachsen zu sein heiße, ein Überlebender zu sein. Für sie war der Tod ein Tribut, der jedes Jahrzehnt neu entrichtet werden mußte: um als erwachsene Frau, als Mutter und Dichterin am Leben zu bleiben, mußte sie – auf eine einzigartige, magische Weise – mit dem Leben bezahlen. Weil sich die absurde Notwendigkeit der Bezahlung noch zusätzlich mit der Vorstellung verknüpfte, dem geliebten Vater

nachzufolgen oder ihn wiederzugewinnen, war der Selbstmord ein leidenschaftlicher Akt, durchdrungen von ebenso viel Liebe wie Haß und Verzweiflung. So wird in dem sonderbaren und bestürzenden Gedicht *»Das Bienentreffen«* die ausführliche, zweifellos genau zutreffende Beschreibung einer Zusammenkunft der örtlichen Bienenzüchter in ihrem Devon-Dorf allmählich zum Bittgebet eines Todesrituals, bei dem sie das jungfräuliche Opfer ist, dessen Sarg im heiligen Hain wartet. Der Vorgang erscheint vielleicht etwas weniger geheimnisvoll, wenn man bedenkt, daß ihr Vater eine Autorität auf dem Gebiet der Bienenkunde war; ihre eigene Bienenzucht wird auf diese Weise zu einem Mittel symbolischer Vereinigung mit ihm, sie bedeutet seine Rückforderung von den Toten.

Alle diese späten Gedichte wirken hart, sachlich und trotz ihrer Eindringlichkeit zurückhaltend. Ich vermute, daß sie sich, in einem merkwürdigen Wortsinn, für eine Realistin hielt: die Tode und Auferstehungen in *»Madame Lazarus«*, die Schreckgesichte in *»Papi«* hat sie alle selbst erfahren. Daß Sylvia sie durch einen ungeheuren inneren Schatz an Vorstellungen und Assoziationen bereicherte, war in dieser Hinsicht fast nebensächlich, so wesentlich es auch für die Dichtung ist. Da sie das Gefühl hatte, Tatsachen so zu schildern, wie sie sich zugetragen hatten, gelang es ihr, mit Gelassenheit die vielen Quellen ihres formalen Könnens zu erschließen, wodurch sie selbst in ihren qualvollsten Untersuchungen vollkommene künstlerische Kontrolle behielt: die subtilen Reime und Halbreime, die federnden, echoartigen Rhythmen und beiläufigen Ausdrücke der Umgangssprache. Ihre inneren Schrecken nahm sie sachlich und genau zur Kenntnis wie den kaum zu meisternden Hengst, den sie ritt, oder den Versuch des Autounfalls.

So sprach sie vom Selbstmord mit forcierter Objektivität, ohne das Leidvolle oder Peinliche des Akts je zu erwähnen. Einen Grund zur Selbstachtung fand sie in der Tatsache, daß ihr erster, beinahe gelungener Versuch ernst gewesen war, keine bloße hysterische Geste. Dieser Umstand schien sie dazu zu berechtigen, über den Selbstmord wie über einen Gegenstand, nicht wie über eine fixe Idee zu sprechen. Der Selbstmord war eine Handlung, die zu begehen sie als erwachsene Frau und selbständig Handelnde das Recht zu haben glaubte. Er war überdies für ihre Entwicklung notwendig wegen ihrer sonderbaren Vorstellung vom Erwachsenen als einem Überlebenden, einem imaginären Juden aus den Konzentrationslagern des Geistes. Darum

stellte sich nie die Frage nach dem Motiv: man tut es, weil man es tut, so wie der Künstler immer weiß, was er weiß.
Vielleicht erwähnte sie aus diesem Grund kaum je ihren Vater, obgleich ihre Todesphantasien deutlich und tief mit ihm verbunden waren. Bevor die autobiographische Heldin in *»Die Glasglocke«* sich in einem Keller versteckt und fünfzig Schlaftabletten schluckt, weint sie am Grab ihres Vaters. In dem Gedicht *»Papi«* macht Sylvia Plath bei der Schilderung derselben Episode ihre Gründe durch hämmernde Wiederholungen deutlich:

. . . Mit Zwanzig sucht ich den Tod,
Zurückkehren wollt ich in deine Hut;
Ich dachte, sogar noch die Knochen wär'n gut.[8]

Ich vermute, daß nun, da sie, wenn auch nur vorübergehend und freiwillig, wieder allein war, alle Angst, die sie beim Tod ihres Vaters empfunden hatte, wieder aktiviert wurde: sie fühlte sich, obgleich sie sich dagegen wehrte, so völlig verlassen, wehrlos, verletzt, wütend und beraubt wie zwanzig Jahre zuvor als Kind. Infolgedessen floß der Schmerz, der ständig in ihr zugenommen hatte, nach außen über. Über Motive zu sprechen, war nicht nötig, denn die Gedichte taten es für sie.
Diese Monate waren eine erstaunlich produktive Zeit, vergleichbar, so scheint mir, dem *›wunderbaren Jahr‹*, in dem Keats nahezu sein ganzes Werk hervorbrachte, auf dem sein Ruhm begründet bleibt. Früher hatte sie mit Sorgfalt, mehr oder weniger mühsam, häufig verbessernd und, nach Aussage ihres Mannes, unter stetiger Zuhilfenahme von Rogets *»Thesaurus«* geschrieben. Jetzt dagegen strömten ihre Gedichte mühelos, obwohl sie nichts von ihrem schwererworbenen Können und ihrer Zucht aufgab und immer noch umschrieb und neu stilisierte. Manchmal entstanden drei Gedichte an einem Tag. Sie sagte mir, daß sie tief in einem neuen Roman stecke. *»Die Glasglocke«* war abgeschlossen, korrigiert und bei den Verlegern. Von diesem Buch sprach sie mit einiger Verlegenheit wie von einer autobiographischen Lehrlingsarbeit, die sie habe schreiben müssen, um sich von dem Vergangenen freizumachen. Das neue Buch hingegen, ließ sie durchblicken, würde gut werden. Wenn man die Bedingungen berücksichtigte, unter denen sie arbeitete, war ihre Produktivität phänomenal. Sie mußte den ganzen Tag für ihre Kinder, eine zweijährige Tochter und ein Baby von ein paar Monaten, sorgen und ein Haus in

Ordnung halten. Wenn die Kinder abends in den Betten lagen, war sie zu müde für alles, was mehr Anstrengung erforderte als »Musik, Brandy und Wasser«. Deshalb stand sie morgens sehr früh auf und arbeitete, bis die Kinder sich meldeten. »Meine neuen Gedichte haben eines gemeinsam«, schrieb sie im Vorspann zu einer Lesung, die sie für die BBC vorbereitete, aber niemals hielt, »sie wurden alle gegen vier Uhr morgens geschrieben – in der noch blauen, fast ewig währenden Stunde vor dem Kindergeschrei, vor der gläsernen Musik des Milchmanns, der seine Flaschen abstellt.« In den flauen Stunden zwischen Nacht und Tag gelang es ihr, sich in Stille und Abgeschiedenheit in sich selbst zu versenken. Sie schien ihre einstige Unschuld und Freiheit wiederzufinden, bevor das Leben sie wieder in die Fänge nahm. Dann konnte sie schreiben. Für den Rest des Tages teilte sie sich zwischen den Kindern, dem Haushalt, den Einkäufen, tüchtig, hektisch, sich aufreibend wie jede Hausfrau.

Aber das Morgenröte-Gefühl des wiedergefundenen Paradieses erklärt nicht die jähe Blüte und Wandlung ihres Werks. Der Schlüssel zu ihrer Technik liegt darin, daß sie immer darauf bestand, die Gedichte selbst vorzulesen. Eine seltene Verhaltensweise in den frühen sechziger Jahren, einer Zeit des Formalismus von hohen Graden, der Kadenzen eines Stevens' und der Tiefsinnigkeit eines Empson[9], zu denen auch sie, wie ihr früheres Werk bewies, besonders befähigt war. Im wesentlichen war es ein akademischer Stil, gekennzeichnet durch selbstauferlegte Beschränkungen des emotionalen Ausdrucks und engstirnige Bemühung um die Technik, die von plumpen Jamben und nur unter Qualen zu analysierender Metaphorik widerhallte. 1958 aber hatte Sylvia den lebenswichtigen Entschluß gefaßt, die Universitätslaufbahn aufzugeben, auf die sie sich als Heranwachsende so sorgfältig vorbereitet hatte. Während der darauffolgenden vier Jahre zeigte sich die vollkommene Hingabe an ihr eigenes kreatives Leben in der Struktur ihrer Dichtung erst allmählich, die alten leblosen Formen zerbrachen, die Rhythmen wurden schneller, der emotionale Bereich wurde erweitert. Der Entschluß, den Lehrberuf aufzugeben, war der erste kritische Schritt, den Sylvia tat, um ihre Dichterpersönlichkeit zu verwirklichen, genauso, wie sie sich nach ihrer eigenen Aussage durch die Geburt ihrer Kinder als Frau bestätigt sah. In diesen letzten Gedichten wurde der Prozeß abgeschlossen: Dichterin und Dichtungen wurden eins. Was sie schrieb, war von ihrer Stimme in ähnlicher Weise abhängig, wie ihre Kinder von ihrer

Liebe. Der andere entscheidende Faktor in ihrem Reifeprozeß war das Beispiel der *»Life Studies«* von Robert Lowell[10]. Ich spreche lieber vom ›Beispiel‹ als vom ›Einfluß‹, denn obwohl Sylvia zusammen mit Anne Sexton und George Starbuck Lowells Vorlesungen an der Bostoner Universität besucht hatte, nahm sie seinen eigentümlich »ansteckenden« Stil nie an. Statt seines Stils übernahm sie von ihm eine Freiheit. Einem Interviewer vom British Council sagte sie: »Ich bin sehr von dem neuen Durchbruch – dafür halte ich ihn – angeregt worden, der etwa mit Robert Lowells *›Life Studies‹* zustande kam. Dieser Einbruch betraf sehr ernste, sehr persönliche emotionelle Erfahrungen, die, wie ich glaube, zum Teil tabuisiert waren. Robert Lowells Gedichte über seine Erfahrungen in einem Irrenhaus beispielsweise interessieren mich sehr. Diese besonders intimen und tabuisierten Themen sind meiner Meinung nach in der jüngsten amerikanischen Lyrik entdeckt worden ...«

Lowell gab Sylvia ein Beispiel von der Eigenschaft, die sie außerhalb des dichterischen Bereichs am meisten bewunderte und selbst im Überfluß besaß: Mut. In ihrer Art waren die *»Life Studies«* ebenso mutig und revolutionär wie T.S. Eliots[11] *»Das wüste Land«*. Sie erschienen ja in der Mitte der fünfziger Jahre, in der Ära des doktrinären *New Criticism*[12], der durch die Methode der »bewußten Täuschung« die Dichtung vom Autor, der sie schuf, völlig loslöste. Mit seinem katholischen Symbolismus, seiner dichten Eliot-Elisabethanischen Sprache und seiner nie versagenden Fähigkeit, jeder Zeile seine Individualität aufzuprägen, wurde Lowell in dieser Zeit zum Liebling der Schule. Nach zehnjährigem Schweigen kehrte er allem den Rücken. Die Symbole verschwanden, die Sprache wurde klar und allgemeinverständlich, die Thematik intensiv, eindringlich und persönlich. Er schrieb als ein Mann, der Zusammenbrüche kannte; in jeder Krise suchten ihn die Geister der Familie heim, er schrieb ohne den Versuch der Ausflucht. Vom jungen Meister alexandrinischer Vielfalt war nichts als die noch immer unvergleichliche Technik und Originalität übriggeblieben. Weniger als je zuvor war es nun möglich, die beunruhigende Gegenwärtigkeit Lowells zu ignorieren, doch seine jetzige Ausdrucksweise verletzte alle Grundsätze des *New Criticism*: Unpersönlichkeit wurde durch Unmittelbarkeit ersetzt, erlesene dandyhafte Ironie durch Verletzlichkeit.

Sylvia gewann durch diesen Einfluß vor allem ein starkes Gefühl der Befreiung. Es war, als hätte Lowell ihr ein Tor geöffnet, das vorher verrammelt gewesen war. In einem kritischen Augenblick ihrer Entwicklung gab es keine Notwendigkeit mehr, in den alten poetischen Gewohnheiten befangen zu bleiben, die sie nun trotz oder vielleicht wegen ihrer Eleganz als unerträglich beengend empfand. »Was mein erstes Buch *›The Colossus‹* angeht«, berichtete sie dem Mann vom British Council, »von diesen Gedichten kann ich keines mehr laut lesen. Ich schrieb sie auch nicht mit der Absicht, daß sie vorgetragen werden sollten. Tatsächlich langweilen sie mich insgeheim.«

»The Colossus« bildete den Höhepunkt ihrer Lehrzeit des dichterischen Handwerks. Diese Gedichte schlossen das Training ab, das sie als Achtjährige begonnen und in den hochstilisierten Versen ihrer ersten Studentenjahre fortgesetzt hatte. Jedes Gedicht aus dieser Zeit scheint trotzig, Wort für Wort aufgebaut und zusammengesetzt zu sein wie ein Mosaik. Das alles lag jetzt hinter ihr. Sie war aus dem Stil herausgewachsen. Und was noch wichtiger war: sie hatte die Person überwunden, die in dieser versteckten, widerspenstigen Art geschrieben hatte. Einige der Kräfte, die jetzt zusammenwirkten, hatte sie bewußt gewählt, andere waren für sie gewählt worden. Jetzt endlich konnte sie, aus sich selbst schöpfend, über die Mächte schreiben, die sie wahrhaft bewegten: zerstörerische, flüchtige, fordernde Mächte, eine Welt jenseits von allem, was sie zu bewundern gelernt hatte. »Was«, fragte Coleridge, »ist Gipfel und Ideal, reine Verschmelzung? Delirium.« Jahrelang hatte Sylvia dieser Behauptung offenbar zugestimmt, sich in formalen Tugenden und distanzierter Objektivität geübt und Selbstmitleid, Selbstanpreisung und Selbstgefälligkeit der Beatniks verachtet. Da waren als notwendiger Fingerzeig die *»Life Studies«* erschienen und hatten gezeigt, daß man über die Gewalt des Selbst schreiben konnte: beherrscht, einfühlsam, mit leidenschaftsloser, aber nicht unterdrückter Phantasie.

Vermutlich kam Sylvia aus diesen Gründen mit ihren neuen Gedichten zu mir, obwohl sie mich nur oberflächlich kannte. Daß ich *»The Colossus«* freundlich besprochen und den *›Observer‹* dazu gebracht hatte, einige ihrer neuen Gedichte zu publizieren, war ihr eine gewisse Hilfe gewesen. Als wichtiger jedoch erwies sich das Vorwort zu meiner Anthologie *»The New Poetry«*, die im Frühjahr des vergangenen Jahres erschienen war. Darin hatte ich die ängstliche Vorliebe der britischen Lyriker für Vornehmheit und ihren Verzicht auf unbequeme zerstörerische Wahrheiten des Innenlebens und der äußeren Gegenwart angegriffen. Anscheinend sagte der Essay etwas aus, das sie hören wollte. Sie sprach des öfteren zustimmend über ihn und war enttäuscht darüber, nicht unter die Lyriker des Buchs aufgenommen worden zu sein. (Später wurde es nachgeholt, zumal da ihr Werk, mehr als jedes andere, meine These unterstützt.) In der ersten Ausgabe aber hatte ich mich auf britische Lyriker beschränkt, mit Ausnahme von zwei älteren Amerikanern, Lowell und Berryman[13], die meiner Ansicht nach für die Nachkriegsperiode, die Zeit nach Eliot, tonangebend gewesen sind. Vielleicht verschaffte es ihr Erleichterung zu wissen, daß jemand kritische Argumente vorbrachte zugunsten dessen, was sie zu tun versuchte. Und vielleicht linderte es ihr Gefühl der Einsamkeit.

Einsam war sie, auf bewegende Art, unverkennbar trotz ihres lebhaften Wesens. Trotz der Kraft ihrer Gedichte, die in jeder Hinsicht als raffiniert vieldeutige Selbstdarstellungen gelten können. In ihnen bekannte sie sich standhaft zu ihren heimlichen Ängsten und ohne je zur Seite zu blicken; Anstrengung und Wagnis, die damit verbunden waren, wirkten auf sie wie ein Stimulans: je mehr sich die Verhältnisse zum Schlimmeren wendeten und je offener sie darüber schrieb, desto fruchtbarer wurde ihre Phantasie. Ein Unglück ist nie so schlimm, wenn es schließlich eintrifft, wie unsere Vorstellung; Sylvia schrieb jetzt fast mit Erleichterung und schnell, um künftige Schrecken vorwegzunehmen. Ihr ganzes Leben lang hatte sie etwas Ähnliches erwartet; nun, da es eingetroffen war, wußte sie, daß sie es nutzen mußte. »Die Lust an der Zerstörung ist auch eine schöpferische Lust«, sagt Michael Bakunin. Für Sylvia war das die Wahrheit. Zorn, Unerbittlichkeit und ihr aufgerührtes, nadelscharfes Gefühl für Verstörungen wurden von ihr in einer besonderen Weise zelebriert.

Ich habe angedeutet, daß ihr kühler Ton zum großen Teil ihrem Realismus, ihrem Sinn für die Tatsachen entstammte. Als ihre Lyrik nach einigen Monaten immer extremer wurde, genügte ihr jedes triviale Ereignis zum Anlaß des Dichtens: ein verletzter Finger, ein Fieberanfall, eine Schramme. Ihr eintöniges häusliches Leben verschmolz mühelos mit ihrer Phantasie. Ihr Mann verfaßte etwa zu dieser Zeit ein sonderbares Hörspiel, in dem der Held auf dem Weg zur Stadt einen Hasen überfährt, das tote Tier für fünf Schilling verkauft und mit dem Blutgeld seinem Mädchen zwei Rosen kauft. Sylvia stürzte sich auf die Geschichte, isolierte den Kern und deutete ihn für ihre eigenen Bedürfnisse um. Das Ergebnis war das Gedicht »*Milde*«, dessen letzte Zeilen lauten:

...Der Blutstrom ist ein Gedicht,
Stillen kann man ihn nicht.
Du reichst mir zwei Kinder, zwei Rosen.[14]

Es gab in der Tat keinen Aufschub. Ihre Dichtung glich einer wunderbaren starken Linse, durch die ihr Alltagsleben mit ungewöhnlicher Schärfe gefiltert und widergespiegelt wurde. Vielleicht half ihr jenes von häufigem und gutem Schreiben herrührende Hochgefühl dabei, die muntere amerikanische Fassade aufrechtzuerhalten, die sie ständig jedermann zeigte. Gemeinsam mit ihren anderen Freunden aus jener Zeit entschied ich mich dazu, trotz dem Gegenbeweis der Gedichte, an diese Munterkeit zu glauben. Eigentlich tat ich beides: ich glaubte und glaubte nicht. Doch was hätten wir tun können? Ich bedauerte sie, doch sie wünschte offensichtlich kein Mitgefühl. Ihre betonte Lebhaftigkeit erstickte jegliche Sympathiekundgebung im Keime. Sie weigerte sich schroff, ihre Gedichte anders zu deuten. Sie bestand darauf, daß diese Gedichte nichts als Gedichte, daß sie autonom seien. Falls der versuchte Freitod ein Hilfeschrei ist, wie manche Psychiater annehmen, war Sylvia in dieser Zeit keine Selbstmordkandidatin. Sie verlangte nicht Hilfe, sondern Bestätigung; sie brauchte jemanden, der anerkannte, daß sie ihr schweres Alltagsdasein, Kinderpflege, Einkaufen und Schreiben, außerordentlich gut bewältigte. Mehr noch bedurfte sie der Gewißheit, daß ihre Gedichte ein Echo fanden und gut waren. Denn obgleich sie ein Tor durchschritten hatte, das Lowell für sie geöffnet hatte, bewegte sie sich nun schon weit voraus auf einer fast unbegangenen Straße, auf die ihr zu folgen nicht viele wagen würden. Darum war es ihr wichtig zu wissen, daß ihre Botschaften einen klaren und kraftvollen Widerhall hatten. Doch nicht einmal ihre strahlende Zuversicht konnte die Verlassenheit verbergen, die fast spürbar, wie ein Hitzedunst von ihr ausging. Sie bat weder um Mitgefühl noch um Hilfe, sie wünschte gleich einer trauernden Witwe Gesellschaft bei der Totenwache. Ich vermute, es war für sie eine Selbstbestätigung, daß sie trotz der äußeren Widerwärtigkeiten und trotz der Offenkundigkeit ihrer inneren Krisenlage noch am Leben war.
An einem düsteren Novembernachmittag kam sie in höchster Erregung zu mir ins Atelier. Wie gewöhnlich war sie durch die

kalten Straßen gewandert, auf resignierender, mehr oder weniger zielloser Wohnungssuche. An einem erst seit kurzem renovierten Haus, das von dem Platz in der Nähe von Primrose Hill, wo sie und Ted zuerst gewohnt hatten, nur einen Block weit entfernt war, hatte sie ein Schild »Zu vermieten« entdeckt. Dies allein grenzte in jenen Tagen unvorstellbarer Wohnungsknappheit schon an ein Wunder. Doch was bedeutsamer war, das Haus trug eine blaue Plakette, auf der stand, daß Yeats hier einst gelebt hatte. Im Sommer hatte sie Yeats' Turm in Ballylea besucht und einem Freund geschrieben, sie halte den Turm für den »schönsten und friedlichsten Platz auf der Welt«. Nun war es möglich, in dem ihr liebsten Teil von London einen zweiten Yeats-Turm zu finden und ihn gewissermaßen mit dem großen Dichter zu teilen. Sie eilte zum Immobilienmakler und erfuhr das Unwahrscheinliche: sie war die erste Interessentin. Ein weiteres Zeichen. Sogleich schloß sie einen fünfjährigen Mietvertrag ab, obwohl die Wohnungsmiete ihre Mittel überstieg. Dann ging sie zu Fuß durch das dunkle windige Primrose Hill, um mir die Neuigkeit mitzuteilen.

Sie fühlte sich gestärkt, nicht nur, weil sie endlich eine Wohnung gefunden hatte, sondern auch weil der Ort und die Assoziationen, die er hervorrief, von guter Vorbedeutung zu sein schienen. In verschiedenem Grad glaubten sowohl sie als auch ihr Mann an das Okkulte. Als Künstler war es wohl für sie notwendig, zumal beide danach drängten, für ihr unruhiges, verschüttetes Selbst eine Erklärung zu finden. Ihr Glaube kann jedoch allein damit noch nicht erklärt werden. Ted schreibt, »ihre psychischen Fähigkeiten« seien »fast jederzeit so stark« gewesen, »daß sie häufig wünschte, von ihnen befreit zu werden«. Es handelte sich dabei oft nur um ihre dichterische Fähigkeit, das Wesentliche jeder Situation zu erspüren, und um ihren mühelosen, instinktiven Zugang zum eigenen Unbewußten. Doch obwohl beide oft genug über Astrologie, Träume, und Magie sprachen – und auf diese Weise durchblicken ließen, daß es für sie nicht irgendwelche interessanten Themen wären –, hatte ich den Eindruck, daß ihre Einstellungen im Grunde völlig verschieden waren. Ted spottete ständig und mit Vorbedacht über seine Neigung und versuchte, seine eigenen Behauptungen abzuwerten. Dennoch schien er stets mit einem primitiven Bereich in Verbindung zu stehen, mit einer dunklen Seite des Selbst, die nichts mit dem jungen Literaten zu tun hatte. Seine Gedichte handelten letztlich von einem unmittelbaren körperlichen Erfassen der Urgewalten tierischen Lebens und des Selbst – der Animalität des Selbst. Diese Haltung äußerte sich auch in seiner körperlichen Erscheinung, als eine Art Drohung, die sich hinter seinem klugen lakonischen Verhalten verbarg. Es war, als sei er, trotz aller Belesenheit, Geschliffenheit und Meisterschaft, nie wirklich zivilisiert gewesen – oder als habe er nie wirklich an seine Zivilisierung geglaubt. Die Zivilisation war für ihn nur eine Schale, mit der er sich aus Gründen der Bequemlichkeit abfand. Astrologie, primitive Religionen und schwarze Magie, all das, worüber er, wenn auch ironisch, sprach, waren Metaphern für die wechselnden, doch dunklen schöpferischen Kräfte, die er besaß. Aus diesem Grund gewannen die zweifelhaften Gesprächsthemen für ihn eine Unmittelbarkeit, die möglicherweise keinerlei Gläubigkeit zur Folge hatte; sicherlich handelte es sich aber um mehr als eine bloße Marotte. Vielleicht ist alles, was ich beschreibe, nur ein Zeichen der Genialität. Einer Genialität allerdings, die wenig mit dem traditionellen romantischen Begriff des Worts zu tun hat: mit Shelleys gewitzter Jenseitigkeit oder Byrons nicht minder gewitztem Gefühl für sein eigenes Drama. Auch Ted zeigte sich klug und pragmatisch; wie die meisten Yorkshireleute ließ er sich ungern täuschen; er hatte ein feines Rennfahrer-Ohr für das Rattern der literarischen Maschinen. Aber er war zugleich auf merkwürdig vollkommene Weise ein Original: Seine Reaktionen waren unvorhersehbar, der Bereich, aus dem er seine Stoffe gewann, unterschied sich von ihnen. Ich glaube, das extremste Beispiel dieser Art Genie war William Blake. Viele andere geniale Menschen aber – vielleicht die Mehrzahl – haben nichts von diesen verwirrenden und verwirrten Eigenschaften: T. S. Eliot beispielsweise, der polnische Dichter Zbigniew Herbert[15], John Donne und Keats, lauter Männer, deren ungewöhnliche schöpferische Intelligenz und ungewöhnliches schöpferisches Bewußtsein nicht von Grund auf uneins zu sein scheinen mit der Wirklichkeit ihrer Alltagswelt. Vielmehr liegt ihre besondere Begabung darin, die vorgegebene Welt zu durchleuchten und zu intensivieren.

Sylvia gehörte wohl der letztgenannten Gattung an. Ihre Intensität war nervöser Art, verfeinert, gespannt bis zum Aufschrei, auch intellektueller als die Teds. Ihre Kraft war ein Teil der Verbissenheit, mit der sie als Schülerin gearbeitet, ein Examen nach dem anderen glänzend, mühelos, gierig bestanden hatte. Mit der gleichen Intensität widmete sie sich jetzt ihren Kindern, dem Reiten, der Bienenzucht, sogar dem Kochen; alles sollte gut und bis ins kleinste genau ausgeführt werden. Da ihr Mann sich für die okkulten Dinge interessierte – gleichgültig, aus welchen undurchsichtigen persönlichen Gründen –, stürzte sie sich auf diese Materie, auch diesmal wohl mit dem Wunsch, sich auszuzeichnen. Da sie sehr große natürliche Talente besaß, entdeckte sie ›psychische Fähigkeiten‹ in sich. Zweifellos waren die Resultate echt und sogar unheimlich, aber ich habe trotzdem den Verdacht, daß diese Fähigkeiten Triumphe des Geistes über das Protoplasma waren. In den Gedichten der beiden zeigt sich der gleiche Unterschied: die Teds beziehen ihre Wirkung daher, daß sie unmittelbarer, unwiderlegbarer Ausdruck seines Gefühls der Bedrohung und Gewalttätigkeiten sind; in Sylvias Gedichten ist der Ausdruck, wenngleich oft machtvoller, als Nebenprodukt einer zwingenden Notwendigkeit zu verstehen.

Am Weihnachtsabend des Jahres 1962 rief Sylvia mich an; sie sei endlich mit den Kindern umgezogen; ob ich heute abend kommen könne, um mir die neue Wohnung anzusehen, bei ihr zu essen und mir einige neue Gedichte anzuhören. Zufällig konnte ich nicht, denn ich war bereits von Freunden, die nur einige Straßen von ihr entfernt wohnten, eingeladen worden. Ich sagte ihr, ich würde auf dem Weg dorthin auf einen Drink zu ihr kommen.

Sie schien verändert. Ihr Haar, das sie gewöhnlich in einem straffen, lehrerinnenhaften Knoten trug, hing lose, wie ein Zelt bis zu ihrer Taille herab und verlieh ihrem bleichen Gesicht und ihrer hageren Gestalt das merkwürdig trostlose, in sich versunkene Aussehen einer von den Riten ihrer Religion erschöpften Priesterin. Als sie durch die Hausdiele und die Treppe hinauf vor mir herging – sie bewohnte die beiden oberen Stockwerke –, strömte ihr Haar einen starken, tierisch scharfen Geruch aus. Die Kinder lagen schon oben in den Betten. Es war still in der frisch gestrichenen, weißen und frostigen Wohnung. Soweit ich mich erinnere, waren noch keine Vorhänge angebracht. Die Nacht drang kalt durch die Fenster ein. Sie hatte die Zimmer absichtlich leer gelassen; Binsenvorleger auf dem Boden, ein paar Bücher, viktorianische Nippes und wolkige blaue Glassachen auf den Regalen, zwei kleine Holzschnittarbeiten von Leon Baskin. Auf eine keusche und kahle Weise war es recht schön bei ihr, aber kalt, sehr kalt. Durch den Krimskrams der dürftigen Weihnachtsdekoration wirkte die Wohnung doppelt verloren, jedes einzelne Stück schien zu wiederholen, daß sie mit ihren Kindern an den Festtagen allein sein würde. Für die Unglücklichen ist

Weihnachten immer eine schlimme Zeit: die fürchterliche falsche Fröhlichkeit, die von allen Seiten auf sie eindringt und guten Willen und Frieden und Familienfreuden austrompetet, macht Einsamkeit und Depressionen besonders schwer erträglich. Ich hatte Sylvia nie so gespannt und gezwungen gesehen.
Wir tranken Wein, und sie las mir, wie gewöhnlich, einige Gedichte vor. Eines davon war »*Tod & Co.*«. Diesmal ließ sich seine Bedeutung nicht übersehen. Wenn sie früher über den Tod geschrieben hatte, stellte sie ihn als etwas dar, das überlebt, ja überstanden worden war. »*Madame Lazarus*« endet mit einer Auferstehung und einer Drohung, und selbst in »*Papi*« gelingt es ihr schließlich, der grinsenden, winkenen Gestalt den Rücken zu kehren: »Papi, Papi, du Dreckstück, zwischen uns ist es aus.« Daher vielleicht die Kraft dieser Gedichte, ihre unheimliche Fröhlichkeit allem zum Trotz, ihre Ungebärdigkeit. Doch nun, gleichsam als sei Dichtung wirklich eine Form von schwarzer Magie, erhob sich dumpf, unwiderruflich, unabweisbar jene Gestalt vor ihr, die sie so oft beschworen und triumphierend wieder vertrieben hatte. Der Tod erschien ihr plötzlich in der vertrauten Gestalt: er sah aus wie ihr Vater, ältlich, unversöhnlich und sehr tot, oder auch jünger, verführerischer, ein Geschöpf ihrer eigenen Generation und Wahl.
In einer Anmerkung zum Gedicht »*Tod & Co.*«, die sie für die BBC schrieb, heißt es: »Dieses Gedicht handelt von der Doppelnatur, von der Schizophrenie des Todes – auf der einen Seite die marmorne Kälte der Blakeschen Totenmaske, auf der anderen die ekelhafte Weichheit von Würmern, Wasser und anderen Auflösungserscheinungen. Ich stelle mir diese beiden Aspekte des Todes wie zwei Männer vor, zwei Geschäftsfreunde, die gekommen sind, um ihre Schulden einzufordern.«
Diesmal gab es für sie keinen Ausweg; sie konnte nur still dasitzen und so tun, als hätten die beiden sie nicht bemerkt.

Ich rege mich nicht.
Der Frost macht eine Blume,
Der Tau macht einen Stern,
Die Totenglocken,
Die toten Glocken.

Mit jemand ist es vorbei.[16]

Vielleicht schlug die Totenglocke für einen anderen als für sie, doch sie schien es nicht zu glauben.

Ich wußte nicht, was ich sagen sollte. Die früheren Gedichte betonten, auf unterschiedliche Weise, daß sie von niemandem Hilfe wünsche. Nun wurde mir plötzlich bewußt, daß solche Betonung dem anderen vielleicht verständlich machen sollte, sein Beistand könne willkommen sein, wenn er sich nur die Mühe machen wolle. Doch nun war sie unerreichbar für alle. Am Anfang hatte sie die Schrecken in der Hoffnung heraufbeschworen, sie austreiben zu können. Es war ihr darum zu tun, ihre Allmacht und Unverwundbarkeit zu beweisen. Jetzt war sie mit dem Schrecken eingeschlossen. Sie wußte, daß sie wehrlos war.

Ich entsinne mich, törichte Einwände vorgebracht zu haben gegen den Ausdruck ›Der nackte Grünspan des Kondors‹. Ich sagte, er sei übertrieben, krankhaft. Im Gegenteil, erwiderte sie, genauso sähen die Beine eines Kondors aus. Sie hatte natürlich recht. Ich versuchte, mit untauglichen Mitteln die Spannung zu verringern und ihre Gedanken vorübergehend von ihren Qualen abzulenken – als ob Diskussion und literarische Kritik das vermocht hätten! Sie muß mich für stupide und unempfindlich gehalten haben. Was ich auch war. Ein anderes Verhalten aber hätte zur Folge gehabt, daß ich Verantwortungen übernahm, zu denen ich nicht bereit war und denen ich in meiner eigenen Depression auch nicht gewachsen sein würde. Als ich gegen acht Uhr aufbrach, um zu meiner Einladung zu gehen, wußte ich, daß ich sie endgültig, in unverzeihbarer Weise, im Stich ließ. Ich wußte, daß sie es wußte. Ich sah sie nie wieder lebend.

Es war ein furchtbarer Winter, wie es hieß, der schlimmste seit hundertfünfzig Jahren. Kurz vor Weihnachten fiel Schnee, er ließ nicht nach, es schneite immer weiter. Um Neujahr kam das ganze Land zum Stillstand. Die Züge froren auf den Schienen fest, die stehengelassenen Lastwagen auf den Straßen. Die durch Millionen und Abermillionen kläglicher, nutzloser Heizöfen überbeanspruchten Elektrizitätswerke fielen immer wieder aus. Die Öfchen waren sinnlos, denn die Elektriker streikten meist. Wasserleitungen füllten sich mit festem Eis; um ein Bad nehmen zu können, mußte man einen Angriffsplan auf die wenigen Freunde aushecken, die in Häusern mit Zentralheizung wohnten. Als die Wochen sich hinzogen, benahmen sie sich trotz aller äußeren Liebenswürdigkeit immer weniger freundlich. Das Geschirrspülen wurde zu einer schwierigen Unternehmung. Die Geräusche des Wassers in überalterten Röhren tönten lieblicher als der Klang von Mandolinen. Im Verhältnis zu anderen Handwerkern waren Klempner so teuer wie geräucherter Lachs und noch schwerer aufzutreiben. Das Gas versagte, die Sonntagsbraten blieben roh. Das Licht versagte, Kerzen gab es nicht. Die Nerven versagten, Ehen gingen in die Brüche. Am Ende versagte das Herz. Es schien, als würde die Kälte niemals enden.

Als der ›*Observer*‹ zwei ihrer Gedichte veröffentlicht hatte, schickte Sylvia mir eine Notiz dazu und schrieb, wir sollten vielleicht unsere Kinder in den Zoo führen, wo sie mir ›den nackten Grünspan des Kondors‹ zeigen wolle. Aber sie kam nicht mehr mit Gedichten bei mir vorbei. Ende Januar traf ich den literarischen Herausgeber einer der großen Wochenzeitungen. Er fragte mich, ob ich Sylvia gesehen hätte.

»Nein. Warum?«

»Ich wollte bloß mal hören. Sie hat uns ein paar Gedichte geschickt. Sehr merkwürdige Dinge.«

»Haben sie Ihnen gefallen?«

»Nein«, sagte er, »für meinen Geschmack zu extrem. Ich habe sie alle zurückgeschickt. Aber sie scheint sich in einem schlechten Zustand zu befinden. Ich glaube, sie braucht Hilfe.«

Ihr Arzt, ein feinfühliger, überbeschäftigter Mann, war der gleichen Ansicht. Er verschrieb Beruhigungsmittel und traf Vorkehrungen, um sie an einen Psychotherapeuten zu überweisen. Da sie bezüglich amerikanischer Psychiatrie ein gebranntes Kind war, zögerte sie einige Zeit, ehe sie schriftlich um eine Konsultation bat. Ihre Depressionen besserten sich nicht, der Brief wurde schließlich abgeschickt. Es nützte nichts. Entweder verirrte sich ihr Brief oder der des Therapeuten, der einen Termin vereinbarte; anscheinend brachte der Postbote das Schreiben an eine falsche Adresse. Die Antwort des Therapeuten traf einen oder zwei Tage nach ihrem Tod ein. Dies war nur ein Glied in der Kette von Unfällen, Zufällen und Fehlern, die erst mit ihrem Tod endete.

Was ich über die Tatsache weiß, bringt mich zur Überzeugung, daß Sylvia diesmal nicht sterben wollte. Der Selbstmordversuch von vor zehn Jahren war, in jedem Sinne, tödlich ernst gewesen. Sie hatte den Diebstahl der Schlafmittel sorgfältig vertuscht, um ihre Spuren zu verwischen, und eine irreführende Notiz hinterlassen. Sie versteckte sich im dunkelsten unbenützten Winkel eines Kellers, schichtete die alten Brennholzscheite, die sie verschoben hatte, wieder neu auf und begrub sich wie ein Gerippe in der tiefsten Familiengruft. Dann hatte sie eine Flasche mit fünfzig Schlaftabletten geleert. Erst spät, durch Zufall, war sie gefunden worden und nur durch ein Wunder am Leben geblieben. Der Lebensstrom in ihr war sogar für die Gewalt, die sie ihm entgegengesetzt hatte, zu stark gewesen. So jedenfalls schildert sie den Vorgang in *»Die Glasglocke«*. Es gibt keinen Grund zur Annahme, die Schilderung sei unzutreffend. Sie hatte also Lehrgeld bezahlen müssen, um zu erfahren, welche Schwierigkeiten sich dem Selbstmord in den Weg stellen; sie hatte gelernt, daß die Verzweiflung durch eine geradezu besessene Beachtung von Einzelheiten und durch raffinierte Tarnung aufgewogen werden muß.

In dieser Hinsicht schien sie ihren letzten Versuch so angelegt zu haben, daß er mißlingen sollte. Doch diesmal verschwor sich alles, um sie zu vernichten. Eine Stellenvermittlung hatte ihr ein Au-pair-Mädchen besorgt, das bei Kinderpflege und Hausarbeit helfen sollte, damit Sylvia mit Schreiben vorankam. Das Mädchen, eine Australierin, sollte am Montag, dem 11. Februar, morgens um neun Uhr eintreffen. Inzwischen meldeten sich periodisch wiederkehrende Beschwerden: Ihre Stirnhöhlen waren in schlechtem Zustand. Die Wasserleitungen in ihrer erst vor kurzem renovierten Wohnung waren zugefroren; sie hatte immer noch kein Telefon und keine Antwort vom Psychotherapeuten; das Wetter blieb abscheulich. Krankheit, Einsamkeit, Niedergeschlagenheit und Kälte, dazu die Bedürfnisse der beiden kleinen Kinder – das alles war zuviel für sie. Am Ende der Woche fuhr Sylvia deshalb mit den Kindern zu Freunden, die in einem anderen Teil von London lebten. Ausgemacht war, glaube ich, daß sie am Montagmorgen nach Hause fahren sollte, früh genug, um rechtzeitig zurück zu sein und das australische Mädchen begrüßen zu können. Statt dessen beschloß sie, am Sonntag zurückzukehren. Die Freunde waren dagegen, aber sie bestand darauf. Sie täuschte ihre frühere Leistungsfähigkeit vor und schien munterer zu sein als in letzter Zeit. So ließen sie sie denn gehen. Gegen elf Uhr abends klopfte sie bei dem älteren Maler, der unter ihr wohnte, und fragte, ob er ihr ein paar Briefmarken leihen könne. Sie blieb zögernd an der Tür stehen, zog das Gespräch in die Länge, bis er ihr sagte, daß er lange vor neun Uhr morgens aufstehe. Darauf wünschte sie gute Nacht und ging wieder nach oben.

Gott weiß, welche schlaflose Nacht sie verbrachte, ob sie irgendein Gedicht schrieb. Fest steht, daß sie in den letzten Lebenstagen eines ihrer schönsten Gedichte schrieb, *»Rand«*. Es handelt von der Tat, die sie vollbringen wollte:

Die Frau ist vollendet.
Ihr toter

Körper trägt das Lächeln des Erreichten.
Der Anschein einer griechischen Notwendigkeit

Fließt in den Schnörkeln ihrer Toga,
Ihre bloßen

Füße scheinen zu sagen: Wir kamen bis
Hierher, es ist vorbei.

Jedes tote Kind eingerollt, eine weiße Schlange,
Eines um jeden kleinen

Milchkrug, nun leer.
Sie hat sie gefaltet

Zurück in ihren Körper, wie Blätter einer
Rose sich schließen wenn der Garten

Erstarrt und Düfte bluten
Aus den süßen tiefen Schlünden der Nachtblume.

Der Mond starrt aus seiner Knochenkapuze.
Er hat keinen Grund zur Trauer.

Er ist dergleichen gewohnt.
Seine schwarzen Hüllen knistern und schlurfen.[17]

In diesem Gedicht tiefen Friedens und tiefer Resignation klingt nicht das mindeste Selbstmitleid an. Obwohl das Thema ihr so erschreckend nahegeht, bleibt sie Künstlerin, konzentriert sich auf die praktische Aufgabe, jedes Bild ein volles ruhiges Eigenleben entfalten zu lassen. Daß sie über ihren eigenen Tod schreibt, ist beinahe unwichtig. Ein anderes, auch sehr spätes Gedicht, »*Worte*«, handelt vom Fortbestehen und vom Widerhall der Sprache, lange nachdem der Trubel des Lebens vergangen ist; in ihm herrscht die gleiche lichte Ruhe wie in »*Rand*«. Wenn diese beiden Gedichte zu den letzten gehören, die sie schrieb, hat sie wohl am Ende die Logik des Lebens, das sie geführt hatte, und die furchtbaren sich daraus ergebenden Notwendigkeiten angenommen.

Gegen sechs Uhr morgens ging sie ins Kinderzimmer hinauf und stellte ein Tablett mit Brot und Butter und zwei Bechern Milch hin für den Fall, daß die Kinder, bevor das Au-pair-Mädchen eintraf, Hunger bekommen sollten. Dann ging sie

wieder hinunter in die Küche, dichtete Tür und Fenster, so gut sie konnte, mit Handtüchern ab, öffnete den Backofen, legte ihren Kopf hinein und drehte den Gashahn auf.
Die junge Australierin kam pünktlich um neun Uhr. Sie läutete und klopfte lange, erhielt aber keine Antwort und machte sich deshalb auf die Suche nach einer Telefonzelle, um sich bei der Vermittlung zu erkundigen, ob sie die richtige Adresse erhalten habe. Sylvias Name stand neben keinem Klingelknopf. Unter normalen Umständen wäre der Bewohner des unteren Stockwerks zu dieser Zeit aufgewesen; und selbst wenn er verschlafen hätte, mußte ihn das Pochen des Mädchens geweckt haben. Doch der Zufall wollte es, daß der Mitbewohner so gut wie taub war und ohne seinen Hörapparat schlief.
Zudem lag sein Schlafzimmer direkt unter Sylvias Küche. Das Gas sickerte zu ihm hinab und betäubte ihn. Trotz allen Lärms schlief er deshalb immer weiter. Das junge Mädchen kehrte zurück und versuchte wieder Einlaß zu finden, abermals vergeblich. Sie telefonierte von neuem mit der Vermittlungsstelle und fragte, was sie tun solle; man wies sie an, wieder hinzugehen. Es war mittlerweile ungefähr elf Uhr. Diesmal hatte sie Glück: Bauhandwerker, die an den eingefrorenen Leitungen arbeiten sollten, waren gerade gekommen und ließen sie ein. Als sie an Sylvias Wohnungstür klopfte, erhielt sie keine Antwort. Der Gasgeruch war durchdringend. Die Handwerker brachen das Schloß auf und fanden Sylvia auf dem Küchenboden ausgestreckt. Sie war noch warm. Sie hatte einen Zettel hinterlassen: »Bitte rufen Sie Dr.... an« und seine Telefonnummer angegeben. Aber es war zu spät.
Hätte alles den Verlauf genommen, den es nehmen sollte, hätte das Gas den Mann im unteren Stockwerk nicht betäubt und außerstande gesetzt, dem Au-pair-Mädchen die Haustür zu öffnen, so wäre Sylvia ohne Zweifel gerettet worden. Ich glaube, sie wünschte, gerettet zu werden; warum hätte sie sonst die Telefonnummer ihres Arztes hinterlassen? Anders als vor zehn Jahren gab es diesmal zu viel, das sie am Leben hielt. Die Kinder vor allem: sie war eine zu leidenschaftliche Mutter. Es war kaum denkbar, daß sie sie verlieren wollte, sie wollte gewiß nicht, daß die Kinder sie verlören. Dazu kamen die ungewöhnlichen produktiven Kräfte, in deren Besitz sie sich nun eindeutig wußte: die Gedichte strömten täglich, ungebeten und unaufhaltsam, und sie arbeitete an einem Roman, gegen den sie nun endlich keine Vorbehalte hatte.

Warum tötete sie sich dann? Zum Teil war ihre Tat wohl ein Hilfeschrei, der unseligerweise verhallte. Doch unternahm Sylvia damit auch einen letzten verzweifelten Versuch, den Tod, den sie in ihren Gedichten so oft zitiert hatte, auszutreiben. Ich deutete bereits an, daß sie möglicherweise aus zwei Gründen anfing, zwanghaft über den Tod zu schreiben. Erstens erlebte sie durch die Trennung von ihrem Mann den gleichen schneidenden Schmerz und Verlust wieder, den sie als Kind empfunden hatte, als ihr Vater starb und sie gewissermaßen im Stich ließ.
Zweitens glaubte sie wahrscheinlich, daß ihr Autounfall vom vergangenen Sommer sie freigebe: sie hatte ihren Tribut entrichtet, sich als Überlebende ausgewiesen und konnte nun darüber schreiben. Doch, wie ich an anderer Stelle sagte, die Kunst ist für den Künstler nicht notwendig Therapie; indem er seinen Vorstellungen Ausdruck verleiht, wird er nicht automatisch von ihnen befreit. Eine dem kreativen Schaffen immanente perverse Logik will vielmehr, daß durch den Akt des formalen Ausdrucks dem Künstler das eingebrachte Material nur leichter zugänglich wird. Stellt er es in seinem Werk dar, so kann die Folge durchaus sein, daß er das Geschaffene auch leben möchte. Für den Künstler gilt also oft, daß die Natur die Kunst nachahmt. Oder, um ein anderes Klischee zu gebrauchen: wenn der Künstler der Natur seinen Spiegel vorhält, entdeckt er, wer und was er ist; sein Wissen kann ihn jedoch unwiderruflich so sehr verändern, daß er selbst zum Bilde seines Spiegels wird.
Ich glaube, daß Sylvia dies in irgendeiner Weise bewußt war. In einem Vorspann zu *»Papi«*, den sie für die BBC schrieb, sagt sie über die ›Erzählerin‹ des Gedichts, »sie muß die gräßliche kleine Allegorie noch einmal ausführen, ehe sie frei wird von ihr«. Die von ihr gemeinte sinnbildhafte Handlung war der in ihrem Innern stattfindende Kampf zwischen einem Nazi-Vater ihrer Phantasie und einer jüdischen Mutter. Vielleicht aber auch die Vorstellung, den eigenen toten Vater mit sich umherzutragen wie eine besessene Frau einen Dämon (tatsächlich bezeichnet sie ihn in dem Gedicht als Vampir). Um sich von ihm zu befreien, mußte er wie ein Dschinn aus der Flasche entlassen werden. Eben dies taten die Gedichte: sie stellten den Tod dar, den sie in sich trug. Auf höchst lebendige und schöpferische Art und Weise: je mehr sie über den Tod schrieb, desto stärker und fruchtbarer wurde ihre Vorstellungswelt. Und diese Vorstellungswelt zeigte ihr alles, wofür zu leben sich lohnte.
Ich vermute, daß sie am Ende ein für allemal Schluß machen

wollte mit dem Todesthema. Doch das einzige Mittel, das sie sah, um zu diesem Ziel zu gelangen, war, »die gräßliche kleine Allegorie noch einmal auszuführen«. Sie war immer so etwas wie eine Spielerin gewesen, gewohnt, Risiken einzugehen. Ansehen und Glaubwürdigkeit ihrer Dichtung beruhten zum Teil auf der Ausdauer, mit der sie dem Faden ihrer Eingebungen bis hin zur Höhle des Minotauros folgte. Der psychische Mut hatte seine Entsprechung in ihrer physischen Arroganz und Unbedachtheit. Wagnisse schreckten sie nicht; im Gegenteil, sie fand sie stimulierend. Freud hat einmal gesagt, das Leben verliere an Interesse, wenn der höchste Einsatz im Spiel, das Leben selbst, nicht gewagt werde. Schließlich ging Sylvia dieses Wagnis ein. Sie spielte zum letztenmal, nachdem sie sich ausgerechnet hatte, daß die Chancen für sie günstig stünden. Vielleicht kümmerte sie sich in ihrer Depression nicht darum, ob sie gewann oder verlor. Ihr Plan mißlang, und sie verlor.
Ein Irrtum also, doch er gab Anlaß zur Legende. Ich glaube nicht, daß Sylvia Geschmack an ihr gefunden hätte. Es war der Mythos von der Dichterin als Weiheopfer, der Dichterin, die sich selbst für ihre Kunst hingibt, nachdem die Musen sie durch Prüfungen aller Art bis zum letzten Altar gezerrt haben. So betrachtet wird ihr Selbstmord zum wesentlichen Punkt der Geschichte, zum Akt, der ihren Gedichten Gültigkeit gibt, ihnen Interesse verleiht und ihre Ernsthaftigkeit beweist. Die Leute fühlen sich nicht wegen ihrer Dichtung, sondern aus klatschsüchtigem, außerliterarischem, »menschlichem Interesse« zu ihrem Werk hingezogen, wie ›Times‹ in einem ausführlichen Artikel schrieb. Sowenig ihr Selbstmord ihren Gedichten das geringste hinzufügt, so sehr ist der Mythos von Sylvia als einem passiven Opfer eine Entstellung der Frau, die sie war. Er unterschlägt ihre Lebendigkeit, ihren intellektuellen Hunger und scharfen Geist, ihren Phantasiereichtum, die Heftigkeit ihres Gefühls, ihre Selbstbeherrschung. Vor allem unterschlägt er den Mut, der sie befähigte, Unheil in Kunst umzuwandeln. Bedauerlich ist nicht, daß sich um Sylvia Plath eine Legende gebildet hat. Bedauerlich ist vielmehr, daß die Legende nicht einfach von einer ungemein begabten Lyrikerin berichtet, deren Tod sich fahrlässig, irrtümlich und zu früh ereignete.
Ich hielt ihre Munterkeit für Fassade, sie schien mir auf gleichsam schizoide Weise imstande zu sein, ihrem Schmerz den Rücken zu kehren und so zu tun, als gäbe es ihn nicht. Vielleicht aber war sie auch fähig, ihr Unglück in Schach zu halten, weil sie

darüber schreiben konnte, weil sie wußte, daß sie aus allen Schrecken etwas Wunderbares rettete. Das Ende kam, als sie merkte, daß sie dies Thema nicht länger ertragen konnte. Darüber hatte sie sich ausgeschrieben und war nun bereit für etwas Neues. »Der Blutstrom ist ein Gedicht, stillen kann man ihn nicht.«

In ihrer durch Niedergeschlagenheit und Krankheit verengten Sicht war dieses letzte Glücksspiel das einzige Mittel, um den Tod aufzuhalten. Nachdem sie, wie sie glaubte, die Vorkehrungen zu ihrer Rettung getroffen hatte, legte sie sich vor den Gasherd hin, fast hoffnungsfroh und erleichtert, als wollte sie sagen: »Vielleicht wird mich das befreien«.

Am Freitag, dem 15. Februar, fand im trübseligen feuchten Untersuchungsgericht hinter Camden Town eine Verhandlung zur Feststellung der Todesursache statt: gemurmelte Zeugenaussagen, langanhaltendes Schweigen, die kleine Australierin in Tränen. Vorher, am selben Morgen, war ich mit Ted zum Bestattungsinstitut in Mornington Crescent gegangen. Der Sarg stand am äußersten Ende des nackten, schwarz ausgeschlagenen Raums. Sie lag steif da, man hatte ihr eine lächerliche Krause um den Hals gelegt. Nur ihr Gesicht war sichtbar: grau und ein wenig durchscheinend, wächsern. Ich hatte noch nie eine Tote gesehen und erkannte sie kaum wieder; ihre Züge kamen mir schmal und scharf vor. Im Raum roch es nach Äpfeln, schwach, süß, doch zugleich unrein, als ob die Äpfel zu faulen anfingen. Ich war froh, wieder in die Kälte und den Lärm der schmutzigen Straßen hinauszukommen. Daß sie tot sein sollte, schien mir unmöglich.

Noch jetzt kann ich es kaum glauben. Es war zu viel Leben in ihrem großen, flachen, starkknochigen Körper und ihrem länglichen Gesicht mit den prächtigen braunen Augen voller Schalkhaftigkeit und Mitgefühl. Sie war tüchtig und freimütig, leidenschaftlich und teilnahmsvoll. Ich glaube, sie war ein Genie. Manchmal ertappe ich mich bei der kindischen Vorstellung, ich könne ihr plötzlich beim Spaziergang auf dem Primrose Hill oder der Heath begegnen, und wir würden unser Gespräch da wieder aufnehmen, wo wir es unterbrochen hatten. Doch vielleicht kommt es nur daher, daß ihre Gedichte noch so deutlich von ihrer Art sprechen: rasch, sarkastisch, überraschend, mühelos erfinderisch, ein wenig zornig und immer ganz sie selbst.

Dies ist nur ein Beispiel. Nach offiziellen Statistiken kam es in der Woche, in der Sylvia starb, mindestens zu neunundneunzig weiteren Selbstmorden in Großbritannien. Innerhalb der gleichen Zeit nahmen sich zudem fünfundzwanzig bis fünfzig Menschen das Leben, die nicht in den offiziellen Listen aufgeführt wurden. In den Vereinigten Staaten waren die absoluten Zahlen viermal größer. Die Selbstmordrate pro hunderttausend Einwohner ist in beiden Ländern annähernd gleich. In Ungarn ist sie mehr als doppelt so hoch. Laut einem Bericht der Weltgesundheitsorganisation nehmen sich auf unserem Planeten täglich mindestens tausend Menschen das Leben.
Warum geschehen diese Dinge? Gibt es irgendeine Möglichkeit, derartige Vergeudung zu *erklären*, da sie kaum je gerechtfertigt werden kann? Gibt es eine Selbstmord-Tradition für schöpferisch begabte Menschen wie Sylvia? Oder haben quasiliterarische Bewegkräfte sie dahin geführt? Diese Fragen will ich im folgenden zu beantworten versuchen. Zunächst aber müssen wir uns mit der Vergangenheit, der Geschichte des Selbstmords und seinen sonderbaren Wandlungen in der westlichen Kultur befassen.

Zweiter Teil

Der Hintergrund

Nicht Furcht noch Hoffnung kennt
Die sterbend Kreatur;
Ein Mensch wart auf sein End
und hofft und fürchtet nur;
Starb Tode ohne Zahl,
Stand wieder auf vielmal.
In seinem Stolz ein Mann
Tritt gegen Mörder an
Und trifft mit seinem Hohn
Des Schreckens Atemnot;
Er kennt ihn lange schon –:
Der Mensch erschuf den Tod.

WILLIAM BUTLER YEATS

Ist's denn Sünde,
Zu stürmen ins geheime Haus des Todes
Eh' Tod zu uns sich wagt?

WILLIAM SHAKESPEARE

Wenn du kein Kichern verträgst, hättest du dem Club nicht beitreten sollen.

ALTES ENGLISCHES SPRICHWORT

»Sie haben einen Mann gehängt, der sich die Kehle durchgeschnitten hatte, aber wieder zum Leben gebracht worden war. Sie haben ihn wegen Selbstmords gehängt. Der Arzt hatte sie gewarnt, es sei unmöglich, ihn zu hängen, da die Halswunde aufbrechen und der Mann durch die Öffnung atmen werde. Sie hörten nicht auf seinen Rat und hängten ihren Delinquenten. Die Halswunde brach sofort auf, und der Mann kam wieder zu Bewußtsein, obwohl sie ihn richtig erhängt hatten. Es dauerte geraume Zeit, bis die Ratsherren einberufen waren, um zu beschließen, was nun geschehen solle. Endlich versammelten sie sich und schnürten ihm den Hals unterhalb der Wunde ab, *bis er tot war.* Ach, meine Mary, welch wahnwitzige Gesellschaft und welch dumme Zivilisation.«[1]

Soweit Nikolaj Ogarew in einem etwa aus dem Jahr 1860 stammenden Brief mit Londoner Zeitungsnachrichten an seine Geliebte Mary Sutherland. Ogarev war ein trunksüchtiger russischer Flüchtling von revolutionär angehauchten politischen Überzeugungen, Sohn eines reichen Gutsbesitzers und intimen Freundes von Alexander Herzen; seine Geliebte war eine gutmütige Prostituierte, die er aufgelesen und gerettet hatte und nun allmählich erzog. Ich vermute, daß allein zwei völlig Außenstehende, einer davon ein vorurteilsfreier, politisch engagierter Ausländer, die Unmenschlichkeit einer Situation zu erkennen vermochte, über welche die Zeitung nur deshalb berichtete, weil eine öffentliche Hinrichtung eine unerwartete Wendung genommen hatte: wunderlich genug, um die Leser zu interessieren, im übrigen jedoch nicht empörend oder bemerkenswert genug, um einen Kommentar zu erfordern.
Als sie ihren armen Selbstmörder mit solch sonderbarer Rachsucht verfolgten – einen Mann zum Tode verurteilten, weil er das Verbrechen begangen hatte, sich selbst zum Tode zu verurteilen –, handelten die Londoner Ratsherren indessen nur gemäß einer ehrwürdigen, durch Kirche und Staat geheiligten Tradition. Die Geschichte des Selbstmords im christlichen Europa ist

die Geschichte von offiziellen Schandtaten und inoffizieller Verzweiflung. Beides, Schandtat und Verzweiflung, lassen sich am trockenen, nüchternen Ton messen, in dem die geltenden Ungeheuerlichkeiten beschrieben wurden. So heißt es 1601 beim elisabethanischen Rechtsgelehrten Fulbecke, der Selbstmörder »wird von einem Pferd an den Ort der Strafe und der Schande geschleift, dortselbst an einen Galgen gehängt, und keiner außer einem obrigkeitlichen Beamten darf den Körper herunternehmen«[2]. Mit anderen Worten, der Selbstmörder galt als ebenso niedrig wie der gemeinste Verbrecher. In späteren Jahren schrieb Blackstone, ebenfalls eine große juristische Autorität, daß die Beisetzung »auf der Landstraße stattfinden und die Leiche gepfählt werden«[3] müsse, so als ob zwischen Vampir und Selbstmörder kein Unterschied bestehe. Gewöhnlich wählte man einen Kreuzweg, der auch der Ort der öffentlichen Hinrichtung war, und legte einen Stein auf das Antlitz des Toten; Stein und Pfahl sollten verhindern, daß er als Geist wieder aufstand und die Lebenden heimsuchte. Anscheinend hielt sich das Entsetzen vor Selbstmördern länger als die Angst vor Blutsaugern und Hexen: in England fand die letzte beurkundete Degradierung des Leichnams eines Selbstmörders im Jahre 1823 statt; ein Mann namens Griffiths wurde damals an der Kreuzung von Grosvenor Place und King's Road in Chelsea verscharrt. Doch auch künftig ließ man die Selbstmörder nicht in Ruhe: In den nächsten fünfzig Jahren kamen die von niemandem angeforderten Leichen und die Leichen der mittellosen Selbstmörder zur Sektion in die Anatomien.

Ähnliche Schmähungen wurden in ganz Europa praktiziert. In Frankreich wurde, je nach örtlichem Bodenrecht abgewandelt, der Leichnam an den Füßen aufgehängt, auf einem Reisigbett durch die Straßen gezogen, verbrannt und auf den öffentlichen Müllhaufen geworfen. In Metz wurde jeder Selbstmörder in ein Faß gesteckt und bis weit vom Ort, wo er vielleicht hätte umgehen wollen, die Mosel hinabgetrieben. In Danzig durfte die Leiche das Haus nicht durch die Tür verlassen; sie wurde mit einem Flaschenzug aus dem Fenster herabgelassen; der Fensterrahmen wurde hinterher verbrannt. Selbst im zivilisierten Athen Platos wurde der Selbstmörder vor der Stadt und fern den anderen Gräbern bestattet; seine selbstmörderische Hand wurde abgehauen und gesondert eingegraben; mit geringfügigen Abänderungen so auch in Theben und Zypern. Sparta war, getreu seinem Ruf, so streng mit seinen Bestimmungen, daß es Aristodemus noch posthum bestrafte, weil er in der Schlacht von Platäa vorsätzlich den Tod gesucht hatte.[4]

In Europa sorgte die Gesetzgebung dafür, daß solche primitive Rachsucht gebührend zu Würde und Ansehen gelangte und dem Staat wirtschaftlichen Nutzen brachte. Noch 1670 nahm der Sonnenkönig selbst alle die höchst brutalen Praktiken bei der schimpflichen Behandlung der Leichen von Selbstmördern in das geltende Strafgesetz auf, zudem sollte der Name der Täter *ad perpetuam rei memoriam* verfemt bleiben. Adlige gingen ihres Adels verlustig und wurden zu Bürgerlichen erklärt; ihre Wappenschilde wurden zerbrochen, ihre Wälder gerodet, ihre Schlösser zerstört. In England wurde der Selbstmörder zum Schwerverbrecher erklärt *(felo de se)*.[5] In beiden Ländern fiel sein Besitz an die Krone. In der Praxis, so vermerkt Voltaire bitter, bedeutete das: »Sein Besitz wird dem König übergeben, der fast immer die Hälfte davon der ersten Liebhaberin der Oper gewährt, die durch einen ihrer Geliebten darum bitten läßt; die andere Hälfte gehört von Rechts wegen den Herren Generalpächtern.«[6]

Trotz Voltaires und Montesquieus Spötteleien blieben die Gesetze in Frankreich mindestens bis 1770 in Kraft und wurden im achtzehnten Jahrhundert sogar zweimal verschärft. Zur Zeit der Revolution hörten die Konfiskation des Eigentums und die Diffamierung des Andenkens endlich auf; Selbstmord wird im neuen Strafgesetzbuch von 1791[7] nicht erwähnt. Nicht so in England, wo die Gesetze über die Güterkonfiskation erst 1870 eine Änderung erfuhren und wo ein mißlungener Selbstmordversuch noch 1961 mit Gefängnis bestraft werden konnte. 1969 beschloß ein Gericht auf der Isle of Man, daß ein Teenager wegen versuchten Selbstmords mit Ruten zu züchtigen sei. Der Ausdruck »Selbstmord im Zustand gestörten seelischen Gleichgewichts« wurde somit von den Juristen als ein Schutz gegen die Torheiten des Gesetzes entwickelt, da eine Verurteilung als *felo de se* den Toten um ein kirchliches Begräbnis und seine Erben um sein Vermögen brachte. Ein Satiriker des achtzehnten Jahrhunderts beschreibt den Tatbestand:

»Durch die Lektüre der öffentlichen Anschläge mag ein Ausländer auf ganz natürliche Weise zur Ansicht gelangen, wir seien das wahnsinnigste Volk der Welt. Fast jeder Tag bringt uns die Nachricht, daß eine Gerichtssitzung zur Feststellung der Todesursache über den Körper eines elenden Selbstmörders beraten und auf Wahnsinn erkannt hat. Es ist jedoch wohlbekannt, daß die Untersuchung nicht dem Geisteszustand des Verblichenen, sondern seinem Vermögen und seiner Familie gegolten hat. Das Gesetz sieht in der Tat vor, daß der vorsätzliche Selbstmörder gleich einem Untier zu behandeln und daß ihm das rituelle Begräbnis zu versagen sei. Doch bei Hunderten von gekauften Wahnsinnigen wurde dieses Urteil meines Wissens nie vollstreckt, nur an einem armen Flickschuster, der sich in seiner eigenen Verkaufsbude erhängt hatte. Ein mittelloser armer Hund, der nicht genug Geld für die Bestattung hinterlassen hat, mag vielleicht vom Friedhof ausgeschlossen werden, aber Selbstmord durch eine Pistole mit vornehmem Ziergriff oder ein Schwert mit parisischem Heft qualifiziert den artigen Besitzer für einen plötzlichen Tod und verleiht ihm das Anrecht auf ein prunkvolles Begräbnis und ein seine Tugenden zur Schau stellendes Denkmal in der Westminster Abbey.«[8]

Daher Professor Joads Aphorismus, in England solle man keinen Selbstmord begehen: beim Mißlingen werde man als Verbrecher, bei Gelingen als Wahnsinniger betrachtet.

Diese offiziellen gesetzmäßigen Idiotien bildeten glücklicherweise die letzte fahle Blüte von Vorurteilen, die einst sehr viel stärker und bösartiger gewesen waren. Da die Grausamkeit jeder Bestrafung der Furcht vor der Untat entspricht, fragt man sich, wie eine Handlung von so privatem Charakter derart primitive Schrecken und Aberglauben hervorrufen konnte. Fedden bringt Beweise für die Annahme, christliche Vergeltungsformen wiederholten – in angemessenen Abwandlungen – die Tabus und Reinigungsrituale der primitivsten Stämme. Jene gelehrten Juristen, die anordneten, der Selbstmörder müsse an einem Scheideweg begraben werden, teilten mindestens dies eine Vorurteil mit den Medizinmännern von Baganda.[9] Sie kamen dabei auch auf die im vorchristlichen Europa geltenden Sitten zurück, wonach die Altäre für Menschenopfer ebenfalls an Scheidewegen errichtet werden mußten. Die Stätte wählte man in der Hoffnung, der ständige Verkehr über ihm werde, wie auch Pfahl und Stein, den ruhelosen Geist davon abhalten, sich aus dem Grab zu erheben, und falls dies nicht genügte, werde die Vielzahl der Straßen den Geist hoffentlich verwirren und solchermaßen seine Rückkehr nach Hause verhindern. Nach Einführung des Christentums wurde das durch die Wege gebildete Kreuz zum Symbol, das die im toten Leibe versammelten bösen Kräfte zerstreute.[10] Kurz, es war die archaische Angst vor dem unrecht vergossenen, nach Rache schreienden Blut, das heißt, die in so besonderem Maße verstörende Angst, die durch Schuldgefühle hervorgerufen wird. Freuds frühe Hypothese vom Selbstmord als übertragenem Mord, einem Akt der Feindseligkeit, der vom Objekt zurück auf das Subjekt gerichtet wurde, scheint christlichem Aberglauben und Rechtsdenken entsprungen zu sein.

In primitiven Gesellschaften sind die Rachemechanismen einfach: entweder wird der Geist des Selbstmörders für ihn seinen Peiniger vernichten, oder seine Tat zwingt seine Sippe, diese Aufgabe zu erfüllen; oder die eisernen Stammesgesetze fordern vom Feind des Selbstmörders, sich auf die gleiche Weise wie er zu töten, je nach Landesbrauch. In jedem Fall aber erscheint der Selbstmord unter solchen Bedingungen merkwürdig unwirklich: als werde er in der festen Annahme verübt, daß der Selbstmörder selbst nicht eigentlich sterben wolle. Vielmehr vollzieht er eine magische Handlung und löst mit ihr ein kompliziertes, aber ebenfalls magisches Ritual aus, das mit dem Tod seines Feindes endet.

Die gleichen magischen Vorstellungen behaupten sich noch in einigen politischen Selbstmorden der Gegenwart. Im Januar 1969 verübte Jan Palach Selbstverbrennung im verzweifelten Glauben daran, durch nichts Geringeres als die eigene Selbstaufopferung gegen die russische Besetzung der Tschechoslowakei wirksam protestieren zu können. Als im Jahr darauf Palachs Todestag mit dem Ende des Biafrakriegs zusammenfiel, nahmen sich in Frankreich innerhalb von zehn Tagen sieben Menschen das Leben, die meisten auf die gleiche schreckliche Weise. Das zweite Opfer, ein neunzehnjähriger Student aus Lille, hinterließ eine Botschaft, in der es heißt, er sei »gegen Krieg, Unrecht und Zerstörungswut der Menschen ... Falls ich sterbe, weinet nicht. Ich tat es, weil ich mich dieser Welt nicht anpassen kann. Ich tat es aus Protest gegen das Unrecht und um die Aufmerksamkeit der Welt zu wecken, von der nur ein sehr kleiner Teil die Geister hier beschäftigt. Der Tod ist eine Form des Protests, sofern ein Mensch ihn sich selbst wünscht. Man kann sich dem sehr leicht verweigern.«[11] Hinter diesen Entsetzlichkeiten und der Konfusion von Altruismus und Egoismus in den Gedanken des Jungen verbirgt sich ein gewisser Überrest von primitiver Magie: als glaube der Selbstmörder, trotz aller gegenteiligen Beweise, daß er schließlich, posthum, seinen Willen durchsetzen werde, vorausgesetzt, daß sein Tod furchtbar genug sei.

Es scheint nichts zu geben, was diesen Optimismus rechtfertigt.

Der primitive Abscheu vor dem Selbstmord, der in Europa so lange fortbestand, war dazumal Abscheu vor dem unrecht vergossenen, ungesühnten Blut. Praktisch wurde Selbstmord dem Mord gleichgesetzt. Deshalb entstand vermutlich der Brauch, den Leib des Selbstmörders zu bestrafen, indem man ihn an den Galgen hängte, als habe sich der Tote eines Kapitalverbrechens schuldig gemacht. So erklärt sich auch die Bezeichnung der Tat. »Suizid« ist ein aus dem Lateinischen abgeleitetes, relativ abstraktes Wort und erscheint erst später. Der Oxford English Dictionary datiert sein erstes Auftreten um 1651; ich fand das Wort bereits in Sir Thomas Brownes 1635 verfaßter, 1642 erschienenen *»Religio Medici«*. Der Ausdruck war jedoch so selten, daß er in der Ausgabe des Jahres 1755 von Dr. Johnsons Dictionary nicht erschien. Die gebräuchlichen Ausdrücke lauteten ›Selbstmord‹, ›Selbstvernichtung‹, ›Selbsttötung‹, sie legen alle die gedankliche Assoziation mit Mord nahe.
Sie spiegeln auch die Schwierigkeiten der Kirche wider, ihre Ächtung des Selbstmords vernünftig zu begründen, da weder das Alte noch das Neue Testament ihn ausdrücklich verbieten. Im Alten Testament sind vier Selbstmordfälle aufgezeichnet – Samson, Saul, Abimelech und Achitophel –, keiner erfährt eine ungünstige Deutung. Tatsächlich werden sie kaum kommentiert. Im Neuen Testament wird der Selbstmord des größten Übeltäters, Judas Ischarioths, ebenso nüchtern überliefert; statt seinen Verbrechen hinzugezählt zu werden, erscheint sein Selbstmord als das Maß seiner Reue. Erst viel später verkehrten die Theologen das unausgesprochene Urteil des Evangelisten Matthäus in sein Gegenteil und gaben zu verstehen, daß Judas wegen seines Selbstmords verdammenswürdiger sei als wegen seines Verrats an Christus. In den ersten Jahren der Kirche war der Selbstmord ein derart neutrales Thema, daß sogar der Tod Jesu von Tertullian, einem der hitzigsten frühen Kirchenväter, noch als eine Art Selbstmord aufgefaßt werden konnte. Tertullian legte dar, und Origines pflichtete ihm bei, daß Jesus freiwillig den Geist aufgegeben habe, da eine dem Fleische unterworfene Gottheit undenkbar sei. Ähnlich die Worte John Donnes in *»Biathanatos«*, der ersten, in englischer Sprache abgefaßten förmlichen Verteidigung des Selbstmords: »Unser heiliger Erlöser... beschloß also, für unsere Entsühnung sein Leben hinzuopfern und sein Blut zu vergießen.«[12]
Der Begriff von Selbstmord als einem Verbrechen tritt in der christlichen Lehre spät, gleichsam als ein Nebengedanke auf.

Erst im 6. Jahrhundert nach Christi schuf die Kirche ein Gesetz, das ihn zum Inhalt hatte, und das einzige biblische Zeugnis, auf das sie sich damals berief, war eine spezielle Auslegung des sechsten Gebots: Du sollst nicht töten. Der heilige Augustinus forderte die Bischöfe auf, sofortige Gegenmaßnahmen zu ergreifen; er selbst entnahm seine Einwände jedoch, wie Rousseau bemerkt, Platos *»Phaidon«* und nicht der Bibel. Verschärft wurden seine Argumente durch die Selbstmordmanie, die ein besonderes Kennzeichen der frühen Christenheit war. Letztlich aber waren sie eindeutig moralischer Natur. Das Christentum basierte auf dem Glauben, daß jeder menschliche Körper Träger einer unsterblichen Seele sei, die nicht in dieser, sondern erst in der nächsten Welt gerichtet werde. Und da jede Seele unsterblich ist, ist auch jedes Leben gleichermaßen wertvoll. Und da das Leben selbst ein Geschenk Gottes ist, kann man es nicht ablehnen, ohne Gott abzulehnen und seinem Willen zuwiderzuhandeln; sein Bild töten heißt ihn töten – und das bedeutet eine einfache Fahrkarte in die ewige Verdammnis.

Die christliche Ächtung des Selbstmords gründete, wie auch die Ächtung der Kindestötung und der Abtreibung, damals auf einer Ehrfurcht vor dem Leben, die den Römern, ihrer Gleichgültigkeit und gelegentlichen Mordlust, völlig fremd war. Doch führt die christliche Haltung zu einem Widerspruch. Wie David Hume[13] darlegt, ist der Monotheismus die einzige ernstzunehmende Religionsform, da nur er die Welt als ein einziges geordnetes, erkennbares Ganzes versteht; dennoch sind Dogmatismus, Fanatismus und Drangsalierungen seine Folgen. Wohingegen der Polytheismus, der in gedanklicher Hinsicht eine Unsinnigkeit und ein eindeutiges Hindernis auf dem Weg zu wissenschaftlicher Erkenntnis ist, zu Toleranz und Achtung der persönlichen Freiheit führt. Das gleiche gilt für den Selbstmord: als die Bischöfe ihn zum Verbrechen erklärten, betonten sie gewissermaßen die moralische Strecke, die man, vom heidnischen Rom kommend, zurückgelegt hatte, wo diese Tat üblich gewesen war und sogar Achtung gefunden hatte. Doch was als moralische Milde und Erleuchtung begann, endete in legalisierten und sanktionierten Schandtaten: der Leichnam des Selbstmörders wurde geschändet, sein Andenken geschmäht, seine Familie verfolgt. Obwohl der Begriff vom Selbstmord als einem Verbrechen als eine späte und relativ spitzfindige Erfindung des Christentums und der jüdisch-hellenistischen Tradition mehr oder weniger fremd war, verbreitete er sich doch wie ein Nebel

über ganz Europa, da er seine Überzeugungskraft aus den primitiven Ängsten, Vorurteilen und abergläubischen Vorstellungen bezog, die trotz Christentum, Judentum und Hellenismus fortbestanden. Angesichts der Grausamkeit des frühen Mittelalters war es zweifellos unvermeidlich, daß primitiver Ungeist einmal wieder an der Tagesordnung war. Der Vorgang erinnerte stark daran, wie der christliche Kalender die heidnischen Festtage übernahm und wie die ersten spanischen Missionare in Mexiko Heilige erfanden, um ihnen die Kirchen zu weihen, die sie über den Altären aller Azteken- und Majagötter errichteten. In der modernen Geschäftswelt spricht man vom käuflichen Erwerb des Kundenstammes einer erloschenen Firma. Was den Selbstmord anbelangt, übernahm das Christentum den primitiven heidnischen Kundenstamm.
Es gibt jedoch Beweise dafür, daß selbst bei den Primitiven der Abscheu vor dem Selbstmord nicht ursprünglich war. Ihre Furcht vor den Toten mag übermächtig gewesen sein, vor allem die Angst vor den Geistern jener, die auf unnatürliche und vorsätzliche Weise, durch Mörderhand oder durch die eigene Hand, umgekommen waren. Der ganze komplizierte Kodex der Tabus wurde weitgehend als Schutzmaßnahme gegen diese ruhelosen und unversöhnten Geister aufgestellt.[14] Doch ist Angst vor dem rachsüchtigen Toten nun doch etwas anderes als eigentliche Todesangst.
Wir sollten uns jedoch davor hüten, unsere eigenen Ängste auf andere Zeitalter zu projizieren. Der Tod als unschickliches, beinahe unnatürliches Thema ist eine Erfindung des zwanzigsten Jahrhunderts. Was einst öffentlich, einfach und üblich war, ist zu einer privaten, dunklen und schockierenden Angelegenheit geworden, die mit fast ebenso großen Heimlichkeiten umgeben wird wie die Sexualität bei den Viktorianern. Nichtsdestoweniger hören wir beständig, daß die Gewalttätigkeit unserer Gesellschaft abnorm groß sei und noch zusätzlich durch jene verstärkt werde, die man uns unaufhörlich und unentrinnbar als Unterhaltung für unsere Freizeit über Film, Fernsehen, Schundromane und sogar Nachrichten auftischt. Doch frage ich mich, ob all dies im Vergleich zu Gewohnheiten einer noch jungen Vergangenheit nicht recht schwach und harmlos ist. Ein Festtag im römischen Reich bedeutete das Massaker von Tausenden von Gladiatoren. Nach dem Aufstand des Spartakus säumten die gekreuzigten Leiber von sechstausend Sklaven wie Laternenpfähle die von Rom nach Capua führende Straße. Im christlichen

Europa ersetzten Hinrichtungen die römischen Spiele. Verbrecher wurden öffentlich enthauptet, aufgehängt, noch lebend wieder vom Galgen genommen, man riß ihnen die Därme heraus und vierteilte ihre Leiber; sie wurden guillotiniert und in Anwesenheit einer fröhlichen Menge ausgeklügelten Foltern unterzogen; ihre abgeschnittenen Köpfe wurden auf Lanzen gesteckt, ihre Leichen mit Ketten an Galgen aufgehängt. Das Publikum war belustigt und erregt, mehr entzückt als empört. Eine Hinrichtung war wie ein Rummelplatz, und bei sensationellen Ereignissen dieser Art gab man sogar den Lehrlingen den Tag frei. Diese ungezwungene Blutrünstigkeit bestand, lange nachdem der letzte Selbstmörder an einem Kreuzweg verscharrt worden war, noch immer. In England fanden Hinrichtungen bis zum Jahre 1868 in der Öffentlichkeit statt. Die Pariser Morgue, wo die Leichen ähnlich wie die Wachsfiguren bei Madame Tussaud ausgestellt wurden, war eine Attraktion für die Touristen; 1865 wurde die Morgue sogar, mit verbesserten Einrichtungen, neu erbaut und erst in den zwanziger Jahren unseres Jahrhunderts für die Öffentlichkeit gesperrt. In den Kriegen sahen die Schlachtfelder nach Nahkämpfen mit Schwertern, Äxten, Dolchen und primitiven Schußwaffen wie Metzgerläden aus. Die Blutbäder, die wir anrichten, mögen unendlich viel größer sein, doch finden unsere Massaker oft ferngelenkt und aus der Distanz statt; verglichen mit den offenen Feldschlachten vergangener Zeiten wirken sie fast abstrakt. Mit einer Einschränkung allerdings. Anders als unsere Vorfahren, die bestenfalls später darüber lasen, sehen wir die tatsächlichen Wirkungen. Doch in den Augen des Fernsehens sind, wie in Gottes Augen, alle Dinge gleich; eine wirkliche Greueltat auf dem Bildschirm in unserem Heim kommt uns ebenso echt oder unecht vor wie irgendeine in einem Studio aufgeführte Unterhaltungssendung. Unter diesen Umständen ist der Tod eine Art Pornographie: erregend und unwirklich: Tod – man hat wohl Angst davor, doch den Kitzel gern im Ohr.

So wurde bei einigen Kriegerstämmen, deren Götter Kriegsgötter und deren Ideal Tapferkeit war, der Selbstmord als hohes Gut angesehen. Das Paradies der Wikinger beispielsweise war Walhall, die Halle derer, die eines gewaltsamen Todes gestorben waren, wo Odin beim Gelage der Helden den Vorsitz führte. Nur diejenigen, die eines gewaltsamen Todes gestorben waren, durften die Halle betreten und am Gelage teilnehmen. Als größte Ehre und sicherste Gewähr galt der Tod in der Schlacht, als zweitbeste galt der Selbstmord. Wer friedlich in seinem Bette starb, an Altersschwäche oder Krankheit, blieb auf ewig aus Walhall ausgeschlossen. Odin selbst war der oberste Kriegsgott, wurde, laut Frazer, aber auch Herr der Galgen oder Gott der Gehängten genannt, und an den heiligen Bäumen des heiligen Hains in Upsala wurden Menschen und Tiere ihm zu Ehren aufgehängt. Die Verse aus den hohen Sprüchen des Havamal[15] deuten darauf hin, daß der Gott nach dem gleichen Ritual starb und sich selbst sich zum Opfer darbrachte. Die unheimlichen und schönen Verszeilen aus dem Havamal zeigen, daß der Gott durch das gleiche Ritual starb, als Selbstopfer:

Ich weiß, daß ich hing
Am windigen Baum
Neun Nächte lang,
Mit dem Ger verwundet,
Geweiht dem Odin,
Ich selbst mir selbst ...[16]

Nach einer anderen Überlieferung brachte sich Odin mit seinem Schwert eine Wunde bei, bevor er feierlich verbrannt wurde.[17] In beiden Fällen war er ein Selbstmörder, und seine Helfer beim letzten Kampf folgten seinem göttlichen Beispiel. Ähnlich eine druidische Sentenz, die den Selbstmord zum religiösen Prinzip erklärt: »Es gibt eine andere Welt, und die, welche sich töten, um ihre Freunde hinüberzubegleiten, werden dort mit ihnen leben.«[18] Dies wiederum entspricht einem Brauch afrikanischer Stämme: Krieger und Sklaven töten sich, wenn ihr König stirbt, um mit ihm im Paradies zu wohnen. Auf solche, wenngleich differenziertere Vorstellungen geht auch die hinduistische Witwenverbrennung zurück; ihre Bezeichnung *›Sati‹* bedeutet ›Paradies‹.

So weit voneinander entfernt lebende Stämme wie die Zentral-Eskimos und die polynesische Bevölkerung der Marquesas-Inseln glaubten, daß der gewaltsame Tod Einlaß ins Paradies gewähre, das in der Sprache der Iglu-Eskimos ›Land des Tages‹ heißt. Dagegen war jenen, die eines friedlichen natürlichen Todes starben, ewige Klaustrophobie im ›Engen Lande‹ bestimmt. Auf den Marquesas kamen sie in die tiefsten Tiefen von Hawaiki.[19] Selbst die Opfer der furchtbaren aztekischen Riten, jene Jünglinge, die eine Zeitlang göttliches Ansehen genossen, unter der Bedingung, daß sie sich am Ende bei lebendigem Leib

das Herz herausschneiden ließen, gingen, von einer Art perversem Optimismus erfüllt, zum Altar.
Offensichtlich besaß man durch die Glorifizierung des gewaltsamen Todes ein wirksames Mittel, um den kriegerischen Geist gebührend wachzuhalten. Den Amerikanern wären möglicherweise einige Verlegenheiten in Vietnam erspart geblieben, hätten sie ihren Wehrpflichtigen diese primitiven Tugenden einflößen können. Die alten Skythen betrachteten es als größte Ehre, sich, wenn sie für das Nomadenleben zu alt wurden, das Leben zu nehmen; dadurch bewahrten sie die jüngeren Stammesmitglieder vor den Mühen und den Schuldgefühlen, sie umbringen zu müssen. Quintus Curtius schildert sie anschaulich:
»Unter ihnen lebt eine Sorte wilder und roher Männer, die man als die Weisen bezeichnet. In ihren Augen ist es eine Ruhmestat, ihrem Todestag zuvorzukommen, und sie lassen sich lebendig verbrennen, sobald Alter oder Krankheit beginnen, sie zu quälen. Sie sind der Meinung, den Tod zu erwarten, sei die größte Schande des Lebens. So bezeigen sie dem Toten, der aus Altersschwäche gestorben ist, auch nicht die geringste Ehrung. Das Feuer wäre verunreinigt, wenn es nicht einen Menschen umfinge, der noch atmet.«[20]
Durkheim nannte diese Art des Selbstmords ›altruistisch‹; eines der höchsten Beispiele ist das des Kapitän Oates, der in die antarktische Schneewüste hinauswanderte, um Scott und den anderen dem Untergang geweihten Gefährten zu helfen. Doch wenn die ganze Stammesmoral und -mythologie darauf hinauslief, daß Selbstmord der Weg zum besseren Leben sei, waren die Motive derer, die sich das Leben nahmen, offenbar nicht ganz so rein und selbstlos. Vielmehr waren sie äußerst narzißtisch, wie man schon der *»Edda«* entnehmen kann, in der Odin »ganz sich selbst hingegeben« war. »Durch den primitiven Akt der Selbsttötung«, schreibt Gregory Zilboorg, »gewann der Mensch eine *phantasierte* Unsterblichkeit, das heißt, ununterbrochene Erfüllung des hedonistischen Ideals durch die alleinige Phantasie und nicht durch wirkliches Leben.«[21] Da der Tod sowohl unvermeidlich als auch verhältnismäßig unwichtig war, wurde Selbsttötung schließlich mehr Annehmlichkeit als Prinzip, »man opferte ein paar Tage oder Jahre auf dieser Welt, um in der nächsten mit den Göttern ewig zu schmausen«. Es war im Grund eine geringfügige Tat.
Ein wirklicher Selbstmord dagegen ist ein Akt freier Wahl, dessen Bedingungen ausschließlich von dieser Welt sind; ein

Mensch legt Hand an sich, weil er sein Leben nicht für lebenswert erachtet. Selbstmorde dieser Art werden gewöhnlich für ein Merkmal hoher Kultur gehalten (als wolle man fragen: Sagen Sie mir, wie hoch Ihre Selbstmordrate ist, und ich will Ihnen sagen, wie es um Ihre kulturelle Differenziertheit steht) aus dem einfachen Grund, weil die Handlung dem stärksten Instinkt, dem Selbsterhaltungstrieb, widerspricht. Aber das ist nicht notwendig so. Die Ureinwohner von Tasmanien beispielsweise sind nicht allein deshalb ausgestorben, weil man sich einen Zeitvertreib daraus gemacht hatte, sie wie Känguruhs zu jagen, sondern auch, weil sie die Welt, in der solches geschehen konnte, nicht ertragen wollten; sie verübten deshalb als Rasse Selbstmord, indem sie es ablehnten, sich weiterhin fortzupflanzen. Ironie des Schicksals vielleicht und gleichsam eine Bekräftigung dieses Entschlusses der Ureinwohner: Die mumifizierten Überreste der Überlebenden, einer alten Dame, wurden von der australischen Regierung als Kuriosität im Museum konserviert. Desgleichen wählten in Masada Hunderte von Juden den Freitod, um sich den römischen Legionen nicht ergeben zu müssen. Die Geschichte der Eroberung der westlichen Welt durch die Spanier bietet ein noch krasseres Beispiel von Völkermord, an dem die Eingeborenen selbst mitwirkten. Ihre Behandlung durch die Spanier war so grausam, daß die Indianer zu Tausenden sich lieber töteten, als sie zu ertragen. Von vierzig Eingeborenen, die vom Golf von Mexiko hinübergeschifft wurden, um in einer Mine Kaiser Karls V. zu arbeiten, überließen sich neununddreißig dem Hungertod. Eine ganze Fracht Sklaven brachte es fertig, sich im Laderaum einer spanischen Galleone zu strangulieren, obwohl die lichte Höhe durch den schweren Ballast an Steinen so gering war, daß sie sich in kauernder oder kniender Stellung erhängen mußten. Wie der spanische Historiker Girolamo Benzoni berichtet, nahmen sich in Westindien viertausend Männer und zahllose Frauen und Kinder das Leben, indem sie sich von Felsen stürzten oder sich gegenseitig töteten. Benzoni fügt hinzu, daß von den ursprünglich zwei Millionen zählenden Einwohnern Haitis wegen der Selbstmorde und der Gemetzel weniger als einhundertfünfzig am Leben geblieben wären.[22] Angesichts des unangenehmen Mangels an Arbeitskräften geboten die Spanier der Selbstmordepidemie schließlich Einhalt, indem sie die Indianer davon überzeugten, daß sie sich ebenfalls töten würden, um sie in der anderen Welt noch grausamer zu peinigen.

Verzweiflung, die mit dem Selbstmord einer Rasse endet, ist ein besonders reines, unvermischtes Phänomen und verhältnismäßig selten. Nur unter extremen Umständen verkehrt sich der psychische Mechanismus der Selbsterhaltung einer ganzen Nation in sein Gegenteil, ohne daß Moralvorstellungen ein solches Geschehen sanktionieren oder fanatischer Glaubenseifer dazu hinreißt. In einer weniger unvermischten, komplexeren Kultur, die den Tod gleichgültig hinnimmt, und in der die Moralität in Grenzen individuellen Schwankungen unterliegt, gewinnt die Frage des Selbstmords eine andersgeartete Aktualität. Das bedeutendste Beispiel ist das der Römer, die die Selbstmordduldsamkeit, wie sie die alte Welt gekannt hatte, in eine Selbstmordmode großen Stils verwandelten.
Die Toleranz begann bei den Griechen. Das über den Akt verhängte Tabu, das selbst in Athen bestand – der Leichnam wurde vor der Stadt bestattet, seine Hand abgetrennt und an anderer Stelle begraben –, war mit dem tieferen Abscheu der Griechen vor Verwandtenmord verknüpft. Der Selbstmord wurde als krassester Fall dieser Gattung verstanden – Identität als höchster Grad der Blutsverwandtschaft –, und die Sprache unterscheidet kaum zwischen Selbstmord und Mord am Sippenmitglied. Nichtsdestoweniger wird die Handlung in Dichtung und Philosophie kaum kommentiert und gewiß nicht getadelt. Der erste aller literarischen Selbstmorde, der Tod Jokastes, der Mutter des Ödipus, wird so dargestellt, daß er lobenswert erscheint, als ein ehrenvoller Ausweg aus einer unerträglichen Situation. Homer berichtet kritiklos vom Selbstmord als etwas Natürlichem und in der Regel Heldenhaftem. Die Sagen geben ihm recht. Ägäeus stürzte sich ins Meer – das daraufhin seinen Namen erhielt –, als er irrtümlich wähnte, sein Sohn Theseus sei vom Minotauros getötet worden. Erigone erhängte sich vor Kummer, als sie den Leichnam ihres ermordeten Vaters Ikarios entdeckt hatte – und verursachte dadurch unter den athenischen Frauen einen Massenselbstmord durch Erhängen, der so lange andauerte, bis das Blut des Ikarios durch die Einführung des Aiorafestes zu Ehren der Erigone gesühnt war. Leukakos stürzte sich von einem Felsen, um nicht von Apoll vergewaltigt zu werden. Als das delphische Orakel verkündete, die Lakedämonier würden Athen einnehmen, falls sie den athenischen König nicht töteten, ging Athens Monarch Codrus verkleidet ins gegnerische Feld, fing mit einem Soldaten einen Streit an und ließ sich von ihm erschlagen. Charondas, der Gesetzgeber von Cata-

nia, einer griechischen Kolonie in Sizilien, nahm sich das Leben, als er eines seiner eigenen Gesetze übertreten hatte. Ein anderer Gesetzgeber, Lykurgos von Sparta, entlockte seinem Volk den Schwur, daß er seine Gesetze bis zu seiner Rückkehr von Delphi halten werde. Nach Delphi ging er, um das Orakel eben über diesen neuen Gesetzeskodex zu befragen. Die Antwort lautete günstig, und er teilte sie den Spartanern schriftlich mit. Damit sie niemals von ihrem Eid entbunden würden, überließ er sich darauf dem Hungertod. Und so weiter.[23] Alle diese Selbstmorde hatten eines gemeinsam: eine gewisse Würde des Motivs. In allen Aufzeichnungen jener Zeit nehmen sich die Griechen nur aus den bestmöglichen Gründen das Leben: aus Kummer, aus hohen patriotischen Grundsätzen oder um einer Schmach zu entgehen.

Ihre philosophische Erörterung des Gegenstands scheint verhältnismäßig unvoreingenommen und wohlerzogen. Entscheidend waren Mäßigung und hohe sittliche Grundsätze. Ein Selbstmord, der den Eindruck mutwilliger Mißachtung der Götter machte, durfte nicht geduldet werden. Aus diesem Grund verwarfen die Pythagoreer den Selbstmord kurzerhand; für sie, wie später für die Christen, war das Leben selbst die uns von den Göttern auferlegte Disziplin. Im *»Phaidon«* läßt Plato den Sokrates diese orphische Lehre wiederholen und gutheißen, ehe er den Schirlingsbecher trinkt. Er braucht das – später oft angeführte – Gleichnis vom Wachtposten, der sich nicht selber eigenwillig ablösen und davonlaufen dürfe, und auch das vom Menschen als Eigentum der Götter, die über unseren Selbstmord ebenso sehr zürnen würden wie wir unserem Sklaven, der Hand an sich legt. Aristoteles argumentierte ähnlich, jedoch strenger: Selbstmord war ›ein Unrecht gegen den Staat‹, da er, vom religiösen Standpunkt aus, die Stadt entweihte, und sie, indem er einen nützlichen Bürger vernichtete, wirtschaftlich schwächte. Das heißt, Selbstmord war ein Akt gesellschaftlicher Verantwortungslosigkeit. Die Auffassung ist logisch einwandfrei, doch merkwürdig unerheblich für den Akt des Selbstmords selbst, kaum ein Argument, meine ich, das auf den Seelenzustand eines Menschen, der im Begriff ist, sich das Leben zu nehmen, eine Wirkung ausüben könnte. Die Tatsache, daß es als zwingend galt, bedeutet – sieht man von Aristoteles' gewaltiger Autorität ab –, daß die Einstellung zum Problem des Selbstmords sich durch sonderbare Kühle und Distanziertheit auszeichnete.

Platos Beweisführungen sind weniger einfach, subtiler. Sokrates' sanfte Stimme der Vernunft verwirft den Selbstmord, doch läßt er den Tod gleichzeitig als etwas unendlich Begehrenswertes erscheinen; der Tod ist der Eintritt in das Reich der vollkommenen Ideen, von denen die irdische Wirklichkeit nur ein Schatten ist. Am Ende hat Sokrates so beredt zugunsten des Todes gesprochen und den Schierlingssaft so heiter getrunken, daß er denen, die nach ihm kommen werden, ein Beispiel gibt. Den griechischen Philosophen Cleombrotus soll der *»Phaidon«* dazu bewogen haben, sich selbst zu ertränken, und Cato las in der Nacht, in der er sich tötete, den Dialog zweimal durch und stürzte sich dann in sein Schwert.

Auch im gegenteiligen Sinn zog Plato ein Maßhalten in Betracht. Er deutete an, daß der Selbstmord eine vernünftige, berechtigte Handlung sei, wenn das Leben selbst maßlos werde. Qualvolles Siechtum oder unerträglicher Zwang seien Grund genug, es zu verlassen. Und als die religiösen abergläubischen Vorstellungen verblaßten, war diese philosophische Rechtfertigung hinlänglich. Hundert Jahre nach Sokrates' Tod hatten die Stoiker den Selbstmord zum vernünftigsten und wünschenswertesten aller Auswege gemacht. Sie sowohl als auch die Epikureer behaupteten, Tod und Leben mit gleicher Gelassenheit zu betrachten. Für die Epikureer war Lust das höchste Ziel; alles, was sie bewirkte, war gut, alles, was Leiden schaffte, schlecht. Das Ideal der Stoiker war zugleich unbestimmter und würdevoller: das naturgemäße Leben. Wenn die Übereinstimmung nicht länger mehr zu bestehen schien, war Tod der einem vernünftigen Menschen geziemende vernünftige Entschluß. So wird von Zeno, dem Begründer der Schule, gesagt, daß er sich aus bloßem Ärger erhängt habe, nachdem er gestolpert sei und sich dabei den Finger verstaucht habe; er war bereits achtundneunzig Jahre alt. Sein Nachfolger Kleanthes starb gleichfalls mit philosophischem Aplomb. Um ein Zahngeschwür auszukurieren, hatte man ihm Fasten verordnet. Nach zwei Tagen war das Geschwür zurückgegangen, und der Arzt erlaubte ihm wieder normale Ernährung. Doch Kleanthes weigerte sich: Da er auf seiner Reise in den Tod so weit gelangt sei, wolle er nun nicht mehr zurückweichen; er hungerte sich regelrecht zu Tode.

Der klassische griechische Selbstmord wurde von gelassener, wenngleich leicht übertriebener Vernünftigkeit diktiert. In Athen – wie auch in den griechischen Kolonien von Marseilles und Keos –, das den Schierling anbaute und dessen Bräuche

Montaigne zu seiner beredten Verteidigung des edlen Selbstmords inspirierten, hatte der Magistrat einen Giftvorrat in Gewahrsam für alle, die sterben wollten. Verlangt wurde lediglich, daß man zunächst seinen Fall dem Senat vortrug und die offizielle Genehmigung einholte. Die Vorschriften waren eindeutig:

»Derjenige, der nicht länger leben will, soll seine Gründe vor dem Senat auseinandersetzen und Selbstmord begehen, wenn er die Genehmigung dazu erhalten hat. Wenn Dein Leben Dir verhaßt ist, wirf es weg, wenn Dein Schicksal Dich erdrückt, trink den Schierlingsbecher. Wenn die Last der Schmerzen Dich beugt, verlaß dieses Leben. Der Unglückliche soll von seinem Unglück berichten und der Magistrat ihm das Heilmittel geben, damit sein Elend ein Ende finde.«[24]

Wenn es um den eigenen Tod ging, waren diese alten Stoiker ebenso pedantisch wie Henry James in Fragen der Moral. Und das war nur recht und billig, da die Art und Weise ihres Sterbens für sie zum letzten unterscheidenden Kriterium wurde. Plato hatte den Selbstmord für berechtigt erklärt, wenn äußere Umstände unerträglich wurden. In Übereinstimmung mit ihrem Ideal des naturgemäßen Lebens entwickelten die griechischen Stoiker diese Meinung und gaben ihr eine philosophische Begründung. Die späte römische Stoa übernahm und entwickelte die Gedanken Platos; die Beweisführung blieb im wesentlichen dieselbe, die den Selbstmord rechtfertigenden Bedingungen aber wurden ins Innere des Menschen verlegt. Wenn der innere Drang unerträglich wurde, stellte sich nicht mehr die Frage, ob der Mensch sich töten solle, sondern wie er dies mit größter Würde, Bravour und Eleganz ausführen könne. Mit anderen Worten, es war eine Errungenschaft der Griechen, den Selbstmord von allem primitiven Abscheu zu befreien und ihn darauf allmählich mehr oder weniger rational zu erörtern, als ob das Thema nicht mit starken Gefühlen der einen oder anderen Art belastet sei. Die Römer umgaben es wieder mit Emotionen, wobei sie allerdings die Gefühle in ihr Gegenteil verkehrten. In ihren Augen war der Selbstmord nicht mehr moralisch schlecht; im Gegenteil, die Art und Weise des Abtretens wurde zu einer Erprobung von Vortrefflichkeit und Tugend. In der Nacht, in der Kaiser Antoninus Pius starb, lautete die Losung auf seinen Befehl: ›Gelassenheit!‹[25]

Ich erwähnte die Ansicht, wonach der Selbstmord um so leichter toleriert wird, je kultivierter und rationaler eine Gesellschaft ist, je weiter sie sich von abergläubischen Befürchtungen entfernt. Der Stoizismus der Römer scheint das beste Beispiel hierfür zu sein. Die Schriften der Stoiker sind voll von Aufforderungen zum Selbstmord, und alle diese Aufforderungen mehr oder weniger elegante Ausschmückungen der oben zitierten athenischen Vorschriften des Libanius. Die berühmteste ist die Senecas:

»Törichter Mann, was beklagst du und was fürchtest du? Wohin du auch blickest, ist ein Ende der Leiden. Siehst du den gähnenden Abgrund? Er führt in die Freiheit. Siehst du den Strom, den Fluß, den Brunnen? In ihnen wohnt Freiheit. Siehst du den verkrüppelten, vertrockneten und erbärmlichen Baum? Von jedem Ast hängt die Freiheit. Dein Hals, deine Kehle, dein Herz sind ebenso viele Wege, der Sklaverei zu entfliehen ... Fragst du nach der Straße zur Freiheit? In jeder Ader deines Leibes wirst du sie finden.«

Ein schönes klangvolles Stück Rhetorik. Doch während Rhetorik meist zum Schutz vor der Wirklichkeit dient, eine verbale Rüstung, die der Autor zwischen sich und die Welt stellt, setzte Seneca seine Lehren schließlich in die Praxis um; er erstach sich, um der Rache Neros, der einst sein Schüler gewesen war, zu entgehen. Sein Weib Paulina wollte nicht allein zurückbleiben und starb mit ihm auf die gleiche Weise.

Ein zweites Beispiel genügt, um den Geist der Zeit deutlich zu machen. Es ist der Ratschlag, den Senecas asketischer Freund Attalus einem gewissen Marcellinus erteilte, der an einer unheilbaren Krankheit litt und Selbstmord erwog:

»Quäle dich nicht, mein Marcellinus, als ob du eine bedeutende Sache erwögest. Das Leben ist ein Ding ohne Würde und Gewicht. Deine eigenen Sklaven, deine Tiere haben es mit dir gemeinsam; aber es ist ein großes Ding, ehrenvoll, besonnen, tapfer zu sterben. Bedenke, wie lange du dem gleichen dumpfen Lauf gefolgt bist: Essen, Schlafen, deinen Lüsten frönen. Dies war der Kreislauf. Nicht nur ein besonnener, tapferer oder ein unglücklicher Mann mag sterben wollen, sondern auch ein verwöhnter.«[26]

Auch hier klaffte zwischen Redekunst und Wirklichkeit keine Lücke. Marcellinus befolgte den Rat seines Freundes und hungerte sich zu Tode, eine ›anspruchsvolle‹ Antwort auf die wüste Völlerei, die in Rom zur Zeit des Tiberius herrschte.

Durch seine Tat schloß er sich zudem der Gesellschaft der erlauchtesten Personen der alten Welt an. Sokrates, Codrus,

Charondas, Lykurgos, Cleombrotus, Cato, Zeno, Kleanthes, Seneca und Paulina erwähnte ich bereits. Unter vielen anderen waren da noch die griechischen Redner Isokrates und Demosthenes; die römischen Dichter Lukrez, Lucan, Labienus, der Dramatiker Terenz, der Kritiker Aristarchus und Petronius Arbiter, der verwöhnteste von ihnen allen; Hannibal, Boudicca, Brutus, Cassius, Marcus Antonius und Kleopatra, Cocceius Nerva, Statius, Nero, Otho, König Ptolemäus von Zypern und König Sardanapal von Persien. Und Mithridates, der jahrelang kleine Dosen Gift geschluckt hatte, um sich vor seinen Feinden zu schützen. Mit dem Ergebnis, daß er immun geworden war, und als er sich schließlich vergiften wollte, dieser Versuch mißlang. Und so weiter. John Donnes Liste bemerkenswerter Selbstmorde umfaßt, mit den witzigen Kommentaren, drei Seiten; Montaigne nennt eine Unmenge anderer. Beide wählten mehr oder weniger aufs Geratewohl aus vielen Hunderten von Möglichkeiten, die ihrerseits wiederum nur einen Bruchteil der auf römische Manier Gestorbenen ausmachen.

Daraus erhellt, daß die Römer den Tod weder mit Furcht, noch mit Abscheu betrachteten, vielmehr als eine sorgfältig bedachte und gewählte Gültigkeitserklärung ihrer bisherigen Lebensführung und der Grundsätze, nach denen sie gelebt hatten. Das höchste und höchst perverse Beispiel ist das des Corellius Rufus, eines Adeligen, der, laut Fedden, »seinen Selbstmord während der ganzen Regierungszeit des Domitian immer wieder aufschob, weil er, wie er sagte, nicht unter einem Tyrannen zu sterben wünsche. Kaum war der mächtige Kaiser tot, da nahm er sich das Leben, leichten Sinnes und als ein freier Römer«[27]. Ein edles Leben verlangte einen edlen Tod im rechten Augenblick. Alles hing vom Willensentschluß und von einer vernünftigen Wahl ab.

Diese Haltung wurde vom römischen Recht bestärkt. Es gab keine Vergeltungen, keine Degradierungen, nichts, was auf Furcht und Abscheu hinweist. Gesetz war Gesetz – ein praktisches Gesetz. Nach den *Digesten* des Justinian war der Selbstmord eines Bürgers nicht strafwürdig, wenn seine Veranlassung »Abneigung gegen Schmerz oder Krankheit oder irgendwie andere Ursache« war. Da diese Bestimmung alle vernünftigen Ursachen umfaßte, blieb lediglich der völlig irrationale Selbstmord »ohne Veranlassung« übrig, und er war strafbar, mit der Begründung, »jeder, der sich selbst nicht schont, wird noch viel weniger einen anderen schonen«[28]. Mit anderen Worten, nicht weil sie ein Verbrechen gewesen wäre, sondern weil sie vernunftwidrig war, wurde eine solche Tat bestraft. Die Digesten kannten noch andere Ausnahmen, von noch ausschließlicher praktischem Chrakter: so galt der Selbstmord eines Sklaven als Verbrechen aus dem einfachen Grund, weil er für seinen Herrn eine gewisse Kapitalanlage darstellte. Wie auf einen Wagen gab es auf einen Sklaven eine Garantie gegen Mängel: verborgene körperliche Fehler, selbstmörderische oder verbrecherische Veranlagung. Wenn er sich innerhalb sechs Monaten nach dem Kauf tötete oder zu töten versuchte, konnte er – lebend oder tot – seinem früheren Herrn zurückgegeben werden, und der Handel wurde für ungültig erklärt.[29] Ebenso wurde der Soldat als Eigentum des Staates betrachtet, und sein Selbstmord war gleichbedeutend mit Desertion. Das heißt, das Römische Recht verstand die beiden Vergleiche – Wachtposten und Sklave –, die Sokrates gebraucht hatte, wörtlich. Schließlich war es eine Straftat, wenn ein Verbrecher sich das Leben nahm, um einem Prozeß wegen eines Delikts zu entgehen, das mit dem Verlust seines Ranges bestraft wurde. In einem solchen Fall wurde der Selbstmörder als Mensch ohne gesetzliche Erben erklärt. Die Verwandten durften den Angeklagten jedoch verteidigen, als ob er noch lebendig wäre. Wenn er für unschuldig befunden wurde, behielten sie das Erbe, andernfalls fiel es an den Staat. Kurz, im Römischen Recht war der Selbstmord ein rein ökonomisches Verbrechen, ein Verstoß weder gegen die Moral noch gegen die Religion, lediglich gegen die Kapitalanlagen der sklavenhaltenden Klasse oder den Staatsschatz.

Der eisige Heroismus all dessen ist bewundernswert, beneidenswert sogar, erscheint jedoch andererseits, wenigstens aus unserer Sicht, sonderbar unwirklich. Es scheint unmöglich, daß Leben und Verhaltensweise jemals so vernünftig und zweckmäßig sein könnten und der Wille, im Augenblick der Krise, so zuverlässig. Daß die Römer imstande waren zu handeln, als träfe dies doch für sie zu, weist auf eine außergewöhnliche innere Zucht hin – eine Zucht der Seele, an die sie nicht glaubten. Andererseits aber sagt es auch etwas über die monströse Zivilisation aus, der sie angehörten. Ich führte weiter oben an, daß erst seit verhältnismäßig kurzer Zeit der Tod aufgehört habe, als gleichgültig und öffentlich zu gelten. Im kaiserlichen Rom erreichte seine Gleichgültigkeit einen solch aberwitzigen Grad, daß die Menge sich zu ihrer Belustigung mit nichts geringerem als Tod zufriedengeben wollte. Donne zitiert die Aussage eines

gelehrten Gewährsmannes, wonach innerhalb eines Monats dreißigtausend Männer in Gladiatorenkämpfen umkamen.[30] Frazer schreibt, daß die Leute sich einst, um das Publikum zu amüsieren, zur Hinrichtung angeboten hätten für jeweils fünf Minen (knapp 1000 DM), die ihren Erben bezahlt werden mußten; er fügt bei, die Konkurrenz sei so groß gewesen, daß die Kandidaten vorgeschlagen hätten, sich zu Tode prügeln statt enthaupten zu lassen, da dies langsamer, qualvoller und somit eindrucksvoller sei.[31]
Im ausgehenden achtzehnten Jahrhundert gab es den Fall eines Mannes, der öffentlich anzeigte, er wolle, um für seine in Armut lebende Familie Geld zu beschaffen, in Covent Garden öffentlich Selbstmord verüben – sofern er genügend Zuschauer finde, von denen jeder bereit sei, je ein Pfund zu zahlen. Damals zeichnete sich viehisches Vergnügen durch das noch stärkere Gefallen am ›Rührenden‹ aus. Heutzutage würde jemand, der eine solche Offerte machte, sich nur für die Aufnahme in die nächste psychiatrische Station qualifizieren oder als ein passender Gegenstand für das absurde Theater.
Vielleicht war die stoische Würde dann eine letzte Wehr gegen die mörderische Verkommenheit Roms. Wenn diese gelassenen Helden sich umsahen, gewahrten sie ein so schauderhaftes, grausames, geiles, verdorbenes und offenbar geringgeachtetes Leben, daß sie sich an ihre Vernunftideale ähnlich anklammerten wie die armen Christen an ihren Glauben an das Paradies und die Güte Gottes, trotz, oder vielleicht wegen des Elends ihres Lebens auf Erden. Kurz, der Stoizismus war eine Philosophie der Verzweiflung. Nicht von ungefähr war Seneca, ihr mächtigster und einflußreichster Vertreter, auch der Lehrer Neros, des lasterhaftesten aller römischen Kaiser, gewesen.
Vielleicht verband sich die stoische Gelassenheit deshalb so leicht mit der religiösen Hysterie der ersten Christen. Vernunftbedingter Selbstmord war ein Art aristokratisches Gegengewicht zum vulgären Blutdurst. Das Christentum, das als eine Religion der Armen und Ausgestoßenen begann, übernahm den Blutdurst, kombinierte ihn mit der Selbstmord-Gewohnheit und übertrug beides in eine Lust am Martyrium. Wohl mögen die Römer aus Vergnügungssucht die Löwen mit Christen gefüttert haben, aber sie waren nicht darauf vorbereitet, daß die Christen die Tiere als Mittel zu Ruhm und Erlösung willkommen heißen würden. »Erlaubt mir, mich dieser Bestien zu erfreuen, die ich mir viel grausamer wünsche, als sie sind«, sagte

Ignatius, »und falls sie mich nicht anfallen, so will ich sie reizen und gewaltsam anlocken«.[32] Die ersten Christenverfolgungen waren weniger politischer als religiöser Natur als eine perverse Bestrebung seitens der Christen. Die gebildeten römischen Beamten brachte die Halsstarrigkeit der Christen meist in Verlegenheit: so wenn sie sich weigerten, die Scheingesten gegenüber der geltenden Religion auszuführen, durch die sie ihr Leben gerettet hätten; oder es ablehnten, von der Zeitspanne zwischen Urteilsverkündung und Hinrichtung, die ihnen die Flucht ermöglichte, Gebrauch zu machen. Aus der Verlegenheit wurde Ärgerlichkeit, wenn die Möchtegern-Märtyrer, Vorläufer der eifrigen revolutionären Taktiker, Milde mit Herausforderung beantworteten. Und das Ende war Langeweile: ein afrikanischer Prokonsul, den ein heulend nach dem Märtyrertod verlangender christlicher Pöbel umringte, brüllte zurück: »Los, hängt euch auf, ersäuft euch und entlastet den Magistrat.«[33] Andere waren nicht weniger gelangweilt, aber weniger geduldig. Die ruhmreiche Gemeinschaft der Märtyrer zählte schließlich Tausende Männer, Frauen und Kinder, die enthauptet, lebendig verbrannt, von Felsen gestürzt, auf dem Rost gebraten und in Stücke gehackt worden waren – alle mehr oder weniger überflüssigerweise, aus eigenem Willen, ebenso viele tausend Akte der Provokation. Martyrium war ebenso sehr christliche Erfindung wie römische Hinrichtungsgepflogenheit.

So wie die frühen Christen den religiösen Festkalender übernahmen, machten sie auch die Stellungnahme der Römer gegenüber Tod und Selbstmord zur eigenen, wobei sie sie theologisch überspitzten, verzerrten und schließlich in ihr Gegenteil verkehrten. Für die Römer aller Stände war der Tod an sich unwichtig, die Art des Sterbens – des anständigen, vernünftigen, würdevollen und zur richtigen Zeit stattfindenden Sterbens – dagegen von großer Bedeutung. Das heißt, sie war der endgültige Wertmesser des Lebens. Die frühen Christen waren genauso gleichgültig gegenüber dem Tod, doch war ihr Blickpunkt ein anderer. Vom christlichen Himmel aus betrachtet, erschien das Leben bestenfalls als unwichtig, schlimmstenfalls als böse: je reicher das Leben, desto größer die Versuchung zur Sünde. Der Tod war daher eine mit Ungeduld erwartete oder gesuchte Befreiung. Mit anderen Worten, je stärker die Kirche in ihren Anhängern den Glauben verankerte, die irdische Welt sei ein Tal der Tränen, der Sünde und Versuchung, wo sie in Bedrängnis ausharrten, bis der Tod sie zur ewigen Seligkeit führte, desto unwiderstehlicher wurde der Drang zum Selbstmord. Selbst für die stoischsten Römer war der Selbstmord nur eine letzte Zuflucht gewesen; sie warteten mindestens so lange, bis ihnen das Leben unerträglich wurde. Für die Urkirche dagegen galt das Leben unter allen Bedingungen als unerträglich. Warum also unerlöst leben, wenn nur ein Schwertstreich uns vom Glück des Himmels trennt? Die christliche Lehre bot zunächst mächtigen Anreiz zum Selbstmord.

Die ersten Kirchenväter besaßen noch ein weiteres Lockmittel, das beinahe ebenso verführerisch war wie die himmlische Glückseligkeit. Sie boten Nachruhm an: Die Namen der Märtyrer wurden alljährlich im kirchlichen Kalender gefeiert, ihr Ableben wurde öffentlich begangen, ihre Reliquien wurden verehrt. Tertullian, der blutrünstigste der Kirchenväter, der seiner Herde ausdrücklich verbot, vor Verfolgungen zu fliehen, bot ihnen auch die süßeste Belohnung, nämlich Rache an: »Keine Stadt, die christliches Blut vergossen hatte, entging der Strafe.«[34] Die Märtyrer würden vom Paradies niederblicken und sehen, wie ihre Feinde in der Hölle ewige Folterqualen litten.

Vor allem aber schenkte das Martyrium die Gewißheit der Erlösung. Wie die Taufe von der Erbsünde befreite, so löschte das Martyrium alle folgenden Vergehen aus. Es war für die Christen eine Gewähr des Paradieses, wie gewaltsamer Tod für die Wikinger und die Zentraleskimos. Der einzige Unterschied bestand darin, daß die Christen nicht als Krieger, sondern als passive Opfer starben; ihre Kämpfe waren nicht von dieser Welt und ihre Siege allesamt Pyrrhussiege. Und so sind wir, auf einem anderen Weg, wieder zum leichtfertigen Selbstmord zurückgekommen.

In theologischer Hinsicht war das Argument unwiderstehlich. Ihm Folge zu leisten aber setzte einen an Wahnsinn grenzenden Glaubenseifer voraus. Donne bemerkt, ungern und mit einiger Verlegenheit, »daß jene Zeiten von einer krankhaften Steigerung dieser natürlichen Sehnsucht nach einem solchen Tod befallen waren ... Denn das Zeitalter war so hungrig und begierig nach dem Martyrium geworden, daß viele sich nur taufen ließen, weil sie dann verbrannt wurden, und daß man den Kindern beibrachte, die Henker zu reizen und herauszufordern, damit sie ins Feuer geworfen würden.«[35] Die Entwicklung gipfelte im echten Irrsinn der Donatisten, deren Leidenschaft für das Märtyrertum so kraß war, daß die Kirche sie schließlich zu Häretikern erklärten. Gibbon gibt eine elegante Schilderung ihres unheimlichen und zweideutigen Ruhmes:

»Die Wut der Donatisten entzündet sich an einer Tollheit von sehr ungewöhnlicher Art, die, falls sie wirklich in so ungemeinem Grad unter ihnen herrschte, gewiß in keinem Land zu keiner Zeit ihresgleichen fand. Viele dieser Fanatiker waren von Lebensabscheu und von der Sehnsucht nach Martyrium besessen; und sie erachteten es für gering, durch welche Mittel von welcher Hand sie umkamen, sofern ihr Verhalten durch die Absicht geheiligt war, sich dem Ruhm des wahren Glaubens und der Hoffnung auf die ewige Seligkeit zu weihen. Manchmal störten sie auf grobe Weise die Feiern und profanierten die Tempel des Heidentums in der Absicht, die eifrigsten Götzendiener dazu anzustacheln, die beleidigte Ehre ihrer Götter zu rächen. Manchmal drangen sie gewaltsam in Gerichtssitzungen ein und nötigten den erschrockenen Richter, ihre Hinrichtung zu befehlen. Häufig hielten sie Wanderer auf den öffentlichen Straßen an und zwangen sie, ihnen den Todesstreich zu versetzen, unter Belohnungsversprechen, wenn sie einwilligten – und bei Androhung sofortigen Todes, wenn sie sich weigerten, eine so seltsame Gunst zu erweisen. Wenn alle anderen Mittel versagten, verkündeten sie den Tag, an dem sie sich, in Gegenwart ihrer Freunde und Brüder im Herrn, kopfüber von einem hochragenden Fels stürzen wollten; und es wurden viele Abgründe gezeigt, die durch die Vielzahl dieser religiösen Selbstmorde Berühmtheit erlangt hatten.«[36]

Die Donatisten erlebten ihre Blütezeit – falls dies eine passende Bezeichnung ist – im vierten und fünften Jahrhundert und veranlaßten ihren Zeitgenossen, den heiligen Augustinus, zu der Bemerkung, »sich zu Ehren des Märtyrertums zu töten ist ihr täglicher Zeitvertreib«. Augustinus erkannte jedoch auch das logische Dilemma der christlichen Lehre: Falls es erlaubt war, sich zu töten, um die Sünde zu meiden, wurde Selbstmord für die Neugetauften zur logischen Handlung. Zusammen mit der Selbstmordmanie der Märtyrer veranlaßte ihn diese Sophistik zu Einwänden, die beweisen sollten, daß Selbstmord »eine abscheuliche und verdammenswerte Schlechtigkeit« sei, die schwerste Todsünde, die zwischen Taufe und gottgewolltem Tod verübt werden konnte. Ich erwähnte bereits, daß er den ersten Beweis, den er anführte, vom sechsten Gebot ›Du sollst nicht töten‹ herleitete. Folglich übertrat der Mensch, der sich selbst den Tod gab, das Gebot und wurde zum Mörder.

Dieses Argument wurde in das Zivilrecht aufgenommen: »Wir wissen bis heute nicht, welches Verbrechen der Selbstmord darstellte, ein Verbrechen *sui generis* oder einen besonderen Fall von Mord; für welch letztere Annahme mehr spricht. Ein weiteres interessantes Kennzeichen des Delikts ist die Art seiner Formulierung. Im Fall aller anderer Vergehen definiert das Gewohnheitsrecht die Straftat selbst (›Diebstahl ist widerrechtliche Aneignung‹; ›Mord ist rechtswidrige Tötung‹). Beim Selbstmord hingegen wird nicht die Straftat, sondern der Täter definiert: ›felo de se ist derjenige, der tötet.‹ Offenbar kämpfte das Gewohnheitsrecht, genau wie die christliche Doktrin, mit dem Dilemma eines Verbrechens, in dem der Aggressor und das Angriffsobjekt in einer Person vereinigt waren.«[37]

Außerdem usurpierte ein Mensch, der sich tötete, um für seine Sünden zu büßen, die Funktion von Staat und Kirche; und wenn er unschuldig starb, um die Sünde zu meiden, klebte sein unschuldiges Blut an seinen Händen – und er hatte die schwerste Sünde begangen, die man begehen kann, da es dem Sünder nicht möglich ist, sie hinterher zu bereuen. Endlich übernahm Augustinus auch die Behauptung Platos und der Pythagoreer, das Leben sei ein Geschenk der Götter, und unsere Leiden dürften, da sie gottgefügt, nicht durch unser Zutun abgekürzt werden; sie geduldig zu tragen, sei ein Zeichen unserer Seelengröße. Somit bewies man, indem man sich das Leben nahm, nur, daß man sich dem göttlichen Willen nicht beugte.

Die Autorität des Augustinus und die Übertreibungen der angeblichen Märtyrer bewirkten schließlich einen Meinungsumschwung zu Ungunsten des Selbstmords. Im Jahr des Herrn 533 beschloß das Konzil von Orleans, das kirchliche Begräbnis jedem zu versagen, der sich im Anklagezustand den Tod gab. Hierbei folgte es nicht einfach dem römischen Gesetz, das aufgestellt worden war, um das Recht des Staates am Erbe des Selbstmörders zu sichern. Vielmehr verurteilte das Konzil den Selbstmord sowohl als Verbrechen an sich, als auch als Verbrechen von besonderer Schwere, da gewöhnlichen Verbrechern immerhin ein regelrechtes christliches Begräbnis zugebilligt wurde. Dreißig Jahre später wurde diese Schwere ohne Einschränkung vom kanonischen Recht anerkannt. 562 verweigerte das Konzil von Braga *allen* Selbstmördern ohne Rücksicht auf gesellschaftliche Stellung, Gründe und Methoden die kirchliche Bestattung. Den letzten Schritt vollzog das Konzil von Toledo

693 mit der Verfügung, daß auch der nur versuchte Selbstmord Exkommunikation nach sich ziehe.

Die Tür war ins Schloß gefallen. Der ehrbare Ausweg der Römer, der Schlüssel zum Paradies der frühen Christen, hatte sich in die tödlichste aller Todsünden verwandelt. Während der Evangelist Matthäus den Selbstmord des Judas Ischarioth kommentarlos berichtete – und durch sein Schweigen zu verstehen gab, daß Judas gewissermaßen damit für seine anderen Verbrechen gebüßt habe –, behaupteten spätere Theologen, sein freiwilliger Tod verdamme ihn noch tiefer als sein Verrat Christi. Im elften Jahrhundert bezeichnete der heilige Bruno die Selbstmörder als »Märtyrer für Satan«, und zweihundert Jahre später zog der heilige Thomas von Aquin in seiner *»Summa«* den Schlußstrich unter die ganze Frage: »Selbstmord«, schrieb er, »ist eine Todsünde gegen Gott, der uns das Leben gab; überdies eine Sünde gegen die Gerechtigkeit und die Nächstenliebe.« Doch selbst in der *»Summa«*, die zur maßgeblichen Philosophie der Kirche werden sollte, entnimmt Thomas seine Beweisgründe nicht-christlichen Quellen. Die Sünde gegen die Gottheit stammt im Grunde wie die Argumentation des heiligen Augustinus von Plato. Die Sünde gegen die Gerechtigkeit – worunter er die Verantwortlichkeit des einzelnen gegenüber der Gemeinschaft versteht – geht auf Aristoteles zurück. Was die Sünde gegen die Nächstenliebe angeht, so meint Thomas von Aquin damit die instinktive Neigung, die jeder Mensch für sich selbst hegt, das heißt den Selbsterhaltungstrieb, den der Mensch mit den niedrigeren Tieren gemeinsam hat; diesem Trieb zuwider zu handeln ist Todsünde, da es ein Handeln gegen die Natur ist.

Das trifft nicht zu. Glanville Williams zitiert eine wissenschaftliche Quelle, um darzutun, daß Hunde manchmal Selbstmord verüben, »gewöhnlich, indem sie sich ertränken oder indem sie die Nahrung verweigern, aus verschiedenen Gründen – im allgemeinen, wenn das Tier von der Hausgemeinschaft ausgeschlossen wurde, aber auch aus Trauer oder Gewissensbissen oder sogar aus bloßer Langeweile. Ein solcher tierischer Selbstmord wird möglicherweise als Zeichen der Intelligenz angesehen.«[38]

Als erster führte der hebräische General Josephus diese Begründung an, um seine Soldaten davon abzubringen, nach der Niederlage durch die Römer sich selbst den Tod zu geben.

Doch so unchristlich die Quellen der Gegengründe auch waren, in den langen abergläubischen Jahrhunderten zwischen Augustinus und Thomas wurde der Selbstmord zur tödlichsten aller christlichen Sünden. Augustinus' Angriff gegen den Selbstmord war eine Präventivmaßnahme: Der Märtyrerkult war nicht mehr zu bändigen und außerdem im vierten nachchristlichen Jahrhundert im Hinblick auf die Situation der Kirche nicht mehr relevant. Ferner stellte der Selbstmord ein Vergehen gegen die Achtung vor dem Leben, dem Träger der Seele, dar, denn das war der Kern der Lehre Christi: ›Liebe deinen Nächsten wie dich selbst‹ wird zur sinnlosen Forderung, wenn es erlaubt ist, sich selbst zu töten. Tatsache aber bleibt, daß der schwach als Märtyrertum verkleidete Selbstmord einer der Felsen war, auf die die Kirche zunächst gegründet wurde. Vielleicht standen die Rigorosität, mit der die Sünde verdammt, und die schauderhaften Vergeltungsakte, mit denen der Leichnam des Selbstmörders bestraft wurde, in direktem Verhältnis zu der Macht, die der Akt auf die christliche Phantasie ausübte, und zu der schleichenden Versuchung, den Fallstricken des Fleisches auf kürzestem, sicherstem Wege zu entgehen. Als die Albigenser zu Beginn des dreizehnten Jahrhunderts dem Beispiel der ersten Heiligen folgten und auf selbstmörderische Weise den Märtyrertod suchten, glaubte man deshalb, daß sie so lediglich die Verdammnis besiegelt hätten, die sie aufgrund ihres sonstigen ketzerhaften Verhaltens bereits verdienten. Damit rechtfertigten sie die fürchterliche Grausamkeit, mit der sie niedergemetzelt wurden.

Fedden nimmt an, daß die Lehre des Augustinus im Verein mit dem kanonischen Recht katalysatorische Wirkungen ausübte und beim Selbstmord all die primitiven Schreckensvorstellungen hervorbrechen ließ, die in rationaleren Zeiten unterdrückt werden. Das mag so sein. Aber was außerdem stattfand, war einschneidender: was als Präventivmaßnahme begonnen hatte, endete als eine Art universaler Charakteränderung. Eine Handlung, die während der ersten Blüte der westlichen Kultur geduldet, später bewundert und noch später als Zeichen höchster Glaubenstreue angestrebt worden war, wurde am Ende zum Gegenstand heftigen moralischen Abscheus. Als in der Spät-Renaissance sich erneut die Frage stellte, ob der einzelne das Recht habe, sich das Leben zu nehmen, schien das ganze Gebäude der christlichen Glaubenslehre und Moral bedroht. Daher die Verschlagenheit, mit der Männer wie John Donne nach mehr als tausendjährigem Schweigen wieder für den Selbstmord zu

plädieren begannen. Daher auch der heisere Ton moralischer Rechtschaffenheit und die echte Überzeugung ihrer Verleumder, die auf Beweise verzichten konnten, da sie das ganze Gewicht der kirchlichen Autorität im Rücken hatten. Die zunehmend freimütigen Äußerungen und Beweisführungen der Philosophen – Voltaire, Hume, Schopenhauer – vermochten die moralische Überzeugung so gut wie nicht zu erschüttern, obwohl die frommen Denunziationen im Lauf der Zeit schriller, unsicherer, empörter klangen.
Die Gegenrevolution der Naturwissenschaft mußte stattfinden, um all das zu ändern. Henry Morselli, ein italienischer Professor für medizinische Psychologie und Durkheims hervorragendster Vorgänger bei der Verwendung statistischen Materials zur Untersuchung des Selbstmordproblems, schrieb 1879: »Die einstige Philosophie des Individualismus hatte dem Selbstmord die Eigenschaft der Freiheit und Spontaneität zuerkannt, doch nun zeigte sich die Notwendigkeit, ihn nicht länger als den Ausdruck individueller und unabhängiger Fähigkeiten, sondern zweifellos als ein gesellschaftliches, mit allen anderen rassischen (Beweg-)kräften verbundenes Phänomen zu untersuchen.«[39]
Der Selbstmord wird aus dem Gebiet der Moral in die Problematik verlagert und vom individuellen zum sozialen Phänomen. In sozialer Hinsicht war der Gewinn beträchtlich: die gesetzlichen Strafen fielen allmählich weg; die Angehörigen der Selbstmörder wurden nicht mehr ihres Vermögens beraubt und des erblichen Wahnsinns verdächtigt; sie durften wie alle anderen Hinterbliebenen ihre Toten begraben und betrauern. Nach mißlungenem Selbstmord drohte weder Galgen noch Gefängnis, sondern schlimmstenfalls eine Beobachtungszeit in der psychiatrischen Abteilung; häufiger hatte der Selbstmörder nichts Einschneidenderes zu gewärtigen als die eigene fortdauernde Depression.
In existentieller Hinsicht waren jedoch auch Verluste zu verzeichnen. So brutal die Verurteilung des Selbstmords durch die Kirche gewesen war, sie hatte sich immerhin auf die Sorge um das Seelenheil gegründet. Dagegen scheint die moderne wissenschaftliche Duldsamkeit zum großen Teil auf menschlicher Gleichgültigkeit zu beruhen. Der Akt wurde dem Reich der Verdammnis entzogen, um den Preis seiner Verwandlung in ein interessantes, doch rein intellektuelles Problem, jenseits von Schmähung, aber auch jenseits von Tragik und Moralität. Mir scheint der Unterschied zwischen dem Tod als fesselndem,

leicht erotischem Happening auf dem Fernsehschirm und dem Selbstmord als abstraktem, soziologischem Problem bemerkenswert gering zu sein. Trotz allen Geredes von Verhütungsmethoden ist es möglich, daß der Selbstmord vom Sozialwissenschaftler ebenso gründlich verworfen wird wie einst von den strengsten christlichen Theologen. So schreibt auch der Autor des Artikels über den Selbstmord in der ›*Encyclopedia of Religion and Ethics*‹ mit unverhüllter Erleichterung: »Der vielleicht bedeutendste Beitrag der modernen Zeiten zur vernünftigen Betrachtung des Gegenstandes ist die Überlegung ... daß viele Selbstmorde nicht-moralischer Natur und ausschließlich Sache des Spezialisten für Geisteskrankheiten sind.« Die Konsequenz ist klar: Der moderne Selbstmord ist aus der ungeschützten, unbeständigen Welt der menschlichen Wesen entfernt und in den Isolierstationen der Wissenschaft versteckt worden. Ich zweifle, ob Ogarew und seine Mätresse, das Freudenmädchen, an dieser Wandlung viel Dankenswertes entdeckt hätten.

Dritter Teil

Die geschlossene Welt des Selbstmords

Jeder Mensch ist sich selbst der größte Feind ... Oft sind wir darauf bedacht, uns selbst zugrunde zu richten, indem wir die guten Dinge, die Gott uns geschenkt hat, Gesundheit, Reichtum, Kraft, Geist, Gelehrsamkeit, Kunst, Gedächtnis zu unserer eigenen Zerstörung mißbrauchen... wir rüsten uns zu unseren eigenen Niederlagen und gebrauchen Verstand, Kunst, Urteilsvermögen, alles, was uns helfen sollte, als ebenso viele Instrumente zu unserer Vernichtung.

ROBERT BURTON

Überall waren Leute, die ihr Leben überlebten, indem sie ein Verhalten zeigten, das Züge des Selbstmords trug. Nicht einmal die Authentizität des unwiderruflichen Akts besaßen sie, die zu ihren Gunsten sprach. Selbstmord ist, kurz gesagt, das immerwährende, alltägliche, allgegenwärtige Problem des Lebens. Es ist eine Frage des Grades. Ich hatte sie in den verschiedensten Stadien der Entwicklung und Verzweiflung gesehen: den erfolglosen Anwalt, den zynischen Arzt, die deprimierte Hausfrau, den zornigen Teenager ... die ganze Menschheit verwickelt in die ungeheure Verschwörung gegen das eigene Leben, die ihre tägliche Beschäftigung ist. Die Bedeutung des Selbstmords, seine wahre Bedeutung, mußte erst noch klargemacht und zu der Dimension, die ihr zukommt, erhoben werden.

DANIEL STERN

Irrtümer

Keinem fehlt je ein guter
Grund, sich zu töten.
CESARE PAVESE

Suspekt ist Selbstmord immer noch, doch hat sich in den letzten achtzig bis neunzig Jahren ein Stimmungswechsel vollzogen: Das Selbstmord-Vorurteil besteht weiterhin, aber die religiösen Grundsätze, die es einst adelten, scheinen jetzt wesentlich weniger selbstverständlich. Die rechtschaffene Empörung, die er hervorruft, klingt anders als bisher. Was einst eine Todsünde war, ist zu einem stillen Laster geworden, zu einer der ›schmutzigen kleinen Heimlichkeiten‹, zu etwas Beschämendem, das gemieden und weggeschafft werden muß, etwas leicht Obszönes, worüber man nicht spricht, weniger Selbsttötung als Selbstschändung.

Ein Grund für diese Akzentverschiebung liegt darin, daß der Selbstmord, wenngleich menschlich noch immer schockierend, respektabel geworden ist, nämlich zum Gegenstand gründlicher wissenschaftlicher Untersuchung – und die Wissenschaft macht alles respektabel. Die Wandlung setzte 1897 mit dem Erscheinen von Emile Durkheims klassischer Studie *»Der Selbstmord. Soziologische Studie«* ein. Der Untertitel machte unmißverständlich deutlich: es ging nicht mehr um die Moral des Aktes, sondern um die sozialen Umstände, die solche Verzweiflung herbeirufen. Nach Durkheim gab es kein Halten mehr. Wissenschaftliche Studien haben sich, vornehmlich seit den zwanziger Jahren, wie die Fliegen vermehrt: klinische Forschungen, statistische Erhebungen, Untersuchungen unter den verschiedensten Gesichtspunkten, Hypothesen jeglicher Couleur, aufgestellt von Psychotherapeuten, Psychiatern und klinischen Psychologen, Soziologen und Sozialarbeitern, Statistikern und Ärzten; sogar die Versicherungsgesellschaften reden mit. Unaufhörlich gehen gelehrten Zeitschriften Beiträge zu, jedes Jahr erscheinen neue Fachbücher, in den meisten Jahren wird uns ein dicker Sammelband mit Essays geschenkt. Als Gegenstand der Forschung ist der Selbstmord sozusagen ganz groß geworden; sogar zum eigenen Namen hat er es gebracht: ›Suizidologie‹. Der berühmten medizinischen Fakultät der Johns-Hopkins-Universität in Baltimore ist eine leistungsfähige und blühende suizidologische

Spezialabteilung angeschlossen; das amerikanische Gesundheits-, Erziehungs- und Wohlfahrtsministerium finanziert eine Zeitschrift, die sich ›*Bulletin of Suicidology*‹ nennt. In Verbindung mit der wissenschaftlichen Forschung machte sich ein ständiges Wachstum des öffentlichen Interesses geltend. Die ›Samariter‹ – die, um Selbstmorde zu verhüten, auf praktischem Wege wahrscheinlich in einem Monat mehr tun als die Wissenschaft in einem Jahrzehnt – schufen 1953 in London ihr erstes Zentrum für Notfälle. Wie die Marie-Stopes-Kliniken stießen sie zunächst auf Ablehnung oder bestenfalls Herablassung; jetzt zählen sie an hundert Zweigstellen in England, weitere im Commonwealth, und fast überall in Nordeuropa haben sich ähnliche Einrichtungen gebildet. Die Vereinigten Staaten besitzen ihre eigenen, von Los Angeles aus organisierten Selbstmord-Verhütungszentren. Jedes Jahr findet eine internationale Tagung, teils wissenschaftlichen, teils praktischen Charakters über das Thema statt.
In welchem Umfang sich alle diese Unternehmungen für den potentiellen Selbstmörder hilfreich auswirken, wird oft nicht deutlich. Zumindest aber wurden die meisten der alten Irrtümer beseitigt. So herrschte beispielsweise die Meinung, Selbstmord sei eng mit junger Liebe verknüpft. Als Muster dienten Romeo und Julia – jung, idealistisch und leidenschaftlich. Laut Statistik ist jedoch der gelungene Selbstmord von Romeo und Julia viel unwahrscheinlicher als der von König Lear, der eines natürlichen Todes stirbt, oder der Gloucesters, der nur einen Versuch unternimmt. Die Häufigkeit der verübten Selbstmorde nimmt im Alter zu und erreicht ihren Höhepunkt zwischen dem fünfundfünfzigsten und fünfundsechzigsten Jahr. Junge Menschen sind vergleichsweise große ›Selbstmord-Versucher‹; die Zeit zwischen dem fünfundzwanzigsten und dem vierundvierzigsten Jahr zeichnet sich durch besondere Aktivität dieser Art aus. Es mag zutreffen, daß die Alten ihr Ziel erreichten, weil sie erfahrener sind und vorsichtiger zu Werke gehen, während die Jungen ungestüm, unter dem Ansturm von Emotionen handeln. Ich vermute indessen, daß etwas Fundamentaleres mitspielt: Falls der versuchte Selbstmord, wie Erwin Stengel annimmt, ein Hilfeschrei ist, bleiben die Jungen bei ihrer Selbstvernichtung noch optimistisch. Wenngleich sie verletzlicher sein mögen als die Älteren, glauben sie doch noch, wie Mr. Micawber, daß irgend etwas oder irgend jemand am Horizont auftauchen wird. Der Handlung nach ist »*Romeo und Julia*« ein mißglücktes Lustspiel, »*Das Wintermärchen*« dagegen ein mißglücktes Trauerspiel.

Die alten Menschen, die, wie Lear, oft keine Freunde oder Verwandte oder Beschäftigung haben und vielleicht an einer unheilbaren Krankheit leiden, geben sich keiner derartigen Illusion hin.

Zwei krasse Fälle, die sich beide in jüngster Zeit in England ereignet haben. Ein fünfundneunzigjähriger Offizier im Ruhestand hatte jahrelang von seiner kleinen Pension in einem Hotel gelebt. Schließlich ging das Haus in andere Hände über. Der neue Manager erhöhte die Zimmermiete und verlangte einen Preis, den der Offizier nicht zahlen konnte. Er wußte, daß er sein gewohntes Leben ändern und ausziehen mußte. Einige Zeit zuvor hatte er bei seinem Arzt über Magenschmerzen geklagt und gefragt, ob er möglicherweise »eine Wucherung« habe. Der Doktor hatte ihn untersucht und seine Besorgnis als hypochondrisch verlacht. Die Obduktion ergab, daß er einen fortgeschrittenen Magenkrebs hatte. Vielleicht war sein Lebensgefühl, trotz seiner fünfundneunzig Jahre, noch stark genug, um ihn den Tod, den er in sich trug, erkennen zu lassen – was auch der Arzt Gegenteiliges versichern mochte. Das unterschwellige körperliche Unbehagen, verbunden mit der unerträglichen Komplikation des drohenden Umzugs, war zuviel: Er steckte den Kopf in einen Plastikbeutel und erstickte.

Auf die gleiche Weise nahm sich eine im gleichen Viertel wohnende alte Dame das Leben. Sie war fünfundachtzig Jahre alt, gesund, bei Kräften, scheinbar vergnügt. Doch ihr Mann war gestorben, ihre Kinder fortgezogen. Eines Morgens nahm sie einen großen Plastikbeutel voll Rosenkohl, häufte den Kohl sorgsam auf den Tisch – vermutlich die Reflexhandlung eines lebenslangen sorgsamen Hausfrauendaseins –, stülpte sich den Beutel über den Kopf und erstickte. Als sie gefunden wurde, lag über jedem ihrer Augen ein Rosenkohlblättchen.

K. R. Eissler berichtet über einen ähnlichen Fall und bemerkt dazu: »Ich stellte fest, daß der Selbstmord eines alten Mannes, der seit langem unheilbar krank gewesen war und dessen natürlicher Tod als selbstverständlich hingenommen worden wäre, bei anderen ungewöhnlich starke Emotionen hervorrief. Manche sprachen so von dem Toten, als hätte er eine Großtat vollbracht; andere machten ihm die exhibitionistische Art seines Vorgehens zum Vorwurf. Doch herrschte allgemein die Ansicht, daß er schwer gelitten haben müsse, und alle empfanden ein weit tieferes Mitleid mit ihm, als wenn die unmittelbare Ursache seines Hinscheidens die unheilbare Krankheit gewesen wäre, derentwegen er offenbar Selbstmord verübt hatte. Hier zeigt sich deutlich das zwiespältige Verhalten der Gesellschaft. Die Person, die Selbstmord begeht, wird zum Helden und ruft daher zwiespältige Empfindungen hervor – Bewunderung und Ärgernis. Weil er dem Tod spottete, wird er wie Empedokles verehrt, weil er die Flucht gesucht hat, wird er jedoch gerügt!«[1]

Das Mitleid, das solche Fälle hervorrufen, kann nicht bestritten werden, die Bewunderung aber gilt, glaube ich, kaum der Todesverachtung. Vielmehr gilt sie dem außerordentlichen Wirklichkeitssinn dieser alten Leute, die bereit sind, die unerträglichen Bedingungen ihres Lebens ins Auge zu fassen und zu beurteilen, ohne Schutz zu suchen in den Selbsttäuschungen, im Selbstbedauern und im schrullenhaften Egoismus des Alters.

Die eigentliche Täuschung, die durch die Wissenschaft kaum zu widerlegen sein dürfte, ist die von der Abgeklärtheit des Alters.

Romeo und Julia verkörpern noch einen zweiten weitverbreiteten Irrtum: den von der selbstmörderischen großen Leidenschaft. Diejenigen, die sich aus Liebesgründen das Leben nahmen, scheinen gewöhnlich aus unglücklichen Umständen und durch Mißgriff zu sterben. Es heißt, die Londoner Polizei könne bei den Leichen, die aus der Themse gezogen werden, stets unterscheiden, ob unglückliche Liebesaffären oder Schulden das Motiv waren. Die Finger der Verliebten zeigen fast ausnahmslos Verletzungen, die von den Bemühungen herrühren, sich an den Brückenpfeilern festzuhalten und sich so zu retten. Die Schuldner dagegen sinken offenbar wie Betonblöcke unter, kampflos und ohne Zögern.

Der dritte weitverbreitete Irrtum behauptet, das schlechte Wetter fördere den Selbstmord. Ein französischer Roman des frühen achtzehnten Jahrhunderts beginnt folgendermaßen: »Im düsteren Monat November, wenn die Leute in England sich erhängen oder ertränken . . .« Der Glaube, Selbstmord stehe auf irgendeine Weise mit dem Wetter in Zusammenhang, ist vermutlich ein Überrest unserer abergläubischen Angst vor dem Akt als einer Tat der Finsternis, Überbleibsel auch eines unbestimmten kindlichen Allmachtsgefühls, das sagt, die Witterung der Seele spiegele sich in den Himmeln. Tatsächlich nähert sich im düsteren Monat November die Selbstmordziffer ihrem jährlichen Tiefwert. Der Zyklus der Selbstvernichtung folgt genau dem der Natur: Im Herbst nimmt sie ab, gelangt auf den Tiefstand in der Mitte des Winters und beginnt dann langsam mit dem Saft zu steigen; ihren Höhepunkt erreicht sie im Frühsommer, Mai und Juni; im Juli fällt sie allmählich wieder ab. Selbst Erwin Stengel, Autorität von großer Menschlichkeit und Einfühlsamkeit, verwundert sich über das Phänomen. Er gibt der Vermutung Ausdruck, »sie sei vielleicht eine Manifestation der rhythmischen biologischen Veränderungen, die im Leben der Tiere eine wichtige Rolle spielen, beim Menschen jedoch weniger stark in Erscheinung treten«.[2] Mir erscheint das Gegenteil glaubwürdiger: Der Drang, sich das Leben zu nehmen, verstärkt sich im Frühjahr, nicht auf Grund irgendwelcher mysteriöser biologischer Veränderungen, sondern wegen ihres Ausbleibens: statt Veränderung Stockung der Zirkulation.

... Die Vögel bauen. Hingegen
kein waches Werk bild ich, der Zeit Eunuch.
Mir, Lebensherr, send *meinen* Wurzeln Regen![3]

Eine selbstmörderische Depression ist eine Art seelischen Winters, froststarr, unfruchtbar, bewegungslos. Je reicher, weicher und köstlicher die Natur wird, desto tiefer scheint der innere Winter und desto breiter und unerträglicher der Abgrund zwischen innerer und äußerer Welt. So wird der Selbstmord zur natürlichen Reaktion auf eine unnatürliche Kondition. Vielleicht ist darum für deprimierte Menschen Weihnachten so schwer zu ertragen. Theoretisch eine Oase der Wärme und des Lichts in einer unbarmherzigen Jahreszeit, ein erleuchtetes Fenster in einer Sturmnacht. Für jene, die draußen bleiben müssen, betont das Fest, ähnlich wie der Frühling, die Kluft zwischen öffentlicher Herzlichkeit und Hochstimmung und der privaten kalten Verzweiflung.
Der vierte weitverbreitete Irrtum ist der vom Selbstmord als dem Brauch einer Nation. Vor zweihundert Jahren wurde er für eine englische Krankheit gehalten. Die Franzosen übernahmen das Wort *Suicide* als einen Anglizismus, so wie sie vor kurzem Amerikanismen übernommen haben: *le hot dog* oder *le drug store.* Ein französischer Essayist des achtzehnten Jahrhunderts schrieb über die Engländer:
»Sie sterben mit ebensoviel Gleichmut von eigener wie von fremder Hand... Letztes Jahr erhängten sich innerhalb von vierzehn Tagen drei Mädchen wegen irgendwelcher Liebesnöte, und die Leute, die mir davon erzählten, schienen über die Sache nicht so sehr bekümmert zu sein wie über den Umstand, daß

zwei der Mädchen es wegen Irländern getan hatten, die sie tief verachten und unfähig für die Liebe ansehen.«[4]

Selbst der große Montesquieu hielt dieses Märchen für würdig, in »*Vom Geist der Gesetze*« aufgenommen zu werden:

»Wir finden in der Geschichte nicht, daß die Römer sich ohne Grund getötet hätten. Aber die Engländer töten sich, ohne daß man einen Grund entdecken könnte, der sie dazu bestimmt. Sie nehmen sich sogar im Schoße des Glücks das Leben. Bei den Römern war diese Tat eine Wirkung der Erziehung und entsprang ihrer Denkweise und ihren Gewohnheiten. Bei den Engländern ist sie die Folge einer Krankheit, sie hängt mit dem physischen Zustand des Organismus zusammen und mangelt irgendeines sonstigen Grundes.«[5]

Ein Land, dem Selbstmord als eine Art nationaler Reflexhandlung zugeschrieben wird, ist automatisch der Lächerlichkeit preisgegeben. Im achtzehnten Jahrhundert waren Europas närrische geistige Sündenbücke die am Rande der kontinentalen Zivilisation in einem unmöglichen Klima hockenden Briten, die auf die geringste Provokation hin sich die Kehle durchschnitten oder sich erschossen oder sich aufhängten. Wie Lawrence Sterne ironisch bemerkte: »In Frankreich regeln sie diese Angelegenheit besser.«

Unser eigenes Jahrhundert wälzte die Schuld auf die Schweden ab, die Präsident Eisenhower als abschreckendes Beispiel dafür nannte, was übertriebene soziale Wohlfahrt anrichten kann. Er scheint in höherem Maß als sonst schlecht informiert gewesen zu sein. Die gegenwärtige Selbstmordquote Schwedens ist ungefähr die gleiche wie im Jahr 1910, zu einer Zeit also, ehe mit sozialen Wohlfahrtsplänen begonnen wurde. Sie ist niedriger als die der Schweiz, dieses Hafens der Privatunternehmen und steuerlichen Vorteile, und rangiert in Wirklichkeit erst an neunter Stelle auf der Liste der nationalen Selbstmordliga, welche die Welt-Gesundheitsorganisation herausgibt. Die Schweden haben ihre konsequente Neutralität aus den irrsinnigen Kriegen herausgehalten, in die die übrige Welt so lange verwickelt war, und vielleicht erbten sie deshalb ein internationales Vorurteil, das einst den Engländern entgegengebracht worden war. Man glaubt, sie seien wie ihr Wetter: düster, kalt und unbeständig. Es erweist sich jedoch, daß diese Eigenschaften wenig auszurichten vermögen, um die Selbstmordziffer anzuheben. Die Norweger, die unter sehr ähnlichen Witterungsverhältnissen leben, haben eine besonders niedrige Quote, während die Finnen – die jedermann, außer den Russen, bewundert und die sogar von den Schweden für geistreiche, unternehmende Burschen gehalten werden – die zweithöchste Quote der Welt verzeichnen. Das eigentliche Sturmzentrum scheint sich in die verhältnismäßig milden und kulturell gehobenen Länder Mitteleuropas verlagert zu haben: Ungarn hat die höchste nationale Quote; Österreich und die Tschechoslowakei stehen an dritter und vierter Stelle. Auf der nicht-nationalen Tabelle ist die höchste Selbstmordziffer die der reichen Mini-Demokratie West-Berlins. Sie ist mehr als doppelt so hoch wie die Westdeutschlands[6] als Ganzem. Die Stadt bietet ein Musterbeispiel dessen, was Durkheim als ›anomie‹ bezeichnete – moralische, kulturelle, geistige, politische und geographische Entfremdung. Zudem gehört ein hoher Prozentsatz der Bevölkerung den mittleren und älteren Jahrgängen an. Vielleicht wird ein kulturfeindlicher Sprecher der schweigenden Mehrheit aus diesem Phänomen noch politisches Kapital schlagen.

Kurz, die Statistiken sagen weniger über nationale Charaktereigenschaften aus als über die Art und Weise, wie Tatsachen ermittelt oder vertuscht werden. Norwegen beispielsweise hat eine Selbstmordziffer, die weniger als halb so groß ist wie die Schwedens; seine Unfallziffer dagegen ist fast doppelt so groß. Fromme, rückständige Länder wie Irland oder Ägypten, wo der Selbstmord als Todsünde angesehen wird, zeigen entsprechend erfreuliche Zahlen – mit die niedrigsten der Welt. Und so weiter. Stengel bemerkt: »Indessen ist unverkennbar, daß hochindustrialisierte und wohlhabende Länder im allgemeinen verhältnismäßig hohe Selbstmordraten haben.«[7] Doch tendieren sie auch zu vergleichsweise hochentwickelten Methoden, um die Informationen einzuholen, auf denen die Statistiken basieren, und zu vergleichsweise geringen Vorurteilen gegen solche Verfahren.

Über eine Verallgemeinerung ist man sich allerdings völlig einig. Die offiziellen Statistiken geben bestenfalls einen Bruchteil der wirklichen Zahlen wieder. Die wirklichen Zahlen liegen nach Schätzungen verschiedener Fachleute um 25 bis 50 Prozent höher. Religiöse und bürokratische Vorurteile, familiäre Gefühle, die Eigenwilligkeiten und Unterschiede in den Verfahren der Post-Mortem-Untersuchungen und Gerichtsverhandlungen zur Feststellung der Todesursache, die vagen Unterscheidungen zwischen Selbstmorden und Unfällen – kurz, persönlicher, offizieller und traditioneller Widerwille dagegen, die Tat als das anzuerkennen, was sie ist –, tragen alle dazu bei, unsere Kenntnis vom Umfang des Selbstmords in der Gesellschaft zu verfälschen und zu verringern. Ein Mann, der allein unterwegs war, fährt seinen Wagen in Trümmer und stirbt am Unfallort oder erliegt später seinen Verletzungen; eine Frau nimmt eine Überdosis Schlaftabletten, hat aber vorher ein großes Quantum Alkohol getrunken; ein alter Rentner läuft in eine Lokomotive; ein Sportler jagt sich eine Kugel durch den Kopf, ›während er sein Gewehr reinigte‹: ausnahmslos wird das Urteil ›Unfalltod‹ oder ›Tod durch Mißgeschick‹ lauten. Mary Holland, die 1967 im ›*Observer*‹ über Selbstmord schrieb, erwähnte den berühmten, wahrscheinlich legendären westirischen Untersuchungsrichter, der bei einem Mann, der sich erschossen hatte, mit folgenden Worten auf Unfalltod erkannte: »Sicher, er hat bloß die Gewehrmündung mit der Zunge reinigen wollen.«

Damit der Selbstmord als solcher zugegeben wird, müssen so unmißverständliche Notizen hinterlassen oder derart unzweideutige Anstalten getroffen werden, daß den Hinterbliebenen keine Alternative bleibt: Alle Fenster müssen abgedichtet sein, und ein Kissen muß unter dem toten Haupt vor der Gasheizung liegen. Fehlen diese Anzeichen, so wird der Zweifel stets zugunsten des Leichnams ausgelegt, wahrscheinlich zum erstenmal, während er zu Lebzeiten nie solcher Großmut begegnete, und fast sicherlich zum erstenmal gegen seinen Wunsch. Denn Selbstmord ist schließlich das Ergebnis einer Wahl. Wie impulsiv die Handlung und wie verwegen die Motive auch sein mögen, im Augenblick, da ein Mensch endgültig beschließt, sich das Leben zu nehmen, gewinnt er eine gewisse zeitweilige Klarheit. Selbstmord kann eine Konkurserklärung sein, die über ein Leben das Urteil fällt, über die lange Geschichte soundso vieler Mißerfolge, eine Geschichte, die auch über diese Mißerfolge eine Entscheidung enthält. Allein ihre Endgültigkeit kann nicht als gänzlicher Mißerfolg gedeutet werden. Eine Art minimaler Freiheit – die Freiheit, auf seine Weise und zu seiner Zeit zu sterben – hat der Mensch aus den Trümmern aller ungewollten Notwendigkeiten gerettet. Vielleicht ist das der Grund, warum totalitäre Staaten sich hintergangen fühlen, wenn ihre Opfer sich das Leben nehmen. »Ist es denkbar«, fragt Pavese, »daß man eine Person tötet, um in ihrem Leben zu zählen? Dann ist es auch denkbar, daß man sich tötet, um im eigenen zu zählen.

Die Schwierigkeit, Selbstmord zu begehen, besteht in diesem: er ist eine Tat des Ehrgeizes, die man nur begehen kann, wenn man allen Ehrgeiz überwunden hat.«[8] Diesen letzten, partiellen und einseitigen Triumph aus Gründen der Sitte und der Bürokratie in einen schweren Unfall umzuwandeln, heißt Mißerfolge durch endgültiges Scheitern zu bilanzieren.

Die Menschen, die der Selbstmörder zurückläßt, aber wollen es so, begreiflicherweise, da die Selbstvernichtung unter ihren vielen anderen Eigenschaften für sie als geschmacklos gilt – und wäre es nur, weil sie so leicht Schuldgefühle weckt. Jedes Kind weiß dies instinktiv, wenn es im Wutanfall brüllt: ›Und wenn ich dann tot bin, wird's euch leid tun.‹ Im Grunde neigen die populären Ansichten über den Selbstmord alle dazu, ihn zur Kinderei zu machen. Die hartnäckigsten Methoden, ihn zu leugnen oder abzulehnen, sind die des angeblichen gesunden Menschenverstandes. 1846 schrieb ein viktorianischer Arzt über einen Selbstmordpatienten:

»Nachdem verschiedene Mittel angewendet worden waren, aber wenig Erleichterung gebracht hatten, wurde ein allmorgendlicher kalter Guß verordnet. Im Laufe von zehn Tagen verschwand der Drang nach Selbstvernichtung gänzlich und kehrte nie mehr wieder.

Ein rechtzeitig verabreichtes Klistier vertreibt erfahrungsgemäß den Wunsch nach Selbstvernichtung. Esquirol kannte einen Mann, der, wenn er seinen Därmen Trägheit gestattete, entschieden geistesgestört war.«[9]

Kalte Bäder, Abführmittel und Gebete, die Lehre lebt noch unter uns in Gestalt der beiden unerschütterlichsten Irrtümer: Die mit Selbstmord drohen, töten sich nie; die es einmal versucht haben, tun es nie wieder. Beide Annahmen sind falsch. Stengel schätzt, daß fünfundsiebzig Prozent der Selbstmörder (vollzogener und versuchter Selbstmord) ihre Absicht vorher deutlich ankündigen und oft zur Tat getrieben werden, weil die Umwelt ihre Warnsignale ignoriert oder in den Wind schlägt oder, wie im Falle Majakowskijs als bloße Herausforderung abtut. An einem bestimmten Punkt der Verzweiflung angelangt, wird der Mensch sich töten, um zu beweisen, daß er es ernst meint. Man schätzt auch, daß die Wahrscheinlichkeit der Wiederholung etwa dreimal so groß ist wie die des ersten Versuchs. Selbstmord ist wie der Sprung von einem hohen Brett: beim erstenmal ist es am ärgsten.

Die sechs genannten Irrtümer behaupten sich trotz Erfahrung, trotz Statistiken, trotz unserer zunehmenden Kenntnisse über die Abweichungen menschlichen Verhaltens und die Abwehr-

maßnahmen der Psyche. Sie behaupten sich, weil sie aufheiternd wirken: Sie führen die Angst des Selbstmörders auf hysterisches Selbstbedauern zurück, auf einen Kniff, die Aufmerksamkeit auf sich zu lenken – blöd, angeberisch, übertrieben.
Schließlich wird der Selbstmord abgelehnt, weil er selbst so völlig ablehnend ist. Alle überlieferten Irrmeinungen sind Mittel und Wege, um seinen sauren Pyrrhussieg abzustreiten und seines Sinns zu entleeren. Deshalb erklärt man den Selbstmord zum Vorrecht der Jugend, die es nicht besser weiß und ohnehin von den eigenen Gefühlen trunken ist; oder zu einer Schlechtwetter-Folge oder zur nationalen Eigenart – Umstände, die sich, wie man behauptet, unserer Kontrolle entziehen. Oder es heißt, die wirklichen Selbstmörder seien niemals die, welche davon reden, also darüber nachdenken – was darauf hinausläuft, daß er wie eine göttliche Fügung über uns kommt, ein Blitzstrahl, der sein Opfer plötzlich fällt, unwissentlich und unabsichtlich, »während es sich im Zustand gestörten seelischen Gleichgewichts befand«. Und wie der Blitzstrahl schlägt der Selbstmord nicht zweimal an derselben Stelle ein. Jeder Irrtum ist eine Strategie mit dem Ziel, einen Akt abzuwerten, der nicht in Abrede gestellt oder rückgängig gemacht werden kann.

Denn Los der Menschen und Los der Tiere ist einerlei Los. Wie die einen sterben, so sterben die andern: Den gleichen Odem haben sie all. Nichts hat der Mensch dem Tier voraus; denn alles ist eitel!
Alles wandert zum selben Ort. Aus dem Staub ist alles gemacht worden. Zum Staub kehrt alles zurück. Wer weiß, ob emporsteigt der Lebensodem des Menschen, ob der Lebensodem des Tieres hinunter zur Erde fährt?

ALTES TESTAMENT, PREDIGER SALOMONIS

Der Tod mahnt uns ständig, kürzer zu treten.

AMERIKANISCHER VERSICHERUNGS-SLOGAN

Die Forschung hat all diese tröstlichen Irrtümer geduldig und peinlich genau widerlegt. Im Lauf der Zeit aber traten andere Zerrbilder an deren Stelle. Es ist, als hätten die zu einem wissenschaftlichen Verständnis des Selbstmords notwendigen Verfahrensweisen den Gegenstand unwirklich gemacht.

Zum Teil geht diese Tatsache zu Lasten des großen Soziologen Emile Durkheim. Im Kampf, den er unternahm, um die Wälle zu zerstören, mit denen die moralische Empörung sich gegen den Selbstmord verwahrte, stellte er die Behauptung auf, jeder Selbstmordfall könne einem von drei allgemeinen Typen wissenschaftlich zugeordnet werden – dem egoistischen, altruistischen oder dem anomischen Typus –, und jeder dieser Typen sei das Ergebnis einer spezifischen gesellschaftlichen Situation. Danach kommt es zum egoistischen Selbstmord, wenn das Individuum nicht wirklich gesellschaftlich integriert, sondern sich selbst überlassen ist. Der Protestantismus mit seiner Betonung der Willensfreiheit und der Gnade ermutigt darum eher zum Selbstmord als die katholische Kirche, die auf einer größeren Unterwürfigkeit der Anhänger unter ihre Rituale und Lehren besteht und jeden Gläubigen so in ihr vorgeschriebenes, kollektives religiöses Leben einbezieht. In ähnlicher Weise brachte der Aufschwung der Naturwissenschaften, die den schlichten Glauben an Ursprung und Aufbau der natürlichen Welt unterhöhlten, ein Ansteigen der Selbstmordfälle mit sich. Weiter zeigte sich, daß das einstige Familienleben – Großeltern, Eltern und Kinder alle unter einem Dach vereint – jedes Mitglied vor selbstzerstörerischen Regungen bewahrte; dagegen fördert die moderne Desintegration des Familienverbandes – die Kinder sind verstreut, die Eltern geschieden – solche Regungen. Dies erklärt auch das Sinken der Selbstmordziffer in Kriegen und anderen nationalen Krisen, wenn alle sich im wörtlichen Sinne um die Flagge versammeln.

Das Gegenteil hiervon ist der ›altruistische‹ Selbstmord. Er setzt voraus, daß ein Individuum so vollständig in das Kollektiv eingeht, daß es sich mit ihm und seinen Bestrebungen identifiziert. Der Stamm oder die Religion oder die Gruppe hat so ›massive Bindekraft‹, daß jedes Mitglied bereit ist, sein Leben für seinen Glauben hinzugeben – wie die Hindus, die sich unter die Räder des Jagannath warfen – oder zum Heile der Sache – wie die Kommunisten, die sich in den Moskauer Schauprozessen der späten dreißiger Jahre zu imaginären Verbrechen bekannten – oder einfach nur für die Freunde, um deren Überlebensaussichten zu verbessern – wie Kapitän Oates. Altruistischer Selbstmord ist, nach Durkheim, ein Kennzeichen einstiger primitiver Gesellschaften und solcher noch heute bestehender, streng strukturierter, primitiver Gruppen wie die Armee. In einer beiläufigen Bemerkung resümiert Camus treffend: »Was als Sinn des Lebens bezeichnet wird, gibt auch einen vortrefflichen Grund zum Sterben ab.«

Sowohl egoistischer wie altruistischer Selbstmord hängen in dem Maße zusammen, in dem das Individuum in seiner Gesellschaft integriert ist. Als ›anomischen‹ Selbstmord dagegen bezeichnet Durkheim die Folge einer Änderung des sozialen Status eines Menschen, deren Plötzlichkeit ihn unfähig macht, seine neue Lage zu meistern. Großer unerwarteter Reichtum oder große unerwartete Armut – ein großer Spielgewinn oder ein Krach an der Aktienbörse –, ein Scheidungsskandal, auch der Tod eines Familienmitglieds können einen Menschen in eine Welt stoßen, in der seine alten Lebensgewohnheiten nicht mehr gelten und seine vertrauten Bedürfnisse nicht mehr erfüllt werden. Statt zu lose oder zu streng, scheint seine Gesellschaft nun überhaupt nicht mehr strukturiert. Er tötet sich, weil seine gewohnte Welt zerstört und er verloren ist, gleichgültig, ob eine bessere oder schlechtere sie verdrängte. T. S. Eliot äußert sich einmal über die »Dislokation der Sprache in Bedeutung«. Doch ein solcher Prozeß, der mit Worten Dichtung hervorbringen kann, kann möglicherweise Chaos und Tod hervorbringen, wenn es lebenslange Gewohnheiten berührt.

Mit anderen Worten: egoistischer und altruistischer Selbstmord unterscheiden sich in ähnlicher Weise voneinander wie die Welt im Roman *»Catch 22«*[10] von der der Kamikaze-Piloten. Jenseits von beiden liegt die Anomie etwa von Kafkas *»Verwandlung«*[11]

Die breite Wirkung von Durkheims Meisterwerk beruhte auf der Hartnäckigkeit, mit der er erklärte, daß Selbstmord kein untilgbares moralisches Vergehen, sondern ein soziales Faktum wie die Geburtenziffer oder die Produktionssumme sei, daß er soziale Ursachen habe, die erkennbaren Gesetzen unterlägen und rational erörtert und untersucht werden könnten. Schlimmstenfalls müßte Selbstmord wie die Arbeitslosigkeit als soziale Krankheit angesehen werden, die mit sozialen Mitteln geheilt werden könne. Zugegeben: Durkheim publizierte vor Freud. Zugegeben auch: Seine Ideen und Interessen waren weit gefächert und differenziert, so daß er die Einsichten der Psychoanalyse gewiß berücksichtigt und genutzt hätte, wären sie ihm damals zugänglich gewesen. Sein Einfluß auf die unbedeutenderen Männer, die nach ihm kamen, war jedoch merkwürdig lähmend. Weil seine Autorität übermächtig war, scheinen sie nicht den Geist, sondern nur den Buchstaben seiner Lehre übernommen zu haben. Das Ergebnis: Je mehr geschrieben wurde, desto mehr verengte sich der Gesichtskreis. Es ist ein sonderbares Erlebnis, sich mit der Überfülle von Büchern und Artikeln über die Soziologie des Selbstmords zu beschäftigen. Gewiß sind die Forscher seriöse, fachlich qualifizierte und wohlinformierte, manchmal begabte und scharfsinnige Menschen gewesen. Was sie jedoch tatsächlich schreiben, scheint nicht völlig real zu sein: Während sie ihre Beobachtungen in einer Prosa von diskreter Wissenschaftlichkeit niederschreiben, vollzieht sich eine unheimliche Verwandlung. Sie scheinen sich nicht mehr mit menschlichen Wesen, sondern mit anonymen Anamnesen und Statistiken, mit merkwürdigen Fakten und Aspekten zu beschäftigen, auf denen Theorien beruhen können. Die Summe der Informationen ist erstaunlich, ihre Aussagekraft jedoch fast gleich Null. Man nehme zum Beispiel die folgende vergleichsweise leichte und unterhaltsame Passage aus der ausführlichen Studie eines amerikanischen Soziologen:

»Die Erklärung, eine selbstmörderische Handlung habe eine allgemeine Bedeutungsdimension, zum Zeitpunkt, an dem er die selbstmörderische Handlung begeht, befinde sich der Ausführende in einer gestörten Lage, klingt fast spaßhaft. Hier handelt es sich um eine derart allgemeine Erkenntnis, die für nahezu jede selbstmörderische Handlung gilt, daß es schwerfällt, sie ernstlich zu berücksichtigen. Aber eben diese Haltung, das Selbstverständliche als erwiesen anzunehmen, hat zu zahlreichen Irrtümern in der Beurteilung der Verwicklungen geführt, die sich aus der grundlegenden Bedeutung der selbstmörderischen Handlung ergeben.

Es ist diese ›reflexive Dimension ihrer Bedeutung‹, die selbst-

mörderische Handlungen zu solch wirkungsvollen gesellschaftlichen Waffen macht.«[12]
Der Verfasser meint, wie ich annehme: Kein Mensch tötet sich, es sei denn, mit seinem Leben ist etwas nicht in Ordnung. Diese Tatsache erscheint so selbstverständlich, daß sie oft nicht beachtet wird. Dadurch wird ein wesentliches Kennzeichen der Handlung übersehen: Der Selbstmörder will den Weiterlebenden zeigen, wie schlimm die Dinge stehen. Man stelle sich vor: er braucht dreizehn Zeilen und sechs Wiederholungen des Ausdrucks ›selbstmörderische Handlung‹, um das zu sagen.
Weder der Professor noch seine gewundene Prosa sind in irgendeiner Weise ungewöhnlich; tatsächlich ist er belesener, und er hat einen weiteren Horizont als die meisten seiner Kollegen. Ich kann aus solchen Aussagen nur folgern, daß, wie er zweifellos formulieren würde, »die reflexive Dimension der Bedeutung soziologischer Prosa die Reduzierung der Kommunikationsebene soziologischer Prosa beinhaltet, wobei der zur Diskussion stehende Gegenstand sämtlicher Bedeutungen, reflexiver und nicht-reflexiver, beraubt wird«. Ein Weltraumforscher von einem anderen Planeten würde, selbst wenn er wunderbarerweise fähig wäre, den Jargon zu verstehen, aus dem Wust von Abstraktionen, Theorien und Zahlen wohl niemals erraten, daß ein Selbstmörder ein Mensch war, der sich das Leben genommen hat. Wozu die Qual, die langsame Hinwendung des Ichs zum letzten, unwiderruflichen Akt? Um in die Statistik einzugehen! Eine zweifelhafte Unsterblichkeit. Offensichtlich gehören Kontrollen, Berechnungen und eine objektive Beziehung zu meßbaren Tatsachen zur genauen, wissenschaftlichen Prozedur. Ohne sie gibt es nur Irrtümer, Vorurteile, Chaos. Aber auch diese wissenschaftliche Betrachtungsweise übersieht etwas Wesentliches. Durch sie geht vielleicht ebensoviel verloren wie durch die moralischen Verdrehungen der früheren Selbstmorddiskussionen.
Zum großen Teil erklärt sich die manchmal übertriebene Objektivität daher, daß Forscher wie Durkheim sich für den Selbstmord vorwiegend als Symptom gesellschaftlicher Mißstände interessierten; je höher die Selbstmordrate, desto größer die soziale Spannung und das soziale Unbehagen. Der Selbstmord interessiert diese Forscher nur insoweit, als er ihnen über die Natur der Gesellschaft Erkenntnisse vermittelt. Für sie ist er ein Problem, das durch Sozialbewußtsein, Sozialverantwortlichkeit und wirklich aufgeklärte Sozialleistungen gelöst werden kann.

Das Beispiel des viel verleumdeten Schweden beweist jedoch, daß auch die perfekteste Sozialfürsorge der Welt die Selbstmordziffer so gut wie nicht beeinflußt. Die Natur der Gesellschaft, die, wenn auch langsam und mühsam, hoffnungsvoll verändert werden kann, wird beständig gegen die menschliche Natur ins Feld geführt, die sich im ganzen als störrisch erweist. Professor Stengel geht dem Problem auf den Grund, wenn er schreibt: »Irgendwann im Laufe seiner Evolution muß der Mensch entdeckt haben, daß er nicht nur Tiere und Mitmenschen, sondern auch sich selbst töten kann. Die Annahme ist erlaubt, daß von da an das Leben für ihn nie wieder so wie vorher war.«[13] Auch die elegantesten und bestechendsten soziologischen Theorien erweisen sich für mich als Kurzschlüsse durch die simple Beobachtung, daß der Selbstmord, wie das Sexualleben, ein menschlicher Wesenszug ist, den auch die vollkommenste Gesellschaft nicht tilgen wird.

Peter Sainsbury beispielsweise legte in seinem Pionierwerk *»Suicide in London«* überzeugend dar, daß gesellschaftliche Isolierung ein stärkerer Antrieb zur Selbstvernichtung ist als ›angeborene Armut‹. Er zeigte, daß in den durch ein entbehrungsreiches Dasein gekennzeichneten, jedoch verhältnismäßig fest gefügten Arbeitermilieus des Londoner East End die Selbstmordziffer erstaunlich viel niedriger war als im wohlhabenderen Bloomsbury, mit seinen Käfigen von Einzel-Apartments und den etwas schäbigen Hotels für Durchreisende. Daraus folgt (obgleich Sainsbury nicht so weit geht), daß man der Lösung des Selbstmordproblems näher kommen könnte, wenn es möglich wäre, den Ring der Vereinsamung zu durchbrechen und die Isolierten aus ihren naßkalten Zimmern in die relativ fröhliche Atmosphäre einer Gemeinschaft zu bringen. Zweifellos ist diese Annahme teilweise richtig. Die Schuld liegt zum Teil bei einer Gesellschaft, die von den Alten, den Kranken, den Ausländern, den unsteten, ziellosen Menschen so wenig Notiz nimmt wie irgend möglich. Doch der Selbstmörder schafft sich seine eigene Gesellschaft: er schließt sich in einer trüben Mietbude von den anderen ab und starrt, gleich Melvilles Bartleby, Tag für Tag auf eine Brandmauer vor dem Fenster. Dadurch weist er von sich aus die Welt ab, von der es heißt, sie sei die zurückweisende. Bartleby sagt auf seine Weise zu jedem Angebot und jeder Möglichkeit: »Ich möchte lieber nicht«. Dies ist ein Zustand, den kein noch so großes Maß an Sozialarbeit je heilen wird. Ein Soziologe kann bestenfalls hoffen, durch seine Entdeckungen

und Empfehlungen seine Erfolgsaussichten im Kampf gegen die private Endlösung etwas zu vergrößern.
Verzweiflung sucht sich ebenso gewiß ihre eigene Umgebung, wie Wasser seinen Lauf findet. Sämtliche von Soziologen ersonnenen Selbstmordtheorien sind bis zu einem gewissen Maß wahr – manche mehr als die andere, die meisten allerdings widerspruchsvoll –, sie sind jedoch einseitig: Zirkelschlüsse. Sie kommen immer wieder auf eine innere Absage und Hoffnungslosigkeit zurück, die soziale Notstände an die Oberfläche bringen, aber bereits vorher bestanden und wahrscheinlich weiterbestehen werden, auch dann, wenn die Notstände behoben sind. Man lese in diesem Zusammenhang die von der Wiener Psychologin Margarethe von Andics ausgewerteten Krankheitsgeschichten. Margarethe von Andics hielt die Selbstmordsituation für eine einzigartige, äußerst günstige experimentelle Bedingung, um menschliches Verhalten zu beobachten, so wie Experimentalphysiker Naturvorgänge bei äußersten Temperatur- und Druckverhältnissen untersuchen. Sie ging deshalb in die Wiener Psychiatrische Klinik und interviewte die Geretteten so bald wie möglich nach ihren mißlungenen Versuchen, solange ihre Abwehrkräfte noch geschwächt waren. Die Einsicht in die Gründe, die ein Individuum dazu zwingen, den Tod zu wählen, könnten, so hoffte sie, den Sinn des Lebens erhellen. Die Methode hat zwei Nachteile. Der erste liegt klar zutage: in der Verwirrung, die auf einen mißlungenen Selbstmordversuch folgt, wird der am Leben Gebliebene, auch bei noch so geschickter Befragung, nur Entschuldigungen und bequeme Begründungen anbieten, um seine Niedergeschlagenheit und Beschämung zu verbergen. Die Folge war, daß Dr. von Andics einiges über den Abzugsmechanismus des Versuchs und fast nichts über die chemische Verbindung der Explosivstoffe erfuhr. Der andere Nachteil liegt in dem strikten Glauben der Doktorin an die Lehren von Alfred Adler[14], einem Mitglied des ersten Kreises von Wiener Psychoanalytikern, der von Freud exkommuniziert wurde, weil er behauptet hatte, der menschliche Grundtrieb sei nichts Primitiveres als sozialer Aggressionstrieb. Es überrascht daher nicht, daß Frau von Andics zu dem Schluß kam, der Sinn des Lebens und die Ursachen des Selbstmords ließen sich durch gesellschaftlichen Erfolg oder Mißerfolg im Umgang mit Arbeitskollegen, Nachbarn und der Familie erklären.
Unter diesen Umständen sind ihre Krankheitsgeschichten logischerweise bedeutsamer als ihre Schlußfolgerungen. Sie behaup-

tet beispielsweise, »verletzte Selbstachtung« sei ein wesentliches Selbstmordmotiv.

»Daß soviel darum gegeben wird, was die anderen von uns denken, beruht auf der Tatsache, daß wir unseren Wert nur durch das Urteil der Mitmenschen zu erkennen vermögen, da das, was wir als unseren Wert bezeichnen, letztlich nur in den (emotionellen und praktischen) Diensten bestehen kann, die wir den anderen leisten ... Unser Wert besteht darin, was wir anderen wert sind, was wir in den Augen anderer wert sind. Auf diese anderen sind alle unsere persönlichen und praktischen Bestrebungen letztlich gerichtet.«[15]

Die harmlos vereinfachende Zuversicht ihrer Hypothese ist weit entfernt von der Wirklichkeit der Beispiele, die sie selbst anführt.

»Die neunundzwanzigjährige Fanny, die im Baugewerbe arbeitete, war sehr unbeliebt, weil sie untertarifliche Bezahlung annahm. Im Verlauf einer Auseinandersetzung versetzte ihr einer der Männer einen Faustschlag auf den Kopf: ›Plötzlich hatte ich das Leben satt.‹ Sie griff sofort zum Strick, den sie täglich benutzte, um Holz nach Hause zu tragen, und hängte sich auf.«

Dies, so sagt die Doktorin, ist ein erhärtendes Beispiel für ihr gerade erklärtes Prinzip.

Der Umstand, unverdientermaßen geschmäht, zu Unrecht schlechter Eigenschaften bezichtigt und beschimpft worden zu sein, war in den Fällen von acht Frauen unmittelbares Selbstmordmotiv. Das angegebene Motiv ›Streitigkeiten‹ bedeutet in Wirklichkeit Gekränktheit über die Beschimpfung und die Demütigung. Arme Fanny! Vielleicht brachte man ihr die endgültige Beleidigung dadurch bei, daß man die lange Geschichte ihrer Erniedrigung schnell herunterschrieb und mit einer derart trivialen, stets bereitliegenden Erklärung versah. Die so kühn von Dr. von Andics konstatierten Tatsachen lassen Fanny wie eine Zolasche Gestalt erscheinen. Sie ist nicht mehr jung und vermutlich nicht anziehend – andernfalls hätten die Männer von der Baustelle sie, trotz ihrer Gewerkschaftsgrundsätze, glimpflicher behandelt. Sie ist so arm, daß sie nicht allein Handlangerdienste tut, sondern obendrein sich mit weniger als dem ohnehin lächerlichen Lohn zufriedengibt (lächerlich, denn es handelt sich um die Inflationszeit). Sie kann sich nicht einmal Brennmaterial kaufen, um abends ihr Zimmer zu heizen. Kurz, ihre Armut ist so quälend, daß sie ihre Persönlichkeit zerstört: daß sie Frau ist, hat sie weder davor bewahrt, wie ein Mann schwer körperlich arbeiten zu müssen, noch davor, von den Männern, mit denen sie zusammenarbeitet, verachtet und schlechter als sie bezahlt zu werden, nicht einmal davor, verprügelt zu werden wie einer von ihnen. Als sie den Tiefpunkt erreicht zu haben schien, zwang sie der Faustschlag noch tiefer ins Elend hinab. Danach blieb ihr nichts mehr, kein Ausweg als der Tod. Was auch sonst noch hinzugekommen sein mag, jedenfalls ist der Grund für ihre Verzweiflung mehr als verletzte Selbstachtung und Kränkung. Oder auch weniger.

Die soziale Bedeutung, die selbst ein Psychiater wie Frau Dr. von Andics aus der Selbstmordhandlung herausschält, mag ein Teil der *hic-et-nunc*-Ursachen erklären; über die langen, langsamen, verborgenen Prozesse, die dazu führten, sagt die soziale Komponente nichts aus. »Eine solche Tat«, schreibt Camus, »wird, wie ein bedeutendes Kunstwerk, in der Stille des Herzens vorbereitet.« Deshalb vielleicht scheinen die Sozialtheorien, je überzeugender sie wirken, desto unabhängiger von dem Material, auf dem sie beruhen. Sie sind Suprastrukturen, zeigen oft Eleganz und liebevolle Detailbehandlung, sind auf simples Elend gerichtet, auf eine letzte innere Vereinsamung, die kein Aufwand an Sozialarbeit mehr lindern kann. Das gilt in gleicher Weise für die arme Fanny wie für Marilyn Monroe, für den schäbigen Stephen Ward, den Zuhälter in der Profumo-Affäre, wie für den großen und außerordentlich erfolgreichen Mark Rothko. Sie töteten sich, weil ihr Leben, nach allen Richtlinien, die sie für sich aufgestellt hatten, keinen Sinn mehr hatte. Wie die Ehescheidung ist der Selbstmord Konkurserklärung. Und wie die Ehescheidung hüllt er sich in endlose Entschuldigungen und Begründungen, um die simple Tatsache zu verschleiern, daß alle Energien, Leidenschaften, Gelüste und Bestrebungen fehlgeschlagen sind. Die den Selbstmord überstehen, leben, wie jene, die eine neue Ehe eingehen, in einem veränderten Leben weiter; sie wechseln in ein verändertes Leben hinüber, ein Leben mit anderen Maßstäben, Motiven und Befriedigungen.

Selbstverständlich hat äußere Not relativ wenig mit Selbstmord zu tun. In den reichen Industrieländern sind die Ziffern höher als in den unterentwickelten Ländern, bei den gehobenen Berufsständen höher als bei den Armen; außergewöhnlich niedrig waren sie in den Konzentrationslagern der Nazis. Tatsächlich kann Entbehrung stimulierend wirken. Als Beweis dient der klassische Fall George Orwells, der, nachdem er die Polizeitruppe in Burma verlassen hatte, vorsätzlich alle Hilfen und Gelegenheiten ausschlug, sich dazu bereit fand, »down and out in London and Paris« zu leben, und sich dabei zu einem wirklichen Künstler entwickelte. In jüngerer Zeit erlitt der junge russische Autor Andrej Amalrik[16] unfreiwillig ein ähnliches Schicksal: er wurde auf eine Kolchose im tiefen Sibirien verbannt, wo er, trotz seines schwachen Herzens, die schwere körperliche Arbeit überlebte und mit seiner noch jüngeren Frau in einem verfallenen Schuppen wohnte, sich von Kartoffeln und Milch ernährte, nur dreimal am Tag den Ofen anzündete, um zu kochen, obwohl der Winter so kalt war, daß Kälber im Mutterschoß erfroren. Weit davon entfernt, aufzugeben, ging er aus allem streitbarer hervor, als er zur Zeit seiner Verurteilung gewesen war. Seither hat er zwei ausgezeichnete Bücher über seine Erfahrung geschrieben. Sie haben ihm übrigens weitere drei Jahre Schwerarbeit in einem Gefangenenlager eingebracht. Unter der Voraussetzung eines gewissen Temperaments schärfen mißliche Umstände den Geist und stärken den Selbsterhaltungsdrang.

Ein sehr bezeichnendes Beispiel dieser Art beschreibt ein Psychiater, der die Beobachtung machte, daß viele Leute mit neurotischen oder psychotischen Beschwerden sich in den Konzentrationslagern bemerkenswert wohl befanden: »Was die unter Angst leidenden Patienten anbelangt, möchte man annehmen, daß ihre Angst durch die tatsächlichen Anlässe zum Schrecken, die natürlich überaus zahlreich waren, in eine bestimmte Richtung gelenkt wurden. In diesen Fällen trat realistische Angst an die Stelle der neurotischen Angst. Die Besserung bei Patienten mit depressiven Symptomen mag sich durch den Umstand erklären, daß ihr Bedürfnis nach Strafe durch die scheußlichen Lebensbedingungen befriedigt worden war, genau wie sich ein depressiver Zustand oft bessert, wenn eine organische Krankheit auftritt.« Dieser Psychiater weiß auch eine Erklärung für die niedrige Selbstmordquote in den Lagern der Nationalsozialisten: »Ich beobachtete nur vier Selbstmordversuche; drei Opfer konnten nur mit großer Mühe gerettet werden. In einer Gruppe von annähernd dreitausend, unter solch entsetzlichen Bedingungen lebenden Personen, scheint dies eine geringe Zahl zu sein. Sie läßt sich meiner Ansicht nach jedoch durch die Tatsache erklären, daß unter den gegebenen Umständen keine aktive Selbstmordhandlung nötig war, wenn jemand nicht weiterleben wollte; er brauchte nichts anderes zu tun ... als den grausamen

Lebenskampf aufzugeben, das heißt, den Kampf, alles Mögliche zu unternehmen, um Nahrung zu ergattern und die Lebensgeister zu erhalten. Sofern man das aufgab, kam der Tod von selbst.«[17]

Im Vergleich dazu erscheint Selbstmord dem Außenstehenden oft als höchst unmotivierte Perversität. Wie Montesquieu klagt, wird er »höchst unerklärlicherweise ... in tiefster Glückseligkeit« verübt, aus banal anmutenden oder gar nichtigen Gründen. So tötete Pavese sich auf der Höhe seiner Kunst und seines Erfolgs und gab als Grund die unglückliche Affäre mit einer unbedeutenden kleinen amerikanischen Schauspielerin an, die er nur flüchtig gekannt hatte. Ihr einziger Kommentar, als sie von seinem Tod erfuhr, lautete: »Ich wußte gar nicht, daß er so berühmt war.« Da ist der Fall eines Gentleman aus dem achtzehnten Jahrhundert, der sich aus schierer Langeweile und gutem Geschmack erhängte, um sich die Mühe des An- und Auskleidens zu ersparen. Mit anderen Worten, die von Selbstmördern angeführten Gründe sind meist recht beiläufige Bemerkungen. Bestenfalls mildern sie die Schuldgefühle der Hinterbliebenen, beschwichtigen sie harmlose Gemüter und bestärken die Soziologen in ihrer endlosen Suche nach überzeugenden Kategorien und Theorien. Sie gleichen einem alltäglichen Grenzzwischenfall, der einen großen Krieg auslöst. Die wirklichen Motive, die einen Menschen dazu treiben, sich das Leben zu nehmen, sind anderer Natur; sie gehören der abwegigen, widerspruchsvollen, labyrinthischen und dem Blick meist verborgenen Innenwelt an.

Merkwürdigerweise jedoch kann man eine psychoanalytische Selbstmordtheorie kaum finden. Die Analytiker zeigen sich gegenüber dem Thema so zurückhaltend, daß einer von ihnen sich zu der Bemerkung veranlaßt fühlt: »Das wesentliche wissenschaftliche Problem lautet: ist das Selbstmord-Tabu so stark, daß sogar Psychoanalytiker zögern, ihre auf diesem Gebiet gesammelten und persönlichen Erfahrungen darzulegen?«[18] Ein Grund für die ungewöhnliche Scheu liegt auf der Hand: der Patient, der sich das Leben nimmt, stellt für seinen Analytiker einen unbezweifelbaren Mißerfolg dar, da es ja das Ziel der Behandlung ist, dem Patienten und dem Dasein selbst zum Trotz, das Leben lebenswert erscheinen zu lassen.

Eine bemerkenswerte Ausnahme stellt Ludwig Binswangers lange, detaillierte und größtenteils höchst unklare Analyse des Falles der Ellen West dar, die Analyse einer Patientin, die, kurz bevor sie sich den Tod gab, vielleicht zum allererstenmal, ruhig und glücklich zu sein schien. Binswangers Erklärung für diese »festliche Stimmung« läuft darauf hinaus, »daß das Dasein im Falle Ellen West reif geworden war für seinen Tod, mit anderen Worten, daß der Tod, dieser Tod, die notwendige Erfüllung des Lebenssinnes dieses Daseins war ... Ellen West war schon als junge Frau alt geworden.... Das existentielle Altern war dem biologischen Altern vorausgeeilt, wie auch der existentielle Tod, das ›wie eine Leiche unter Menschen sein‹, dem biologischen Lebensende vorausgeeilt war. Der Selbstmord ist die notwendig-willentliche Konsequenz dieses daseinsmäßigen Sachverhaltes. Und wie nur da von einer Heiterkeit des Alters als dem ›heimlichsten und süßesten Vorgeschmack des Todes‹ die Rede sein kann, wo das Dasein seinem Tod entgegenreift, so kann auch angesichts des selbst herbeigeführten Todes nur Heiterkeit und festliche Stimmung herrschen, wo der Tod dem Dasein als reife Frucht in den Schoß fällt.«[19]

Wenn ich ihn richtig verstehe, behauptet Binswanger, Ellen Wests Selbstmord sei nicht allein unvermeidlich, sondern überdies die in jeder Hinsicht sinnvollste Handlung gewesen, die sie jemals begangen hat, die Handlung, auf die ihr ganzes vorheriges Leben unentrinnbar zusteuerte. Außerdem meint er, daß seine Analyse ihr dazu verholfen habe, dies zu begreifen; ihr Selbstmord wird demnach fast zur Rechtfertigung seiner Behandlung. Aber es mag durchaus sein, daß ich Binswanger falsch interpretiere.

Eine simple, praktische Schwierigkeit besteht darin, daß der Analytiker sich nur mit Selbstmordabsichten und Selbstmordversuchen befassen kann; der gelungene Selbstmord entzieht sich ihm in jedem Sinne. Infolgedessen ist der Selbstmord weitgehend nur nebenbei, in Verbindung mit Themen behandelt worden, die dem Analytiker genaueres und besser verifizierbares Material liefern. Die Theorien haben sich, so weit überhaupt vorhanden, trotz der bedeutenden Veränderungen im psychoanalytischen Denken der letzten fünfzig Jahre, kaum von den Auffassungen entfernt, zu denen Freud gelangte, als er versuchsweise und relativ früh das Thema in Angriff nahm.

Im April 1910 hielt Freuds ursprüngliche Wiener Psychoanalytische Gesellschaft ein Symposion über den Selbstmord ab.[20] Die meisten spekulativen Beiträge damals stammten von Stekel[21] und Adler, die sich bald darauf von Freud trennen und ihre eigenen revisionistischen Wege gehen sollten. Beide benutzten den Gegenstand dazu, ihre eigenen Probleme zu illustrieren: Adler sprach ausführlich über Minderwertigkeit, Rachsucht und antisoziale Aggression; Stekel brachte den Akt mit der Masturbation und den dazugehörigen Schuldgefühlen in Verbindung. Er trat auch mit dem berühmten Grundsatz auf, der von nun an zahlreichen Spekulationen als Basis dienen sollte: danach nimmt sich niemand das Leben, der nicht zuvor einen anderen hat töten wollen oder zumindest den Tod eines anderen gewünscht hat. Historisch betrachtet, stellte all dies eine bedeutende Abkehr vom sozialen Determinismus dar, der sich seit dreizehn Jahren, seit dem Erscheinen von Durkheims Meisterwerk, allenthalben behauptete. Doch die angebotene Deutung, ein ziemlich simpler psychischer Mechanismus, schien unbefriedigend. Freud selbst war nicht bereit, sie zu akzeptieren. Er verhielt sich bis zum Ende der Diskussion still und gab sodann zu verstehen, daß der Selbstmord nicht erklärt werden könne, bevor mehr über den komplizierten Prozeß von Trauer und Melancholie bekannt sei.

Wie Litman zeigt, wußte Freud jedoch mehr über den Gegenstand, als er zugab. In allen seinen Mitteilungen über frühe Fälle war das Thema angeklungen, mit Ausnahme der Geschichte des fünfjährigen kleinen Hans. Freuds Schwierigkeit war theoretischer Art: wie ließen sich der Drang zur Selbstvernichtung und das Lustprinzip in Einklang bringen? Sofern Libido und Selbsterhaltung Grundtriebe sind, war Selbstmord sowohl unverständlich als auch unnatürlich:

»Wir haben als den Urzustand, von dem das Triebleben ausgeht, eine so große Selbstliebe des Ichs erkannt, wir sehen in der Angst, die bei Lebensdrohung auftritt, einen so riesigen Betrag der narzißtischen Libido frei werden, daß wir es nicht fassen, wie dies Ich seiner Selbstzerstörung zustimmen könne. Wir wußten zwar längst, daß kein Neurotiker Selbstmordabsichten verspürt, der solche nicht von einem Mordimpuls gegen andere auf sich zurückwendet, aber es blieb unverständlich, durch welches Kräftespiel eine solche Absicht sich zur Tat durchsetzen kann. Nun lehrt uns die Analyse der Melancholie, daß das Ich sich nur dann töten kann, wenn es durch die Rückkehr der Objektbesetzung sich selbst wie ein Objekt behandeln kann, wenn es die Feindseligkeit gegen sich richten darf, die einem Objekt gilt und die ursprüngliche Reaktion des Ichs gegen Objektive der Außenwelt vertritt. (Siehe *›Triebe und Triebschicksale‹.)* So ist bei der Regression von der narzißtischen Objektwahl das Objekt zwar aufgehoben worden, aber es hat sich doch mächtiger erwiesen als das Ich selbst. In den zwei entgegengesetzten Situationen der äußersten Verliebtheit und des Selbstmordes wird das Ich, wenn auch auf gänzlich verschiedenen Wegen, vom Objekt überwältigt.«[22]

Die Stelle stammt aus Freuds zukunftsträchtigem Essay *»Trauer und Melancholie«*, den er fünf Jahre nach dem Selbstmord-Symposion schrieb, aber erst 1971 veröffentlichte. Sie wird oft zitiert, gleichsam um für die Ansicht, der Selbstmord sei lediglich verdrängte Feindseligkeit, den Segen des Meisters zu erhalten. Doch wie Litmann andeutet, stellt der Essay tatsächlich nur die erste Skizze zu dem viel komplexeren Bild der Innenwelt dar, das Freud entwerfen sollte.

Freuds Genialität lag im wesentlichen in der Fähigkeit, aus jedem Beweisstück mit unheimlicher Klarheit die theoretischen Folgerungen zu erkennen und ihnen, ohne Rücksicht auf die Unantastbarkeit der von ihm selbst bereits bezogenen Positionen, nachzugeben. In der genannten Schrift kam dieses unablässige Sondieren und Zweifeln an zwei Themen zum Ausdruck: das eine beschäftigte sich mit der Struktur der Psyche; das andere mit dem Problem von Sadismus und Masochismus und führte später zu der Konzeption eines ›Todestriebs‹.

Freud legte zunächst dar, daß in der Trauer und ihrem pathologischen Äquivalent, der Melancholie, das Ich versucht, irgendein verlorenes Objekt wieder zum Leben zu erwecken, indem es sich mit ihm identifiziert und es sich dann einverleibt oder introjiziert. Dadurch richtet der Trauernde das verlorene Objekt in seinem eigenen Ich wieder auf, wo es als Teil seiner selbst lebt. Freuds Anwendung der Begriffe mag neu gewesen sein, wie auch seine wissenschaftliche Darstellung der Melancholie, die Vorstellung selbst aber ist mindestens so alt wie bei John Donne, der in seinen Abschieds- und Trauergedichten ständig, wie auf eine tröstliche alte Binsenwahrheit, auf den Gedanken zurückkommt, jeder Liebende trage Seele und Bild seiner Herrin in sich:

Zehr von der Schmeichelei
Daß ferne Liebende einer im andern sei.

Beim normalen Trauern wird der schmerzhafte Prozeß, sich langsam auf die Tatsache einzustellen, daß das geliebte Objekt tatsächlich nicht mehr in der Außenwelt existiert, dadurch allmählich kompensiert, daß es als etwas Geliebtes, Liebendes und

Stärkendes in das Ich aufgenommen wird. So sind Thomas Hardys[23] spätere Gedichte von den Schatten der Frauen bevölkert, denen er einst in verhängnisvoller Liebe zugetan war. Freundlich und verzeihend kehrten sie nun zurück.

Durch Melancholie dagegen werden Schuldgefühle und Feindseligkeit für den Leidenden zu stark. Es ist, als glaubte der Melancholiker, das durch Tod, Trennung oder Zurückweisung verlorene Objekt sei durch ihn ermordet worden. Es kehrt deshalb als innerer Verfolger und Quälgeist wieder, strafend, rachsüchtig und sühnefordernd. Sylvia Platz spricht dies in dem Gedicht auf ihren toten Vater klar und unumwunden aus:

Wenn ich einen erschlug, schlug ich zwei im Nu –
Den Vampir der gesagt hat er war du;
Und ein Jahr lang trank er mein Blut,
Sieben Jahre, daß du es nur weißt:
Papi, bleib liegen, du bist ein Geist.

Dein schwarzes Herz durchbohrt jetzt ein Pfahl ...[24]

Sie ist sowohl die schuldbeladene Frau, die einen Mord begangen hat, als auch das unschuldige Opfer, von dem die Vampire zehren. In diesem Teufelskreis der Melancholie nimmt ein Mensch sich möglicherweise das Leben, einerseits um für seine eingebildete Schuld am Tod einer geliebten Person zu büßen, und andererseits, weil er das Gefühl hat, der Tote lebt in ihm fort und schreie wie Hamlets Vater nach Rache.

In seinem späteren Werk *»Das Ich und das Es«*[25] entwickelt Freud seinen Begriff des Über-Ich, einer mahnenden, kritischen Kraft, die auf einer viel tieferen, weniger bewußten Stufe tätig ist als unser gewöhnliches Bewußtsein, das uns alle zu Feiglingen macht. Freud glaubte, das Über-Ich entstehe durch die Identifizierung des Kindes mit Elternfiguren – oder vielmehr mit seinen Vorstellungen über dieselben –, die dann durch Introjektion Teil seiner selbst würden. Die Stimme des Gewissens sei, so behauptete er, in Wirklichkeit die strenge, aber verzerrte Stimme des Vaters und der Mutter, die in den Phantasien des Kindes widerhalle. Spätere Analytiker, vornehmlich Melanie Klein[26], haben diese Theorie weiter ausgebaut. Melanie Klein war der Ansicht, das unbewußte Über-Ich oder Ich-Ideal entwickele sich viel früher, als Freud annahm, nicht im Alter von zwei oder drei Jahren, sondern in den ersten Monaten, noch ehe das Kind zu erkennen imstande ist, daß die Dinge der Außenwelt eine andere eigene Existenz haben. Seine früheste, ursprünglichste Erfahrung der Wirklichkeit ist die von ›Teil-Objekten‹, welche die Quellen von Lust und Schmerz, Befriedigung und Frustration, Liebe und Zorn, gut und schlecht sind. Das Kind wehrt sich auf die einfachste Weise gegen das ›Schlechte‹, indem es das Schlechte abspaltet und auf die äußeren Teil-Objekte überträgt; es wehrt sich gleichfalls, indem es sich mit dem ›Guten› identifiziert und das Gute in sich aufnimmt. Uns interessiert hier nur, daß aus den komplexen Verteidigungsmechanismen der Übertragung und Introjektion, Spaltung, Verweigerung und Identifizierung ein verhältnismäßig komplexes Bild der Psyche entsteht: nicht zwei säuberlich getrennte Eihälften, Bewußtes und Unbewußtes, nicht einmal eine Torte aus drei Schichten, Über-Ich, Ich und Es; statt dessen ein Gebiet, so zerrissen und verschrammt wie eine Erdbebenzone. Dies bedeutet, auf die Selbstmord-Mechanismen angewandt, daß das simple Gegenmodell der vom äußeren Objekt abgezogenen und gegen das Ich gewendeten Aggression nie völlig angemessen ist.

Der Freudianer Karl Menninger[27] hat gesagt, es gebe drei Selbstmordkomponenten: den Wunsch zu töten, den Wunsch, getötet zu werden, den Wunsch zu sterben. Gemäß den Ansichten Melanie Kleins müßte jeder dieser Prozesse als komplex, ambivalent und einer nur selten unabhängig vom anderen angesehen werden. Ein Mensch mag beispielsweise den Wunsch haben, nur einen bestimmten Aspekt seines Selbst zu töten, im Wahn, sein Tod setze andere frei und befähige sie zum Leben. Er will also teilweise töten und will teilweise getötet werden. Was er anstrebt, ist nicht Selbstmord, sondern eine äußerst krasse Beschwichtigungshandlung, die einem beschädigten Teil seiner Person zu neuer Gesundheit und neuem Gedeihen verhelfen soll: »Wenn dich dein Auge ärgert, so reiß es aus.« Für den Selbstmörder jedoch, den das dunkle und verdunkelnde Gefühl seines inneren Chaos und seiner Wertlosigkeit beherrscht, ist das ›Auge‹ identisch mit dem Leben, das er führt. Er wirft sein Leben weg, um richtig und geziemend zu leben.

Diese psychische Fehlzündung ereignet sich auch dort, wo besonders krasse Fälle von Aggression vorzuliegen scheinen. Das wütende Kind, das zu seinen Eltern sagt: »Und wenn ich dann tot bin, wird es euch leid tun«, ist nicht nur auf Rache aus, sondern überträgt Schuldgefühle und Zorn auf diejenigen, die sein Leben leiten. Mit anderen Worten, es wehrt sich gegen die Feindseligkeit, die es gegen sich selbst empfindet durch den

Mechanismus der Übertragungs-Identifikation; so wird es zum Opfer, und die anderen werden zu Peinigern. Auf ähnliche, aber differenziertere Weise handelt ein Erwachsener, der sich das Leben nimmt, weil er die zerstörerischen Elemente in sich nicht mehr erträgt. Er legt sie also ab, auf Kosten des Schuldgefühls und der Bestürzung seiner Hinterbliebenen. Was bleibt, ist, so hofft er, ein geläutertes, idealisiertes Bild von ihm, das weiterleben wird, wie die Erinnerung an alle die edlen Römer, die sich, ihren Grundsätzen, ihrem Ruf und ihrem Nachruhm in der Geschichte zuliebe, mit Gleichmut in die eigenen Schwerter stürzten. Fern von den hohen römischen Idealen ist Selbstmord lediglich die krasseste und roheste Art und Weise, sich gegen ein baldiges Vergessenwerden abzusichern. Eine Art posthume Wiedergeburt im Gedächtnis der anderen, ähnlich der, welche die primitiven kriegerischen Gefolgsleute erstrebten mit ihrem Glauben an ein für die eines gewaltsamen Todes Gestorbenen reserviertes Paradies. Sie nahmen sich das Leben, um einem entwürdigenden natürlichen Tod durch Krankheit oder Altersschwäche zuvorzukommen, der sie auf ewig von der besten aller möglichen jenseitigen Welten ausgeschlossen hätte.
Doch was ist mit den Überlebenden? Anhand des Materials über fünfzig versuchte Selbstmorde machten zwei New Yorker Psychiater eine interessante Entdeckung: Bei 95 Prozent aller ihrer Fälle war es zuvor zum ›Tod oder Verlust unter dramatischen und oft tragischen Umständen von Personen, die nahe Verwandte des Patienten, meist Eltern, Geschwister oder Ehepartner waren‹, gekommen. »Bei 75 Prozent unserer Kranken hatten sich die Sterbefälle ereignet, ehe die Patienten völlig erwachsen waren.«[28] Die beiden Autoren nennen dieses Verhaltensmuster den ›Trend zum Tod‹. Unglücklicherweise ziehen sie daraus nur äußerst begrenzte Schlußfolgerungen:
»Sofern man annimmt, daß Selbstmordphantasien mögliche Formen der Reaktion auf starke innere Konflikte sind und gewissermaßen ein problemlösendes Verhalten darstellen, dürfen wir aus unserer Untersuchung schließen, daß das Auftreten des ›Trends zum Tod‹ zur Ausübung selbstvernichtender Handlungen prädisponiert. Dies mag in etwa erhellen, warum ein Individuum mit Selbstmordphantasien ihnen zufolge einen Selbstmordversuch unternimmt, ein anderes Individuum, das ähnliche Phantasien erlebt und unter gleichen emotionellen Spannungen steht, dagegen nicht.«
Dies scheint lediglich zu besagen, daß ein Selbstmörder den

anderen anspornt, ähnlich wie der erste Athlet, der einen Schnelligkeitsrekord bricht, es für die folgenden leichter macht, die gleiche Leistung zu vollbringen. Doch war dies seit jeher das anerkannte Syndrom der seltsamen, gelegentlichen Selbstmordepidemien: wie die der Frauen von Milet, die, nach Plutarch, danach drängten, sich aufzuhängen, bis einer der Ältesten der Stadt vorschlug, ihren Leichnamen Schimpf anzutun, indem man sie über den Marktplatz trüge – worauf die Eitelkeit, wenn nicht die Gesundheit, den Sieg errang. Die Epidemie der fünfzehn Kriegsveteranen im Pariser Hopital des Invalides, die sich 1772 alle am selben Haken erhängten, fand ein Ende, als der Haken entfernt wurde. Tausende russischer Bauern verbrannten sich im siebzehnten Jahrhundert bei lebendigem Leib im Glauben, der Antichrist sei im Kommen. Hunderte von Japanern stürzten sich seit dem Jahr 1933 in den Krater des Mihara-Jama, bis zwei Jahre später der Zugang zum Berg gesperrt wurde. Viele Einwohner Chicagos sprangen von der ›Selbstmörderbrücke‹, bis die Stadtväter in ihrer Verzweiflung das Ding schließlich schleifen ließen. In jedem dieser Fälle genügte ein einziges dramatisches Beispiel, um eine wahnwitzige Kettenreaktion auszulösen.

Der Begriff vom ›Trend zum Tod‹ scheint jedoch außerdem etwas Subtileres und weniger Absonderliches auszudrücken. Nach Ansicht Freuds ist der Zustand der Trauer, die ›Trauerarbeit‹ abgeschlossen, wenn das, aus welchem Grund auch immer verlorene, Objekt im Ich des Trauernden gewissermaßen wieder zum Leben erweckt worden ist. Wenn der Verlust jedoch in einem besonders verwundbaren Alter eintritt, wird der langsame Prozeß der Introjektion nicht nur schwieriger, sondern auch gefahrvoller. Jedes Kind, das einen Elternteil oder einen ebenso leidenschaftlich und hilflos geliebten Menschen verliert, muß, so gut es kann, mit einem Aufruhr von Schuldgefühlen, Zorn und Empörung über seine Verlassenheit fertig werden; da es in seiner Unkenntnis diese Tatsache nicht begreift, ist sein natürlicher Kummer doppelt so schmerzlich. Um sich von dieser offenbar grundlosen und unberechtigten Feindseligkeit zu befreien, überträgt es sie auf die Person des Verlorenen. Infolgedessen ist es möglich, daß die in der Phantasie vorweggenommene, schließlich vollzogene Identifizierung durch allerlei nicht zu bewältigende Greuel belastet ist. Danach trägt das Kind in einem verschlossenen Schubfach der Psyche versteckt das mörderische tote Ding mit sich umher, einen unversöhnten, unver-

söhnlichen ›Doppelgänger‹, der Gehör verlangt und in jeder Krise wieder auftaucht.
Vielleicht tritt der ›Trend zum Tod‹ später im Leben auf als die merkwürdige Unzulänglichkeit vieler Selbstmörder und ihre Unempfänglichkeit für Trost. Wie bei Schlafwandlern oder solchen, die man in früheren Zeiten für vom Teufel Besessene hielt, ist ihr Bewußtsein anderswo. Ihre Bewegungen werden von einem dunklen, unbekannten Zentrum aus gesteuert. Es ist, als wäre es ihr echtes ureigenes Ziel, eine unangemessene Entschuldigung für ihr Vorhaben zu finden. So einleuchtend auch die unmittelbaren Ursachen, eingebildeten Vergeltungen und blinden Provokationen ihres Selbstmords scheinen mögen, die Handlung, gleichgültig, ob sie gelingt oder nicht, ist im Grunde ein versuchter Exorzismus.
Es hat übrigens offenbar mehrere Schriftsteller gegeben, bei denen der ›Trend zum Tod‹ wirksam wurde. Der Vater Thomas Chattertons – des ersten und berühmtesten Selbstmörders unter Englands Dichtern[29] – starb vor der Geburt seines Sohnes. Die Dichter unserer Zeit Hemingway, Majakowskij, Pavese und Plath verloren ihre Väter im Kindesalter. Hemingways Vater erschoß sich wie später sein Sohn. Auch der Vater John Berrymans erschoß sich, und das Hauptthema der Werke aus Berrymans Reifezeit ist die Trauer.
Die psychoanalytische Theorie bietet also keine einfache Erklärung der Selbstmordmechanismen. Im Gegenteil, je mehr die Theorie den Tatsachen eines Falles auf den Grund kommt, desto komplexer wird sie und desto unerklärlicher erscheint die Handlung. Bestenfalls vermag sie die tiefe Unklarheit auch der scheinbar eindeutigsten Motive zu erhellen: Wenn Sylvia Plath beispielsweise schreibt:

... Nun, Papi, mit uns ist es endgültig aus.
Das schwarze Telefon, das riß ich heraus,
Daß die Stimme auf ewig jetzt ruht.[30]

meint sie meiner Meinung nach mehr als die totale Einsamkeit, welche die Vorbedingung für jede suizidale Depression ist. Ich glaube, daß die Stimmen nicht einfach die von Außenstehenden sind, die man in irgendeinem Londoner Telefonbuch findet; es sind wohl auch die inneren Stimmen jenes Teils ihrer selbst, die sie liebten und sie unterstützten. Aber sie haben sich abgespalten und sprechen nun aus der Ferne, sie sind unverständlich geworden.

Der Begriff der Spaltung ist vielleicht von Nutzen beim Versuch, die sonderbare Zähigkeit zu erklären, mit der manche Menschen die phantastischsten, gegen sich selbst gerichteten Mordanschläge überleben. Eine junge Frau zum Beispiel wünschte so sehr zu sterben, daß sie fünfzig Barbiturate einnahm. Als sie endlich, in tiefem Koma liegend, gefunden und eiligst ins Krankhaus befördert worden war, sprach sie auf keinerlei Behandlung an. Schließlich gaben die Ärzte sie auf. Ihr Herz aber schlug weiter. In einer Phase ihrer Bewußtlosigkeit hatte sie eine seltsame räumliche Vision: sie sah, gleichsam von einer anderen Ebene aus, auf ihren Mann herab. Er schien ihr ganz nahe zu sein, dennoch war die Kluft zwischen ihnen unüberbrückbar, so als lebten sie in verschiedenen Dimensionen. Während sie ihn beobachtete, empfand sie den plötzlichen, starken Drang – scharf und zäh wie ein körperlicher Krampf –, ihm die Hand entgegenzustrecken und ihm zu erklären, warum sie dies getan hatte. Aber es war unmöglich. So laut sie auch rief, er konnte oder wollte sie nicht hören. Sie entschied deshalb, schwer und ungern, daß sie wieder zu ihm hinabgehen müsse. Das war alles von der Episode, woran sie sich erinnerte. Sie war vier Tage lang bewußtlos, wurde aber wieder gesund. In ihrem Bewußtsein blieb nur Enttäuschung zurück, denn weder ihr Leben noch ihre Einstellung gegenüber ihrem Leben schienen sich entscheidend verändert zu haben. Doch irgendwo unter der Verzweiflung behauptete sich ein abgespaltener Teil ihres Ichs leidenschaftlich und beharrlich, wollte leben, weigerte sich aufzugeben.

Die ständige Unreinheit der Motive, der Konflikt zwischen gegensätzlichen Kräften der Psyche wurde zu Freuds Hauptthema in der zweiten Hälfte seiner wissenschaftlichen Laufbahn. Ich erwähnte bereits, daß er aus seiner Abhandlung über *»Trauer und Melancholie«* allmählich zwei Themen entwickelte. Das erste betraf eine differenziertere Darstellung der Psyche. Das zweite wurde später als ›Todestrieb‹ bezeichnet. Wie bei vielen Freudschen Theorien ist der erste Hinweis eine Äußerung kluger, welterfahrener Einsicht in das menschliche Verhalten:

»Endlich muß uns auffallen, daß der Melancholiker sich doch nicht ganz so benimmt, wie ein normalerweise von Reue und Selbstvorwurf Zerknirschter. Es fehlt das Schämen vor anderen, welches diesen letzteren Zustand vor allem charakterisieren würde, oder es tritt wenigstens nicht auffällig hervor. Man könnte am Melancholiker beinahe den gegenteiligen Zug einer aufdringlichen Mitteilsamkeit hervorheben, die an der eigenen Bloßstellung eine Befriedigung findet.«[31]

Der Schmerz der Melancholie vermag selbst eine Quelle der Lust zu werden. Mit dieser Einsicht näherte Freud sich dem, was er später »das ökonomische Problem des Masochismus« nannte, eines Zugs, der nicht, wie er früher vermutet hatte, ein Sekundärphänomen des Sadismus, sondern ein primärer Impuls war. Es gab jedoch noch andere, zwingendere Beweise für seine Thesen. In einfachen Worten ausgedrückt basiert *»Die Traumdeutung«*, sein bedeutendes Frühwerk, auf der Annahme, alle Träume seien wunscherfüllend; auf ihren verschlungenen, verschiedenartigen Wegen befriedigten sie instinktive erotische Triebe. So erklärt sich seine Theorie der Libido als des allgegenwärtigen Lust- und Selbsterhaltungsprinzips, das unterschwellig selbst die unwahrscheinlichsten, verworrensten Phantasien durchzieht. Seine spätere Untersuchung der ›Wiederholungszwänge‹, die er in einigen Formen kindlicher Spiele und noch stärker in den Alpträumen von unter Kriegsneurosen leidenden Soldaten feststellte, standen in direktem Widerspruch zu diesen Annahmen. In beiden Fällen schienen Träume und Phantasien den Patienten zu zwingen, mit der ganzen sie begleitenden Angst, ohne irgendwelche dem Traum sonst eigenen Entstellungen und Verdrängungen, die Situation erneut zu erleiden, in der seine Schwierigkeiten begonnen hatten, wie die schlafwandelnde Lady Macbeth zwanghaft immer wieder zur Stätte ihres Verbrechens zurückkehrt. In bestimmten Neurosenformen war eine Kraft am Werk, die das Gegenteil jeglichen Lustprinzips darstellte. Es wurden keine Wünsche erfüllt, keine noch so abartigen Befriedigungen erreicht. Vielmehr war der Zweck des Wiederholungszwangs die Bemühung, das übermächtige Unlustprinzip, den Todestrieb zu bändigen. Durch zwanghafte Wiederholung versuchte, nach Freuds Überzeugung, der Leidende das Trauma zu meistern. Der Ertrinkende, der sein ganzes Leben in Sekunden vor sich aufblitzen sieht, erlebe etwas Ähnliches, da sein Unbewußtes »sich den Kopf zermartere, um eine Lösung der schrecklichen Krise zu erreichen«.

Aus diesen verschiedenen Fäden wob Freud seine Theorie des Todestriebs, einer nicht-erotischen ›primären Aggression‹, die mit Beginn des Lebens vorhanden und so konstant wirksam ist, daß sie imstande ist, Verbindungen aufzulösen, zu zerstören, das Lebende in einen nichtigen, aber friedlichen, unorganischen Zustand zurückzuführen. Auf ähnliche Weise sucht Eros das

Lustprinzip unaufhörlich zu vereinen, zu erneuern, zu erhalten und zu erregen. Der Todestrieb ist ein *Basso continuo*, dem alle bewegten Verflechtungen der Begierde entgegenwirken.

Über allem, der Wunsch allein zu sein:
Obgleich der Himmel vor Einladungskarten dunkel wird,
Obgleich wir die gedruckten Sex-Anweisungen befolgen,
Obgleich die Familie unter der Fahnenstange fotografiert wird –

Über all dem, der Wunsch allein zu sein.

Unter allem strömt Verlangen nach Vergessen:
Trotz der künstlichen Spannungen des Kalenders,
Der Lebensversicherung, der tabellarisch verzeichneten Fruchtbarkeitsriten,
Der kostspieligen Abwendungen der Augen vom Tod –
Unter all dem strömt Verlangen nach Vergessen.[32]

Die Zeilen stammen von Philip Larkin, einem Dichter, dessen unerschöpfliches Thema es ist, nicht den Versuchungen des Lustprinzips zu erliegen, die Wirrungen und Forderungen und Tumulte des Lebens zu meiden, um, wenn nötig, unter Entbehrungen und Qualen, eine gewisse erhabene Unverwundbarkeit zu erlangen.

Was den Selbstmord anbetrifft, glaubte Freud, der Todestrieb gewinne in der Melancholie als einer Krankheit des Über-Ichs die Oberhand. Je heftiger die Krankheit wüte, desto selbstmordgefährdeter werde der Patient:

»Wenden wir uns zunächst zur Melancholie, so finden wir, daß das überstarke Über-Ich, welches das Bewußtsein an sich gerissen hat, gegen das Ich mit schonungsloser Heftigkeit wütet, als ob es sich des ganzen im Individuum verfügbaren Sadismus bemächtigt hätte. Nach unserer Auffassung des Sadismus würden wir sagen, die destruktive Komponente habe sich im Über-Ich abgelagert und gegen das Ich gewendet. Was nun im Über-Ich herrscht, ist wie eine Reinkultur des Todestriebes, und wirklich gelingt es diesem oft genug, das Ich in den Tod zu treiben . . .«[33]

Je fragiler das Ich aus irgendwelchen verwickelten historischen Gründen, desto hilfloser ist es dem Wüten des Über-Ichs ausgeliefert: »Die Todesangst der Melancholie läßt nur die eine Erklärung zu, daß das Ich sich aufgibt, weil es sich vom Über-Ich

gehaßt und verfolgt anstatt geliebt fühlt. Leben ist also für das Ich gleichbedeutend mit Geliebtwerden, vom Über-Ich geliebt zu werden ...«[34]
Melanie Kleins Schüler, die im Gegensatz zu vielen psychoanalytischen Schulen den Todestrieb als einen grundlegenden klinischen Begriff akzeptieren, interpretieren ihn mit geringerer struktureller Genauigkeit. Für sie gewinnt das Kleinkind seinen ursprünglichen Begriff vom Tod in jenen Perioden, da seine Abwehrmaßnahmen gegen das ›Schlechte‹ versagen und es sich vom eigenen zerstörerischen Zorn und Schmerz überwältigt fühlt. So empfindet es seine innere Welt als fragmentarisch, mörderisch und trostlos. Seine Vorstellung vom Leben als etwas Positivem, Erfreulichem und Wünschbarem dagegen entsteht, wenn dieses unerträgliche Chaos einem inneren Gefühl der Integration Platz macht, dem Gefühl, eine ganze tragende und getragene Welt zu beherbergen. Der erstgenannte Zustand gleicht dem Bild eines vor Hunger und Ohnmacht schreienden Kindes, der zweite dem eines friedlich saugenden Babys. Im Erwachsenen bleiben Spuren dieser ersten Erfahrungen erhalten; sie liegen in der Tiefe begraben wie Reste einer prähistorischen Siedlung unter einer modernen Stadt, kommen aber ans Licht empor, wenn der kunstvolle Überbau durch eine psychische Explosion in Trümmer fällt. Daher ist es ein Ziel der analytischen Behandlung, wenn ich sie richtig verstehe, dem Patienten zu helfen, mit der ständig in ihm wirkenden Zerstörungssucht – dem Todestrieb – fertig zu werden.
Die wissenschaftlichen Einzelheiten der Freudschen Lehre und die Auseinandersetzungen zwischen Freudianern und Kleinianern darzulegen, ist weder meines Amtes, noch bin ich dazu befähigt, darüber zu diskutieren. Wichtig sind die Folgerungen für den Tenor der Freudschen Auffassung von der menschlichen Person. Seine Lehre vom Todestrieb skizzierte er in *»Jenseits des Lustprinzips«*[35], einer Abhandlung, die er 1919 begann und 1920 beendete. Die Daten sind wichtig. Jenseits aller klinischen Beispiele und der mittlerweile aufgegebenen biologischen Theorien gab es Beweise weitreichenderer und offensichtlicherer Art: Die ungeheuren und sinnlosen Zerstörungen des Ersten Weltkriegs, auf den Freud, der sich später als Pazifist bezeichnete, mit Abscheu und Verzweiflung reagierte. Der Todestrieb war darum vielleicht nicht nur eine Frage ›primärer Aggression‹; er erforderte außerdem den ›primären Pessimismus‹ eines höchst kultivierten Mannes, der entsetzter Zuschauer gewesen war, als

die ganze Zivilisation, an die er so leidenschaftlich geglaubt hatte, zerfiel.
Viel später, im Jahre 1937, als der Krebs bereits wie der leibhaftige Todestrieb in ihm wütete, schrieb Freud einen Aufsatz »*Die endliche und die unendliche Analyse*«[36], in dem er die Wirksamkeit der therapeutischen Methode, deren Entwicklung er sein Leben gewidmet hatte, in Frage stellte. Er gab dem Todestrieb zum Teil die Schuld an der Zähigkeit, mit der der Patient an seiner Krankheit hängt, und am Widerstreben, mit dem er die Heilungs- und Gesundungsmöglichkeiten annimmt. Diese angeborene destruktive Kraft schien das theoretische Gebäude zu unterminieren, auf dem sein ganzes Frühwerk gründete, ja, sie ließ Zweifel aufkommen an seinem ganzen Lebenswerk. Vielleicht wird der Todestrieb von den ›klassischen‹ Freudianern deshalb noch immer nicht akzeptiert. Dagegen gilt er als theoretischer Eckstein für die Kleinianer mit ihrer komplexeren Ansicht von der Psyche und ihren Mechanismen; sie betonen ständig das Wirken des Todestriebes im Neid und in der Zerstörungswut; und, sie meinen im übrigen, daß eine Analyse, die, wenn auch nicht buchstäblich unendlich, so doch außerordentlich langwährend ist, im Bereich des Möglichen liegt. Freuds ruhelosem, skeptischem Geist schien eine Disziplin, die in der etablierten Wiener Gesellschaft um die Jahrhundertwende mit der Behandlung schrulliger, fast liebenswerter Hysterikerinnen begonnen hatte, im Jahr 1937 nicht mehr angemessen zu sein. Die Zivilisation war bereits von einem Weltkrieg gespalten, sie rüstete sich zu einem zweiten und hatte eine massive Wirtschaftskrise und den Aufstieg des Nationalsozialismus durchgemacht. Unter diesen Umständen schien jeglicher Gedanke der Vervollkommnungsmöglichkeit des Menschen – durch die Psychoanalyse oder sonst ein Mittel – völlig abwegig. Eine härtere, tragischere Antwort war notwendig.
Seither hat die Lehre von dem unaufhörlich Zerrüttung und Zerstörung bewirkenden Todestrieb als eine Art historisches Gleichnis beträchtlich an Macht gewonnen. Fast sechzig Jahre des Völkermordes und des ununterbrochenen Kriegs zwischen Großmächten, die, wie Freuds krankhaftes Über-Ich, immer grausamer, repressiver und totalitärer geworden sind, haben die veränderten Ich-Befriedigungen der Zivilisation äußerst fragil erscheinen lassen. Die Antwort der Künste bestand darin, das Lustprinzip auf seine archaischsten Formen – die manischen, nackten, außerkulturellen – zu beschränken. Die neue Strategie

des ästhetischen Intellektualismus heißt Primitivismus; aus jedem Radioapparat tönen Stammesrhythmen; auf der Bühne werden Fruchtbarkeitsriten zelebriert; im Wohnzimmer übt man wirkliche oder durch das Fernsehen übertragene Goldküstensitten: konkrete Poeten, deren Grunzen und Quieken sich der Sprache und jeglichem Ausdruck entziehen; Avantgarde-Musiker, welche die Möglichkeiten der Zufallsgeräusche erforschen; Maler, die dem industriellen Abfall Ewigkeitswert verleihen; radikale Politiker, die sich bei ihren Auftritten die Spaßmacher der römischen Saturnalien zum Vorbild nehmen, und eine Jugendpflege, die sich dem graduellen, chronischen Selbstmord durch Rauschgiftsucht widmet. In dem Maße, in dem das Lustprinzip an Annehmlichkeit verliert und manische Züge bekommt, scheint der Todestrieb mächtiger und allgegenwärtiger zu werden; jede Perspektive schließt mit der Möglichkeit des internationalen Selbstmords durch Atomkrieg. Es ist, als habe ›das Unbehagen in der Kultur‹ selbst nun den Punkt extremer suizidaler Melancholie erreicht, den Freud so überzeugend beschreibt: »Was nun im Über-Ich herrscht, ist wie eine Reinkultur des Todestriebes, und wirklich gelingt es diesem oft genug, das Ich in den Tod zu treiben, wenn das Ich sich nicht vorher durch den Umschlag in Manie seines Tyrannen erwehrt.«[37] Auch Shakespeare beschreibt den gleichen Vorgang, wenngleich mit weniger wissenschaftlichen Worten:

Wie Überfüllung strenge Fasten zeugt,
So wird die Freiheit, ohne Maß gebraucht,
In Zwang verkehrt; des Menschen Hang verfolgt –
Wie Ratten gierig selbst ihr Gift sich rauben –
Die durstge Sünd', und tödlich wird der Trank!

In der Sprache des einen wie des anderen ist die Aussicht trübe. Theodor Adorno schreibt einmal, man könne sich vor unserer Welt gar nicht genug fürchten.

Hört auf das Weinen des neugeborenen Kindes in der Stunde der Geburt – seht die Todeskämpfe in der letzten Stunde – und dann sagt, ob das, was auf diese Weise anfängt und endet, als Vergnügen gedacht sein kann.
Wahr genug, wir Menschen tun alles, um so schnell wie möglich von diesen beiden Punkten fortzukommen, eilen so sehr wir können, um das Geburtsweinen zu vergessen und es in Freude zu verwandeln darüber, daß einem Wesen das Leben gegeben wurde. Und wenn jemand stirbt, sagen wir sogleich: sanft und friedlich ist er verschieden, der Tod ist ein Schlaf, ein stiller Schlaf – sagen es nicht dem Gestorbenen zuliebe, denn unser Reden kann ihm nicht helfen, sondern uns selbst zuliebe, um nichts vom Lebenshunger zu verlieren, um alles derart zu verändern, daß es der Stärkung des Lebenshungers in der Zeit zwischen dem Geburtsweinen und dem Todeswimmern dient, zwischen dem Schreien der Mutter und des Kindes Wiederholung dieses Schreiens, wenn das Kind irgendwann stirbt.
Stellt euch vor, es gebe irgendwo eine große und glänzende Halle, wo alles getan würde, um Freude und Lustbarkeit zu erwecken – der Eingang zu diesem Raum aber sei eine schmutzige, schlammige, widerwärtige Treppe, und es sei unmöglich hineinzugelangen, ohne sich ekelhaft zu besudeln, und Einlaß zahlte man, indem man sich für ehrlose Zwecke hingäbe, und wenn der Tag graue, sei die Lustbarkeit vorüber und ende damit, daß man wieder hinausgeworfen werde – doch die ganze Nacht hindurch geschehe alles, um Festlichkeit und Vergnügen zu entfachen und zu unterhalten!
Worin besteht Reflektion? Lediglich im Reflektieren über die beiden Fragen: wie bin ich in dieses und jenes hineingelangt, und wie gelange ich wieder hinaus, wie endet es? Und was heißt Gedankenlosigkeit? Jegliches Aufbieten, um alles über Eintritt und Abgang im Vergessen zu ertränken, jegliches Aufbieten, um Eintritt und Abgang neu zu erklären, wegzuerklären, einfach verloren sein an die Zeit zwischen dem Geburtsschrei und der Wiederholung dieses Schreis, wenn derjenige, der geboren wurde, im Todeskampf verscheidet.

SÖREN KIERKEGAARD

Stimmungen

Die psychoanalytischen Selbstmordtheorien beweisen vielleicht nur, was ohnehin auf der Hand liegt; daß die Prozesse, die einen Menschen dazu bewegen, sich das Leben zu nehmen, mindestens ebenso vielfältig und kompliziert sind wie die, mit deren Hilfe er weiterlebt. Die Theorien tragen dazu bei, die verwickelten Motive zu entwirrren und die tiefe Ambivalenz der Todesabsicht zu zeigen, sagen aber wenig darüber aus, was es bedeutet, ›suizidal‹ zu sein, und wie man sich dabei fühlt.
Zunächst gilt im wesentlichen: Selbstmord ist eine Welt für sich, beherrscht von ihrer eigenen unwiderstehlichen Logik. Dies heißt nicht, daß die Menschen, wie einst die Anhänger der Stoa, den Selbstmord gelassen und mit Überlegung begehen als einen Akt vernünftiger Wahl zwischen zwei vernünftigen Alternativen. Möglich, daß die Römer sich dazu erzogen hatten, diese kaltblütige Logik hinzunehmen; diejenigen aber, die in der Geschichte der Neuzeit so handelten, waren im Grunde Ungeheuer. Und wie alle Ungeheuer sind sie schwer zu finden. 1735 vollendete John Robeck, ein schwedischer Philosoph, eine lange stoische Verteidigungsschrift des Selbstmords als einer gerechten, billigen und erstrebenswerten Handlung; darauf setzte er seine Prinzipien sorgsam in die Praxis um, indem er sein Vermögen verschenkte und sich selbst in der Weser ertränkte. Sein Tod war die Sensation des Tages. Er veranlaßte Voltaire zu jenem Kommentar, den er einer Person im »*Candide*« in den Mund legt: »Ich habe eine erstaunliche Zahl von Leuten gesehen, die ihr Dasein verabscheuen, aber ich habe nur ein Dutzend gesehen, die ihrem Elend freiwillig ein Ende machten, drei Neger, vier Engländer, vier Genfer und einen deutschen Professor namens Robeck.« Selbst für Voltaire, den Rationalisten von hohen Graden, war der vernunftdiktierte Selbstmord etwas Erstaunliches und leicht Groteskes wie etwa ein Komet oder ein Schaf mit zwei Köpfen.
Die Logik des Selbstmordes ist also nicht rational im alten stoischen Sinn. Dies wäre kaum denkbar, zumal selbst unter den Philosophen heute fast keiner mehr annimmt, die Vernunft sei fehlerlos und richtig, und die Motive seien eindeutig. »Die

sein und spielte im Garten mit den kleinen Kindern des Ehepaars, die er schon immer gern gehabt hatte. Dann fuhr er zu den Felsen hinüber, die zwischen sechzig und hundert Meter hoch sind und senkrecht abfallen, und stürzte sich hinab. Leistungssportler bis zuletzt, behielt er im Fallen eine makellose Tauchhaltung bei.

Ohne die wilde Dramatik der Psychose, alltäglicher, aber auch gravierender, ist eine Art des Selbstmords, die man einfach als extreme Form der Selbstverwundung verstehen kann. Die Psychoanalytiker behaupten, ein Mensch vernichte sich möglicherweise nicht, weil er sterben wolle, sondern weil er sich in einem einzigen Zug seines Wesens nicht ertragen könne. Ein Selbstmörder dieser Gattung ist ein Perfektionist. Die Mängel in seiner Natur reizen ihn gleich einer juckenden Stelle, an die er nicht herankann. Daher handelt er plötzlich, überstürzt, überreizt. So tötet Kirillow in Dostojewskijs *»Die Dämonen«* sich, wie er sagt, um zu zeigen, daß er Gott ist. Insgeheim aber tötet er sich, weil er weiß, daß er nicht Gott ist. Wäre sein Ehrgeiz geringer gewesen, so hätte er vielleicht nur einen Selbstmordversuch unternommen oder sich verstümmelt. Seine Sterblichkeit erscheint ihm als eine Art Lapsus, eine Verfehlung, die ihn über das erträgliche Maß verletzte. Darum drückt er schließlich den Revolver ab, um seine Sterblichkeit wie einen lumpigen Anzug abzustreifen, ohne jedoch zu berücksichtigen, daß die Kleidungsstücke in Wirklichkeit sein eigener lebenswarmer Leib sind.

Im Vergleich zu den anderen Revolutionären des Romans erscheint Kirillow vernünftig, weichherzig und rechtschaffen. Vielleicht aber bestimmt ihn seine ewige Beschäftigung mit der Gottheit und mit metaphysischer Freiheit doch für die Vorhöfe der Psychose. Und das trennt ihn von der Mehrheit jener, die Bewohner der in sich geschlossenen Welt des Selbstmords sind. Für sie gilt, daß der Akt weder überstürzt noch opernhaft ist, noch in irgendwelcher auffälligen Weise von gestörtem Gleichgewicht zeugt. Der Selbstmord ist für sie eine heimliche Berufung. Es scheint niemals eine Zeit gegeben zu haben, in der man sich nicht mit Selbstmordabsichten trug. Ebenso wie der Schriftsteller im Gefühl lebt, nie etwas anderes als Schriftsteller gewesen zu sein, auch, wenn er sich mit Beschämung seiner ersten holprigen Verse entsinnt, oder wenn er wie Joseph Conrad Jahre als Seebär verkleidet zugebracht hat, glaubt der Selbstmörder, sich heimlich immerfort auf diesen letzten Akt vorbereitet zu haben. Seine Rechtfertigungen, seine Empfindungen des *déjà vu* nehmen kein Ende. Sein Gedächtnis ist angefüllt mit langen, düsteren Kindheitsnachmittagen, mit dem Geschmack von Vergnügungen, die kein Vergnügen bereiteten, mit schmerzenden Verlusten und Mißerfolgen, und sie alle wiederholen sich unaufhörlich wie Melodiefetzen auf einer Grammophonplatte mit Kratzern.

Eine englische Romanautorin, die zwei ernsthafte Selbstmordversuche unternommen hatte, sagte mir folgendes: »Ich weiß nicht, wie stark potentielle Selbstmörder daran ›denken‹. Ich muß sagen, ich habe nie viel darüber nachgedacht. Dennoch ist der Selbstmord immer gegenwärtig. Für mich ist er eine ständige Versuchung, die nie nachläßt. Zur Zeit bin ich ganz in Ordnung. Aber ich fühle mich wie eine von der Trunksucht Geheilte: ich darf nichts trinken, denn ich weiß, sobald ich das tue, fange ich wieder damit an. Im Grunde ändert sich nichts. Es ist wie ein Muster, das mein ganzes Leben durchzieht. Ich würde gern glauben, daß erst bestimmte Spannungen und Belastungen diesen Zustand herbeigeführt haben. Aber wenn ich ehrlich bin und zurückblicke, erkenne ich, daß ›es‹ in Wirklichkeit, solange ich denken kann, in mir liegt.

Meine Eltern liebten den Tod sehr. Er war ihr Lieblingsthema. Als Kind hatte ich den Eindruck, mein Vater stürze immer wieder davon, um sich umzubringen. Alle seine Aussprüche und seine Vergleiche hatten etwas mit dem Tod zu tun. Ich erinnere mich, daß er mir einmal sagte, die Ehe sei der letzte Nagel am Sarg des Lebens. Damals war ich etwa acht Jahre alt. Aus verschiedenen Gründen betrachteten meine Eltern den Tod als die ideale Erlösung von ihren Nöten. Sie waren sehr unglücklich miteinander, und das, glaube ich, hat sich mir tief eingeprägt. Wie mein Vater habe ich immer zuviel vom Leben und von den Menschen und von den menschlichen Beziehungen erwartet – weit mehr als möglich. Wenn ich entdecke, daß es das nicht gibt, fühle ich mich zurückgewiesen. Wahrscheinlich handelt es sich überhaupt nicht um eine Zurückweisung; was ich erwarte, ist einfach nicht vorhanden. Die leere Luft weist uns nicht ab, sie sagt nur: ›ich bin leer‹. Dennoch sind Ablehnung und Enttäuschung zwei Dinge, die ich nie ertragen konnte.

Nachmittags zogen sich meine Mutter und mein Vater zurück, um zu schlafen, das heißt, sie zogen sich zurück, um zu sterben. Für die Dauer des Nachmittags starben sie wirklich. Mein Vater war Pfarrer. Er hatte nichts zu tun, er hatte keine Arbeit. Ich beginne jetzt zu begreifen, wie das für ihn war. Wenn ich nicht arbeite, bin ich imstande, den größten Teil des Vormittags zu verschlafen. Dann fange ich an, tagsüber Schlaftabletten zu nehmen, um benommen zu bleiben und jederzeit schlafen zu können. Tagsüber Schlaftabletten einnehmen, um zu schlafen, und Schlaftabletten einnehmen, um zu sterben, da ist kein großer Unterschied. Das erste ist nur ein wenig pragmatischer und feiger: Man nimmt nur zwei statt zweihundert. Aber während jener Nachmittage damals war ich voller Leben. Wir wohnten in einem sehr großen Haus, doch ich durfte kein Geräusch machen. Ich durfte nicht einmal die Spülvorrichtung ziehen, damit keiner der beiden aufwachte. Ich fühlte mich schrecklich ausgestoßen. Ihre Tür war abgeschlossen, sie waren völlig unzugänglich. Gleichgültig, in welcher Krise ich mich befand, ich litt darunter, daß ich nicht zu ihnen gehen und sagen konnte: ›Hallo, wacht auf, hört mich an.‹ Und lange Zeit verliefen die Nachmittage so. Im Krieg kehrte ich zurück und wohnte wieder bei den Eltern. Es war immer noch genauso. Wenn ich mich jemals ins Jenseits befördere, dann bestimmt am Nachmittag. Tatsächlich habe ich meinen ersten Versuch an einem Nachmittag unternommen, den zweiten nach einem gräßlichen Nachmittag. Es war ein auf dem Land verbrachter Nachmittag. Ich hasse das Land aus denselben Gründen, aus denen ich Nachmittage hasse. Der Grund ist einfach: Wenn ich allein bin, höre ich auf zu glauben, daß ich existiere.«

Obwohl die Sprecherin sich bereits in den mittleren Jahren eines erfolgreichen Lebens befindet, lebt das verwundete und verstoßene Kind, das sie einst war, stark in ihr weiter. Vielleicht ist dies der Faktor, der die Selbstmordwelt so unentrinnbar macht: wie bei jenem Fischerkönig heilen die Wunden der Vergangenheit nie aus – das Ich ist zu verletzlich, würden die Analytiker sagen –, vielmehr brechen sie immer wieder von neuem auf, um die veränderten Freuden und Anerkennungen der Gegenwart zu entwerten. Das Leben des Selbstmörders ist in ungewöhnlichem Maß unversöhnlich. Nichts, was ihm durch eigene Anstrengungen gelingt oder was das Glück ihm beschert, söhnt ihn mit der qualvollen Vergangenheit aus.

Am 16. August 1950, zehn Tage bevor er Schlaftabletten nahm, schrieb Pavese in sein Notizbuch: »Heute sehe ich klar, daß ich von meinem 28. Jahr bis heute immer unter diesem Schatten gelebt habe.«[40] 1928 aber war Pavese bereits zwanzig Jahre alt. Nach allem, was wir von seiner trostlosen Kindheit wissen – sein Vater starb, als er sechs Jahre zählte, seine Mutter war stahlhart, schroff und streng –, hat der Schatten wahrscheinlich bereits viel früher über ihm gelegen; als Zwanzigjähriger hat er ihn einfach erst als solchen erkannt. Im Alter von dreißig hat er nüchtern und ohne Selbstmitleid, als handle es sich um eine praktische Einzelheit, die ihm gerade aufgefallen war, notiert: »Jeden Luxus muß man bezahlen. Alles ist Luxus; angefangen damit, daß man auf der Welt ist.«[41]

Ein Selbstmörder dieser Gattung wird als Selbstmörder geboren, nicht zum Selbstmörder gemacht. Wie ich weiter oben sagte: aus irgendwelcher Verknüpfung von Schuld, Verlust und Verzweiflung erwachsen ihm die Motive, wenn er noch zu jung ist, um sie zu meistern oder sie zu verstehen. Wenn er sie später objektiver erkennt, sind sie bereits in seine Sensibilität, in seine Art zu betrachten und zu leben, übergegangen. Anders als der psychotische Selbstverstümmeler, dessen Tod eine plötzliche verhängnisvolle Biegung der Lebenskurve darstellt, geht er bewußt eine Bahn, die ständig und gegen Ende steil abfällt; er ist unfähig anzuhalten und nicht bereit, es zu versuchen. Der größte Erfolg wird ihn nicht davon abbringen. Gegen Ende seines Lebens schrieb Pavese besser als je, kraftvoller, fruchtbarer, leichter. Im Jahr vor seinem Tod brachte er zwei seiner besten Romane heraus; beide schrieb er in weniger als zwei Monaten nieder. Einen Monat, bevor er aus dem Leben schied, erhielt er den Strega-Preis, die höchste, italienischen Schriftstellern verliehene Ehrung. »Ich bin nie so lebendig gewesen wie jetzt«, schrieb er, »nie so sehr Jüngling.«[42] Wenige Tage darauf war er tot. Vielleicht machte gerade das Wohlgefühl seiner schöpferischen Kraft ihm die angeborene Depression noch schwerer erträglich. Es ist, als hätten Kräfte und Belohnungen zu einem Teil seines inneren Wesens gehört, dem er sich unwiderruflich entfremdet fühlte.

Charakteristisch für diesen Typus des Selbstmörders ist auch, daß seine Anschauungen ihm nicht helfen. Pavese bezeichnete sich als Kommunisten; seine politischen Überzeugungen finden weder in seiner Dichtung noch in seinen privaten Aufzeichnungen ihren Niederschlag. Vermutlich waren sie lediglich eine Geste der Solidarität mit denen, die er liebte, und ein Zeichen der Abneigung gegen die, die er nicht schätzte. Er war Kommunist, nicht aus bestimmter Überzeugung, sondern weil die Faschisten ihn eingesperrt hatten. Praktisch war er wie nahezu jedermann in der damaligen Zeit: skeptisch, sachlich, hin- und hergetrieben, da weder die Religion der Kirche noch die Partei ihm einen Halt

hen. Vielleicht verstand dies Freud unter den ›narzißtischen Befriedigungen‹, die das Ich daraus bezieht, daß es lebt. Meist scheinen sie zu genügen. Und jedenfalls sind sie alles, was wir jemals besitzen oder erwarten dürfen.
Doch auch solche ›Befriedigungen‹ sind unter Umständen sehr fragil. Eine Schwerpunktverlagerung in unserem Leben, ein plötzlicher Verlust oder eine plötzliche Trennung, eine einzige unwiderrufliche Handlung können genug sein, und der ganze Prozeß wird unerträglich. Vielleicht soll das mit der Wendung ›Selbstmord im Zustand gestörten seelischen Gleichgewichts‹ umschrieben werden. Natürlich ist sie eine juristische Formel und dient dazu, den Toten vor gesetzlichen Folgen zu schützen, die Gefühle seiner Angehörigen zu schonen und ihnen die Versicherungsleistungen zu gewährleisten. Doch sie enthält auch eine gewisse existentielle Wahrheit: ohne Glaubenssicherungen kann das Gleichgewicht zwischen Leben und Tod gefährlich schwach sein.
Stellen wir uns einen Kletterer auf dem winzigen Absatz eines steilen Felsens vor. Der winzige Standplatz, der steile Winkel, alle Begleitumstände seiner Position tragen zu seiner Freude bei, vorausgesetzt, er hat sich völlig in der Gewalt. Er ist ein Mensch, der mit seinem Körper Schach spielt; er vermag die Züge weit genug vorauszuberechnen, so daß seine physische Ökonomie – das Verhältnis zwischen den zu leistenden Anstrengungen und seinen Kraftreserven – nie völlig durchbrochen wird. Je schwieriger die Lage und je größer die an ihn gestellten Anforderungen, desto angenehmer ist seine Erleichterung nach der Anspannung. Die Aussicht auf Gefahr dient nur dazu, seine Aufmerksamkeit und Selbstbeherrschung zu schärfen. Und vielleicht ist dies das Grundprinzip aller riskanten Sportarten: den Einsatz an Mühe und Konzentration bewußt zu erhöhen, um den Geist von allem Trivialen zu befreien. Ein schmalspuriges Lebensideal, doch mit einem Unterschied: anders als in unserem Routineleben, aus dem die Fehler gewöhnlich wieder herausgeschnitten werden können und das mit irgendwelchen Kompromissen geflickt wird, sind unsere Handlungen, wenn auch nur kurze Zeit, von tödlichem Ernst.
Ich glaube, es gibt Menschen, die sich töten, um zu einer Ruhe und Selbstbeherrschung zu gelangen, die sie im Leben niemals finden. Antonin Artaud, der den größten Teil seines Lebens in Irrenhäusern zubrachte, schreibt einmal:
»Falls ich Selbstmord begehe, so nicht, um mich zu vernichten,

sondern um mich wieder zusammenzufügen. Selbstmord wird für mich nur ein Mittel sein, mich gewaltsam zurückzuerobern, in mein Dasein brutal einzufallen, unvoraussagbare Annäherung an Gott vorwegzunehmen. Durch Selbstmord fügte ich mich der Natur wieder ein, zum erstenmal werde ich Dinge nach meinem Willen gestalten. Ich befreie mich von den bedingten Reflexen meiner Organe, die meinem inneren Selbst so schlecht angepaßt sind, und Leben ist für mich nicht länger mehr ein absurder Zufall, durch den ich denke, was mir zu denken befohlen wird. Sondern nun wähle ich mein Denken und die Richtung meiner Begabungen, meiner Bestrebungen, meiner Wirklichkeit. Ich stelle mich zwischen das Schöne und das Abscheuliche, das Gute und das Böse. Ich halte mich in der Schwebe, ich bin ohne angeborenen Hang, neutral, im Zustand des Gleichgewichts zwischen guten und bösen Angeboten.«[45]

Es gibt, glaube ich, eine ganze Klasse von Selbstmördern, die, obgleich sehr viel weniger begabt als Artaud und weniger außergewöhnlich in ihrer Beobachtungsgabe, sich das Leben nehmen, nicht um zu sterben, sondern um Wirrungen zu entrinnen, um den Kopf zu klären. Sie benutzen den Selbstmord bewußt dazu, sich ungehinderte Freiheit zu schaffen oder um die Zwänge und Zwangsvorstellungen zu durchbrechen, die sie ihrem Leben unabsichtlich auferlegten.

Das berühmteste Beispiel vielleicht ist das des angesehenen Gelehrten, der jahrelang an der letzten Ausgabe eines dunklen und schwermütigen amerikanischen Romanciers gearbeitet hatte. Möglich, daß die lange, zermürbende Schinderei und Detailgenauigkeit ihm schließlich den Rest gaben. Hinzu kam die noch tiefere Finsternis der McCarthy-Methoden und vage Hinweise auf einen privaten Skandal. Doch das ist nebensächlich. Eines Nachmittags brachte er schließlich alle seine Papiere in Ordnung, bezahlte alle Rechnungen bis auf den letzten Pfennig, schrieb allen seinen Freunden Abschiedsbriefe, in denen er sich entschuldigte, stellte Milch und Fleisch für seine Katze heraus, packte einen Handkoffer und schloß seine Wohnung sorgfältig ab. Auf der Straße warf er die Briefe in den Kasten – sie würden zu spät ankommen – und fuhr sodann mit dem Taxi in die Innenstadt. Er trug sich in einem schäbigen Hotel ein und nahm ein Zimmer in einem der oberen Stockwerke. Jede geringste Einzelheit hat er beachtet und die letzte Fußnote zu seinem eigenen Leben angebracht. Und dann explodierte sein ganzes streng überwachtes, genau geordnetes Universum wie eine

Granate. Er stürzte durchs Zimmer und durchbrach das Fenster, das zu öffnen er sich nicht einmal die Mühe genommen hatte. Wundenübersät sprang er in den freien Raum und zerschellte auf dem Gehsteig.

Es gibt andere, ähnlich gelagerte, aber weniger verzweifelte Fälle, Menschen, denen der bloße Gedanke an Selbstmord genügt; sie können ihre Aufgaben weiterhin tüchtig und sogar freudig erfüllen, wenn sie nur wissen, daß sie ihre sorgfältig ausgedachten Fluchtmittel stets parat haben: ein Versteck mit Schlafmitteln, einen Revolver hinten in einer Schublade – wie jene Frau in Lowells Gedicht, die jede Nacht mit am Oberschenkel befestigtem Autoschlüssel und Zehndollarbillet einschläft.

Einer anderen, vielleicht größeren Klasse von Selbstmördern dagegen ist die ›Vorstellung‹, sich das Leben zu nehmen, äußerst widerwärtig. Es sind Menschen, die alles tun, um sich zu vernichten, doch nie zugäben, daß Selbstzerstörung ihr Bestreben ist. Sie tun zwar alles, aber die letzte Verantwortung für ihre Handlungen übernehmen sie nicht. Dazu gehören viele Fälle ›chronischen Selbstmords‹ – eine Bezeichnung Karl Menningers –, Alkoholiker und Drogensüchtige, die sich langsam und stückweise töten, dabei aber stets versichern, sie unternähmen lediglich die notwendigen Schritte, um ein unerträgliches Leben erträglich zu machen. Dazu gehören auch die Tausende von unerklärlichen verhängnisvollen Unfällen – die guten Fahrer, die bei Zusammenstößen umkommen, die achtsamen Fußgänger, die überfahren werden; sie erscheinen nie in den Selbstmordstatistiken. Das Bild des Bergsteigers drängt sich wieder auf, der sich in der gleichen gnadenlosen Situation befindet. Im Bann einer Niedergeschlagenheit wird er sie vielleicht nicht einmal als solche erkennen, er könnte sterben, fast ohne sich dessen bewußt zu werden. Voller Ungeduld versäumt er es, die notwendigen Sicherungsmaßnahmen zu treffen, er klettert zu schnell und berechnet seine Bewegungen nicht weit genug voraus. Plötzlich sind die Risiken zu groß geworden. Damit es zum fatalen Unfall kommt, bedarf es nun nicht mehr eines bewußten Gedankens oder einer verzweifelten Eingebung, noch weniger einer willkürlichen Handlung. Er muß sich nur einen Augenblick lang der Dunkelheit jenseits der Schwelle überantworten. Ein geringfügiger Fehler, eine ungestüme, nicht ganz ausgewogene Bewegung, eine Fehleinschätzung, die ihn veranlaßt, den Körper übermäßig vorzubeugen, eine Haltung, die er nicht mehr verdern kann, und der Mann wird tot sein, ehe er begreift, daß er sterben wollte. »Das Opfer läßt sich handeln«, sagte Valéry, »und sein Tod entschlüpft ihm gleich einer vorschnellen Bemerkung... Er tötet sich, weil es zu leicht fällt, sich den Tod zu geben –.«[46] Das gilt, glaube ich, für die häufigen sogenannten ›impulsiven Selbstmörder‹, die im Fall ihres Überlebens behaupten, sie hätten die Handlung niemals erwogen. Erst Augenblicke vor dem Versuch sei der Beschluß gefaßt worden. Sobald sie wiederhergestellt sind, scheinen sie vor allem verlegen, beschämt über das, was sie getan haben, und nicht bereit zuzugeben, daß sie jemals selbstmordanfällig gewesen sind. Nur, indem sie die Stärke ihrer Verzweiflung leugnen, ihren unbewußten, jedoch vorsätzlichen Entschluß in einen Fehler sinnloser Übereilung verwandeln, vermögen sie ins Leben zurückzukehren. Sie wollten sterben, schienen es aber nicht ernsthaft genug zu wollen.

Ebensooft ereignet sich das Gegenteil davon: Es gibt einen Selbstmordkult, der mit dem wirklichen Tod sehr wenig zu tun hat. So war die Frühromantik des neunzehnten Jahrhunderts – eher ein Pop-Phänomen als eine ernste künstlerische Bewegung – von dem Zwillingsgestirn Chattertons und des jungen Werther beherrscht. Das Ideal wollte, daß man in Jugend und Schönheit, wenn es noch viele Wünsche gab, ›schmerzlos gen Mitternacht‹ endete. Der Selbstmord bereicherte den ohnehin tropischen Dschungel des damaligen Gefühlslebens um eine prächtige schwarze Orchidee. Es war eine zusätzliche dramatisch-melancholische Komponente. Hundert Jahre später entfaltete sich um die ›*Inconnue de la Seine*‹ ein ähnlicher Kult. Während der zwanziger und frühen dreißiger Jahre besaß auf dem ganzen Kontinent nahezu jeder Studierende von einigem Zartgefühl einen Gipsabdruck ihrer Totenmaske: ein junges, volles, sanft lächelndes Gesicht, das nicht so sehr einer Toten wie vielmehr einer friedlich Schlafenden zu gehören schien.

Mir wurde erzählt, eine Generation deutscher Mädchen habe sich ihr Aussehen zum Vorbild genommen. Diese Information verdanke ich Hans Hesse von der Universität von Sussex. Er behauptet, die ›*Inconnue*‹ sei, wie die Bardot in den fünfziger Jahren, das erotische Ideal der damaligen Epoche gewesen. Deutsche Schauspielerinnen wie etwa Elisabeth Bergner hätten sie sich zum Vorbild genommen. Greta Garbo habe sie schließlich als Paradigma abgelöst. Sie kommt in eigens dazu erfundenen Geschichten von Richard la Galienne, Jules Supervielle und

Claire Goll vor und, was sonderbar anmutet bei einem kommunistischen Autor, sie steht als Spiritus rector hinter der Heldin in *»Aurélien«*[47]. Es handelt sich um einen zweibändigen Roman, den Louis Aragon für sein Meisterwerk hielt. Insbesondere aber wurde sie durch einen süßlichen, in viele Sprachen übersetzten Bestseller *»Die Unbekannte«* von Reinhold Konrad Muschler berühmt. Er macht sie zu einem unschuldigen jungen Landmädchen, das nach Paris kommt, sich in einen stattlichen britischen Diplomaten – einen Adeligen, selbstverständlich – verliebt, mit ihm eine kurze, aber idyllische Romanze verlebt und sich, als Mylord kummervoll abreist, um seine passende aristokratische englische Verlobte zu heiraten, in der Seine ertränkt. Wie Muschlers Verkaufsziffern zeigen, traf der Autor die Art von Erklärung, die das Publikum für das rätselhafte Totenantlitz zu erhalten wünschte. Das Mädchen war jedoch tatsächlich *inconnue.* Bekannt ist lediglich, daß sie aus der Seine gezogen und auf einem Eisblock im Pariser Leichenschauhaus ausgestellt wurde, wo sie zusammen mit einigen Hundert anderen Leichen auf ihre Identifikation wartete. Es meldete sich keiner, der von ihr gewußt hätte; ihr friedliches Lächeln aber machte auf jemanden so starken Eindruck, daß er ihr die Totenmaske abnahm. Aufgrund ihrer Frisur glaubt Sacheverell Sitwell, daß der Vorfall sich bereits zu Beginn der achtziger Jahre des neunzehnten Jahrhunderts ereignet hat.

Möglicherweise hat er sich gar nicht ereignet. In einer anderen Version der Geschichte folgte jemand, der dieser Sache nachgehen wollte und in *La Morgue* keine Auskunft erhielt, ihrer Spur bis zur deutschen Quelle der Gipsabgüsse. In der Fabrik begegnete er der *Inconnue* selbst, die quicklebendig in Hamburg wohnte als Tochter des nun wohlhabenden Herstellers ihres Bildnisses.

Über den ihr gewidmeten Kult kann jedoch kein Zweifel bestehen. Er schien die Jugend zwischen den beiden Weltkriegen in ähnlicher Weise anzuziehen wie heute das Rauschgift: noch vor dem Start will man abspringen und den Kampf aufgeben in einer Welt, die hassenswert erscheint, und in einen tiefen inneren Traum abgleiten. Tod durch Ertrinken und Aufputschen des Geistes durch Drogen führen, in der Phantasie, zum gleichen Ergebnis: man fühlt sich gut, befreit und erleichtert durch eine gelungene Regression. Der Kult der *Inconnue* blühte deshalb trotz fehlender Tatsachenbeweise, vielleicht auch gerade deswegen. Ihr Totenantlitz war, wie ein Rorschach-Klecks, Gefäß für alle Gefühle, welche die Betrachter in sie hineinprojizieren wollten. Und wie bei der Sphinx und der Mona Lisa lag die Macht der *Inconnue* in ihrem subtilen, Vergessen und Frieden verheißenden Lächeln. Sie war nicht nur allen Nöten, den Verantwortungen entrückt, sondern überdies schön geblieben; sie hatte die Eigenschaft bewahrt, welche die Jungen zu verlieren fürchten – ihre Jugend. Obwohl Sitwell eine Selbstmordepidemie unter der Jugend von Evreux ihrem Einfluß zuschreibt, vermute ich, daß sie mehr Leben gerettet als vernichtet hat: Gewöhnlich genügt es zu wissen, daß man den Selbstmord ausführen kann, daß diese freie Wahl wirklich gegeben und sogar schicklich und modisch ist, um gelinde Anfechtungen in dieser Hinsicht zu beschwichtigen. Die Funktion des romantischen Selbstmordkults besteht im Endeffekt darin, die ziellos umherschweifende Melancholie in einem Brennpunkt zu sammeln; tatsächlich sterben tat fast niemand.

Der Ausdruck auf dem Gesicht der *Inconnue* deutet an, daß ihr Tod leicht und schmerzlos war. Dies sind die beiden idealen Eigenschaften, die den modernen Selbstmord von dem vergangener Zeiten unterscheiden. Robert Lowell bemerkte einmal, wenn es im Arm einen kleinen Schalterknopf gäbe, auf den man drücken müsse, um sogleich schmerzlos zu sterben, würde jeder Mensch früher oder später Selbstmord begehen. Es hat den Anschein, als ob wir uns rapide diesem fragwürdigen Ideal näherten. Der Grund dafür ist nicht schwer zu finden. Statistiken, soweit sie verläßlich sind, zeigen, daß die Arzneimitteltode in Großbritannien, Frankreich, Deutschland und Japan außerordentlich stark zugenommen haben. In einem brillanten Essay, *»Selbstvergiftung«*, schreibt Dr. Neil Kessel:

»In allen vergangenen Jahrhunderten waren Gifte und Drogen zweierlei. Als Gifte galten Substanzen, die keinesfalls eingenommen werden sollten und nicht zum Wissensgebiet der Ärzte, sondern der Zauberer gehörten. Sie hatten eher einen magischen Charakter. Es waren tatsächlich ›beim Quacksalber gekaufte Salben‹. Um die zweite Hälfte des neunzehnten Jahrhunderts ersetzte die Wissenschaft die Hexerei, Gifte wurden nun beim Chemiker und nicht beim Alchimisten erworben. Von den Drogen unterschieden sie sich aber noch immer. Mit wenigen Ausnahmen galten Drogen, obwohl sie bei übermäßiger Einnahme nachgewiesenermaßen unerwünschte Wirkungen hatten, nicht als tödliche Mittel und wurden als solche auch nicht verwendet. Die Zunahme der Selbstvergiftungen hing mit der

Dante und das Mittelalter

Im Mittelalter war Selbstmord nicht literaturfähig. Er war Todsünde, Greuel, Gegenstand absoluten moralischen Abscheus, und man schmähte und verunstaltete den Leichnam des Selbstmörders nicht nur mit aller gebührenden kirchlichen und juristischen Feierlichkeit, sondern überdies dankbaren Herzens. Jegliche Brutalität galt als gerechtfertigt, um andere abzuschrecken. Es mag sein, daß Selbstmord der mittelalterlichen Kirche aus den gleichen zweideutigen Gründen verhaßt war wie Trotzki dem stalinistischen Rußland: weil er zu mächtig, zu aufwühlend und in dem Gesellschaftsgefüge, das ihn verwarf, zu gegenwärtig war. Trotzki hatte die Rote Armee geschaffen, die Kirche war durch das ruhmreiche Heer der Märtyrer gestärkt worden. Zwangsläufig wurde eine Handlung, die einst heftig ersehnt worden war, mit der Zeit ebenso heftig gehaßt.

Gewiß stellte Dante die strenge Verurteilung des Verbrechens nie in Frage. Er bekräftigte sie vielmehr, indem er den Selbstmördern einen der düsteren Gesänge des »*Inferno*« widmete. Im siebenten Kreis, unter den in Särgen brennenden Häretikern und den im heißen Blutstrom siedenden Mördern gibt es einen dunklen weglosen Wald, wo die Seelen der Selbstmörder in Ewigkeit in der Gestalt von krummen giftigen Dornen in Bäumen wohnen. Die Harpyien mit ihren Schwingen und gefiederten Bäuchen, menschlichen Gesichtern und Krallenfüßen, nisten in den verkrüppelten Bäumen und fressen ihre Blätter. Der ganze Wald hallt von Jammerlauten wider. Als Dante verwirrt und verständnislos einen Zweig abbricht, färbt sich der Stumpf dunkel vor Blut, und er schreit: »Warum zerreißt du mich?« Ein machtvolles, drohendes Bild:

Wie grünes Holz, wenn man es angebrannt
An einem Ende, durch entfliehende Winde
Vertropft und zischt an seinem anderen Rand,

So drangen Blut und Worte aus der Rinde;
Darauf fiel mir des Zweigleins Spitze hin,
Und ich blieb stehn gleich einem bangen Kinde.[1]

Der Baum beherbergt die Seele des Piero delle Vigne, des Kanzlers und obersten Ratgebers Kaiser Friedrichs II. Sechzehn Jahre vor Dantes Geburt hatte Piero, nachdem er des Verrats beschuldigt, öffentlich entehrt, geblendet und eingekerkert worden war, sich den Kopf an den Mauern seiner Zelle zerschmettert. Er erklärt dem Dichter, daß die Seele, die sich gewaltsam von ihrem Leibe trennt, von Minos aufs Geratewohl in den schrecklichen Wald geworfen wird, wo sie wie ein Weizenkorn keimt und schließlich zum dornigen Baum heranwächst. Die Harpyien bauen ihre Nester in seinem Geäst und reißen ihm die Blätter aus, sie wiederholen unaufhörlich die Gewalt, die sich die menschliche Seele angetan hat. Und wenn am Tag des Jüngsten Gerichts Seelen und Körper sich wieder vereinigen, werden die Leiber der Selbstmörder an den Zweigen der Bäume hängen, da die göttliche Gerechtigkeit den Selbstmördern ihre Leiber, die sie mutwillig abwarfen, nicht ein zweites Mal gibt.

Die Kommentatoren haben darauf hingewiesen, daß Dantes innere Beteiligung im XIII. Gesang ungewöhnlich stark zu sein scheint. Nicht allein die düstere Kraft der Dichtung, die eine die Verzweiflung illustrierende Landschaft schafft, vermittelt diesen Eindruck. Der Dichter-Erzähler selbst geht, wie sonst nirgends, auf seine eigenen Empfindungen ein: Angst, Mitleid, Abscheu. Bei den meisten anderen Sündern in der Hölle bleibt er dagegen mehr oder weniger distanziert, manchmal zeigt er sich ingrimmig befriedigt über ihre Qualen. Die Verzweiflung der Selbstmörder dagegen geht ihm offenbar nahe, als verstehe er ihre Natur von innen heraus, so wenig er sie auch billigte.

Vielleicht schilderte er die Hölle der Selbstmörder deshalb mit dem gleichen Bild, mit dem sein großes Werk beginnt:

Als unseres Lebens Mitte ich erklommen,
Befand ich mich in einem dunklen Wald,
Da ich vom rechten Wege abgekommen.

Wie schwer ist's zu beschreiben die Gestalt
Der dichten, wilden, dornigen Waldeshallen,
Die, denk ich dran, erneu'n der Furcht Gewalt!

Kaum bittrer ist es in des Todes Krallen; . . .[2]

Besitz.

Vaterst ar keineswegs ein zufälliges Bild; der Überlieferung nach sogar zum Höllentor führende Weg im schwärzesten, undurch-Erniedi hsten Urwald. Wir wissen außerdem, daß Dante *»Die* gibt für sie keine Erlösung. Er beschließt den Gesang mit dieser Zeile, so als wolle er die geringste Spur von Mitleid für edlere und eher zu rechtfertigende Selbstmorde wegätzen, die seine Darstellung des Piero vielleicht erweckt hat. Todsünde bleibt Todsünde. Was die Kirche verurteilt, kann keine Dichtung entschuldigen.

John Donne und die Renaissance

Im Mittelalter war die Tabuisierung des Selbstmords begleitet von einer intensiven Beschäftigung mit dem Tod in all seinen schreckenerregenden Einzelheiten: mit Würmern und Verwesung, mit der Vergänglichkeit irdischen Ruhms, der Unbarmherzigkeit des Verfalls und mit Gottes grausamem, kleinlichem Urteilsspruch. Die große volkstümliche Darstellung davon mit Spielen, Malereien, kirchlichen Skulpturen und weitverbreiteten billigen und grausigen Holzschnitten war der Totentanz, in dem ein grinsendes Gerippe vierzigmal mit den verschiedenen Ständen davonwalzt. Keiner entkam ihm, gleichgültig, welchen Ranges und welchen Berufsstandes er sein mochte. Der Tod war die einzige Form von politischer Gleichheit, auf die sich das Mittelalter verstand, eine Gleichheit des Terrors:

»Ein Bild fehlte noch in der grauenerregenden Ausmalung des Sterbens: das von der Sterbestunde selbst. Das Entsetzen vor dieser Stunde konnte dem Geist nicht lebendiger eingeprägt werden als durch die Erinnerung an Lazarus: Dieser hatte seit seiner Auferstehung, hieß es, nichts anderes als jammervolles Grauen vor dem Tode gekannt, den er schon einmal erlitten hatte. Und wenn sich der Gerechte so fürchten mußte, in welchem Maße dann der Sünder?«[5]

Das Leben war hart und bedrückend, der Tod grauenvoll, die Ewigkeit wahrscheinlich noch ärger. Der Unterschied zwischen dieser furchtsamen Besessenheit und den gleichmütigen Worten, welche die Renaissance findet, ist tief:

Der Tod heilt alle Wunden: Er ist der sicherste Hafen, niemals zu fürchten und oft erstrebenswert: alles läuft auf das gleiche hinaus, ob ein Mensch mit sich ein Ende macht oder ob er es aushält; ob er vor seinem Tag abtritt, oder ob er ihn abwartet: Von wannen er kommen mag, der Tod ist da, es ist das Ende des Gewebes. Der freiwilligste Tod ist der schönste. Leben hängt vom Willen anderer ab, Tod von unserem Willen.[6]

Hier verteidigt Montaigne eine ›Sitte der Cea-Insel‹, eine Sitte, die den Selbstmord solcher Menschen gesetzlich erlaubte, deren Leben Zweck und Sinn verloren hatte. Er erörtert ihn ungezwungen, als spräche er von der denkbar natürlichsten Handlung, einem ehrwürdigen römischen Brauch, den wieder aufzunehmen ratsam wäre. Und die Autorität, auf die er sich beruft, ist nicht die der Kirche, sondern die der Klassiker, vornehmlich Senecas. Die Folgen dieser Änderung der Richtlinien waren ungeheuer, wie sehr sie auch in der Praxis beschränkt und wie mächtig die Kirche de facto blieb. Und nochmals Montaigne: »Hegesias pflegte zu sagen, ebenso wie die Umstände unseres Lebens sollte die Art unseres Todes von unserer Wahl abhängen.« Es ist, als habe die Wiederentdeckung der Klassiker das Verfügungsrecht über den eigenen Tod jedem einzelnen zurückgegeben.

Dante schrieb die *»Göttliche Komödie«* zu Beginn des vierzehnten Jahrhunderts. In weniger als zweihundert Jahren war der Selbstmord, ohne daß jemand dies ausdrücklich erwähnt hätte, wieder zum möglichen Thema geworden. Thomas Morus erlaubte ihn wie Plato als eine Art freiwilliger Euthanasie in seiner *»Utopia«*[7]. Im Verlauf des sechzehnten Jahrhunderts wurde der Tod angesichts drohender Entehrung und Selbstmord aus Liebeskummer zu Gemeinplätzen der Poeten und Dramenschreiber, mochten die Prediger auch noch so mächtige Donnerworte über die Ungeheuerlichkeit des Verbrechens von der Kanzel schleudern. Für die Dichter der Tudorzeit und die elisabethanischen Dichter war Lucrezia das Ideal weiblicher Tugenden.[8] Verzweiflung galt jedoch immer noch als Todsünde. In Spensers *»The Faerie Queene«* versucht eine (männliche) allegorische Figur der Verzweiflung, die umgeben von den Leichen der Selbstmörder in ihrer Höhle kauert, in einer der besten Passagen des Gedichts den Rot-Kreuz-Ritter:

Was, wenn die Reise gelinde Schmerzen weckt,
Des schwachen Fleisches Furcht die bittre Woge regt?
Ist gut nicht kurzer Schmerz, der lange Ruhe bringt,
Ins stille Grab die Seele schlafen legt?
Nach Mühsal Schlaf, nach Sturm der Hafen blinkt,
Nach Kriegen Ruh, nach Leben Tod uns winkt.[9]

Es ist behauptet worden, Spenser habe so gut über Verzweiflung schreiben können, weil er selbst besonders anfällig dafür gewesen sei, elend und verarmt wie er war, nicht anerkannt und dazu verbannt, in Irland zu leben. Die Begründungen, die er anführt, sind jedoch durchaus herkömmlich. (Der Krieger darf seinen

Posten nicht verlassen, sagt der Ritter. Doch je länger du lebst, entgegnet Verzweiflung, desto mehr sündigst du.) Und wenn der Ritter am Ende einen Dolch entgegennimmt, um sich zu durchbohren, tritt die Gestalt der Una vor und braucht nur eine feurige Stanze, um ihn davon abzubringen. Worauf sie davonreiten und Verzweiflung in Verzweiflung zurücklassen.

Bei Spenser kann man sich im allgemeinen darauf verlassen, daß er den konventionellen Fall elegant, aber konventionell darstellt. Bei anderen scheinen die Überzeugungen weniger gesichert. Bacon beispielsweise kennt keine moralische Unterscheidung zwischen Tod durch Selbstmord und Tod aus natürlichen Ursachen; für ihn wie für Morselli, einen Soziologen des neunzehnten Jahrhunderts, ›ist ein Leichnam ein Leichnam‹. Worauf es ankommt, ist allein, die Tat mit Würde zu begehen, gewissermaßen stilvoll zu sterben. Bei Shakespeare verhält es sich nicht anders: Wie immer bleibt er neutral, praktizierender Schauspieldichter. Von allen Selbstmördern in seinen Dramen – vierzehn in acht Werken, sagt Fedden – erfährt nur Ophelia, deren Tat am wenigsten vorsätzlich ist, klerikale Mißbilligung. Doch der Priester, der ihr die Totenmesse verweigert, wird leidenschaftlich und mit großer Überzeugung von Laertes beiseite gestoßen:

Ich sag dir, harter Priester,
Ein Engel am Thron wird meine Schwester sein,
Derweil du heulend liegst.

Ein anderer Priester, Bruder Lorenzo, berichtet vom doppelten Selbstmord Romeos und Julias, ohne im geringsten anzudeuten, daß er ihn verurteilt, und selbst ein so guter venezianischer Katholik wie Cassio hält Othellos Selbstmord für ein Zeichen seiner edlen Natur: »Dies fürchtet' ich – doch glaubt' ihn ohne Waffen –, Denn er war hochgesinnt.« Es ist die genaue Umkehrung der Behandlung Piero delle Vignes durch Dante: Othellos Selbstmord fällt als Sünde nicht ins Gewicht; wesentlich sind seine tragische Unvermeidbarkeit und das Maß, in dem er seine heroische Gestalt erhöht. Statt ihn zu verdammen, bestätigt sein Selbstmord seine Würde.

Viel läßt sich daraus nicht folgern. Shakespeares Einstellung gegenüber moralischen Problemen war im Grunde die gleiche wie gegenüber seinen Quellen: pragmatisch. Das Theaterstück ist ihm alles. Seine eigenen religiösen Vorurteile – welcher Art sie immer gewesen sein mögen – durften sein Gefühl für praktische dramatische Wirksamkeit nie gefährden. Zudem bedeutet die Vorliebe der Hochrenaissance für die Tragödie nicht neue Duldsamkeit gegenüber dem wirklichen Selbstmord. Das vom poetischen Drama in die Distanz gerückte und geadelte Leid eines tragischen Helden gehört einer anderen Welt an als die des Selbstmords hinter den Kulissen, der selten tragisch, nie grandios und meist schäbig, deprimierend, verworren ist. Es hätte keinen guten Grund gegeben, warum man den Leichnam eines wirklichen Othello nicht hätte von einem Pferd durch die Straßen schleifen lassen, und, nachdem er gepfählt worden war, an einem Kreuzweg hätte begraben sollen. Selbst in der idealen Republik des heiligmäßigen Sir Thomas Morus würde das Opfer eines unerlaubten Selbstmords ›unbegraben in einen stinkenden Sumpf geworfen‹ worden sein.

Was die Einstellung der Renaissance gegenüber dem Selbstmord von der des Mittelalters unterschied, war also nicht eine plötzliche Aufklärung, die sich in der Praxis bemerkbar machte, sondern eine neue Betonung des Individualismus, durch die letzte Fragen der Morallehre, wie die Frage nach dem Leben, dem Tod und der Verantwortlichkeit, flexibler und komplizierter als zuvor erschienen. Zumindest war es eine Zeit beachtlicher Sophisterei; die moralische Welt krankte, und die ganze Atmosphäre war verändert.

Das großartigste und deutlichste Beispiel hierfür ist John Donne, der die erste Verteidigungsschrift des Selbstmords in englischer Sprache verfaßte: *»Biathanatos«*. Eine Proklamation des Paradoxes oder der These, daß Selbsttötung nicht von Natur aus eine solche Sünde ist, daß sie niemals etwas anderes sein könnte. In diesem Zusammenhang ist es interessant, daß Donne mütterlicherseits mit Thomas Morus verwandt war.

Unter Akademikern war es eine Zeitlang Mode, zu erklären, Donne meine das, was er schreibe, nicht wirklich. Das Buch sei lediglich ein weiteres Beispiel seines Protzens mit Geist und Gelehrsamkeit und seiner Fähigkeit, als berühmter Verfasser von Paradoxen und frivolen Gedichten jede noch so unhaltbare These zu verteidigen. Zugegeben, das Buch ist eines seiner am wenigsten ansprechenden Werke: umständlich, ausführlich, zeitweilig pedantisch und oft von stickiger Gelehrsamkeit. Dies Buch wird ebenso eisern verteidigt wie heftig angegriffen. Auch paßt es schlecht zum Bild des geläuterten und strengen christlichen Gottesmannes, der Donne zuletzt war.

Später war das Buch Donne selbst unangenehm. 1619 schickte er ein Exemplar an den Earl of Ancrum, Sir Robert Ker, mit einem Brief, in dem er zwischen dem sündigen Geist, der es geschrieben hat, und dem Mann der Kirche, zu dem er geworden war, scharf unterscheidet: »Es ist vor vielen Jahren von mir geschrieben worden; und da es einen mißdeutbaren Gegenstand behandelt, war ich immer nahe daran, es zu vernichten; ein Zufall, daß es nicht verbrannt wurde: Keine Hand hat es abgeschrieben, noch haben es viele Augen gelesen: nur einigen ausgesuchten Freunden in beiden Universitäten habe ich damals, als ich es schrieb, Kenntnis davon gegeben: und ich entsinne mich, daß ich die Antwort erhielt, gewiß sei ein falscher Faden ihn ihm, doch sei er nicht leicht zu finden. Hebt es, bitte, mit der gleichen Sorgfalt auf; damit jedem, dem Euer Gutdünken es zu sehen erlaubt, sein Datum bekannt werde; und daß es ein von *Jack Donne* und nicht von *D. Donne* geschriebenes Buch ist: Bewahrt es für mich auf, falls ich am Leben bleibe, und falls ich sterbe, verbiete ich, es der Druckerpresse oder dem Feuer zu übergeben: Gebt es nicht an die Öffentlichkeit, doch verbrennt es auch nicht; sonst tut mit ihm, was Ihr wollt.«[10] Vier Jahre nach seiner Priesterweihe hegte Donne gegenüber seinem Buch noch immer gemischte Gefühle: Stolz über die darin enthaltene Subtilität und Gelehrsamkeit, aber zugleich Verlegenheit darüber, daß er, wenn auch nur heimlich, ein so heißes Eisen angepackt hatte, und eine Art Zärtlichkeit für die verstorbene, aber noch umstrittene Figur des Jack Donne, der nun anständig als der Theologe Dr. Donne wieder auferstanden war. Die Zeitgenossen respektierten seine Gefühle; das Buch erschien erst 1646, fünfzehn Jahre nach seinem Tod und vierzig Jahre, nachdem es entstanden war.

Doch er selbst machte kein Geheimnis daraus, wie nahe ihm das Thema ging. Aus diesem Grund nämlich, so erklärt er im Vorwort, hat er das Buch geschrieben:

»*Beza,* ein Mann ... bedeutend und berühmt, in vollem Ruhm und auf der Höhe der Gelehrsamkeit stehend ... bekennet vor sich selber, allein wegen der Pein, welche ein Grund ihm bereitete, der sein Haupt überzog, habe er sich einst in Paris von der Müllerbrücke gestürzt und würde ertrunken sein, wäre nicht sein Onkel zufällig des Weges gekommen. Ich habe oft solch eine krankhafte Neigung. Und sei es, weil ich in meiner Erziehung Umgang zuerst mit Männern hatte, die einer verbotenen und kranken Religion angehören, Todesverachtung gewohnt sind und nach einem eingebildeten Märtyrertum hungern; oder daß unser aller Feind in mir diese Tür am schlechtesten verriegelt findet; oder daß in der Lehre selber Verworrenheit und Beugsamkeit enthalten ist; oder weil mein Gewissen mir alleweil versichert, daß kein aufbegehrender Widerwille gegen Gottes Gaben, noch andere sündige Mitwirkung diese Gedanken in mir begleitet, oder daß ein trotziger Hohn, oder daß eine schwache Feigheit sie hervorbringt, sooft ein Kummer mich bestürmet, deucht mir, ich habe die Schlüssel zu meinem Kerker in meiner eigenen Hand, und keine Abhilfe stellt sich meinem Herzen so baldigst dar als wie mein eigen Schwert. Oft hat mich das Nachsinnen darüber für eine barmherzige Auffassung der Tat derer gewonnen, die so sterben: und mich ein wenig dazu angetrieben, die Gründe jener zu beobachen, die da so entschiedene Urteile über sie fällen.«[11]

In diesem Text gibt es kein Ausweichen und keine Unaufrichtigkeit. Donne hatte über Selbstmord geschrieben, weil der Selbstmord eine ständige Versuchung für ihn war. Im Buch selbst bemüht sich Donne, seinen Scharfsinn und seine Kenntnis der Verflechtungen von zivilem und kanonischem Recht zu beweisen; er schreibt wie ein Mann, der tatsächlich alles gelesen hat und dies anerkannt wissen möchte. Das Vorwort dagegen ist rein persönlich, in einer Art, wie die Prosa des beginnenden siebzehnten Jahrhunderts es nur selten war. Mit der bemerkenswerten intellektuellen Intuition, mit der er alles, was er unternahm, untermauerte, sieht er in bester psychoanalytischer Manier sogar einen Zusammenhang zwischen seiner Neigung zum Selbstmord und seiner Kindheit bei den unterdrückten Jesuiten.

Diese Innerlichkeit gerade unterscheidet Donnes Einstellung zum Selbstmord von dem bequemeren Stoizismus seiner Zeitgenossen. Das Wesen des stoischen Selbstmords liegt in seiner Vorsätzlichkeit: Er war ein Akt selbstbewußter Erhabenheit und entsprang einer Lebensphilosophie, die darüber urteilte, was tragbar und was untragbar sei. Ein solcher Selbstmord hatte deshalb immer einen Anflug von dramatischer Selbstdarstellung – einer der Gründe, warum Shakespeare ihn so brauchbar fand. Dagegen scheint Selbstmord für Donne nicht eine Frage der Wahl oder der Aktion, sondern der Stimmung gewesen zu sein, etwas Unbestimmtes, aber, gleich dem Regen, alles Durchdringendes. Von einem gewissen Zeitpunkt an scheint eine Art Selbstmord-Dunst sein Leben zu durchdringen.

Als Donne *»Biathanatos«* schrieb, tat er damit mehr, als die

Inkonsequenz der kirchlichen Verfügung gegen den Selbstmord zu erklären. Er verteidigte nicht nur ostentativ ein häretisches Paradoxon. Professor Donald Ramsay Roberts hat darauf hingewiesen, daß Donnes äußerst kenntnisreicher Überblick über Selbstmord in nicht-christlichen Gesellschaften und in der Tierwelt und seine triumphal geäußerte Schlußfolgerung: »In allen Zeiten, an allen Orten, aus allen Veranlassungen haben sich Menschen aus allen Verhältnissen dazu getrieben gefühlt und dazu geneigt«, einen ersten psychologischen Essay darstellt, einen ersten Roh-Entwurf für Freuds Lehre vom Todestrieb[12]. Dieser Ansicht zufolge verschwand Donnes Todesbesessenheit nicht, nachdem er Geistlicher geworden war, sondern wurde lediglich »aus dem Bereich der Psychologie in den der Theologie übertragen«. Darum redet er in seinen Predigten und seiner religiösen Lyrik, den *»Divine Poems«*, unaufhörlich vom Tod. Und so erklärt sich das makabre Drama der letzten Wochen seines Lebens, das seine Zeitgenossen tief beeindruckte. Er stand von seinem Totenbett auf, um seine letzte und großartigste Predigt *»Death's Duell«* zu halten.

»Als er zur Überraschung mancher Zuschauer auf der Kanzel erschien, dachten viele der Anwesenden, er käme nicht, um mit lebendiger Stimme über Abtötung, sondern um mit einem zerrütteten Leib und einem sterbenden Antlitz über Sterblichkeit zu sprechen ... Viele, die damals seine Tränen sahen und seine schwache und hohle Stimme hörten, dachten, daß der Text, den er auslegte, prophetisch ausgewählt gewesen sei und daß Dr. Donne *seine eigene Leichenpredigt gehalten habe.*«[13]

Anscheinend glaubte Donne dies auch. Er ließ sich mit geschlossenen Augen, gefalteten Händen, ins Leichentuch gehüllt, porträtieren. Dieses Bildnis seiner selbst als Leichnam wurde sodann neben sein Bett gehängt, von wo aus er es in den vierzehn Tagen, die ihm noch verblieben, betrachten konnte. Seine letzte Handlung bestand darin, daß er sich in die Lage brachte, in der er beerdigt werden sollte, fast so, als wollte er im voraus wissen, was Totsein für ein Gefühl sei: »Als seine Seele emporstieg und der letzte Odem ihm entfloh, schloß er selbst die Augen und brachte dann Hände und Körper in eine Lage, die seitens derer, die kamen, um ihn ins Leichentuch zu hüllen, nicht die geringste Änderung erforderte.«[14]

Professor Roberts meint, dies alles sei übertrieben gewesen und weit über die in jener Zeit herrschenden Sitten hinausgegangen. Es sei ein Zeichen dafür, daß Donne vom Tode besessen war.

Das ist möglich. Es war jedoch auch eine konservative Geste und im Einklang mit der mittelalterlichen Einstellung zum Tod und dem dazugehörigen erbitterten Grübeln über die vier ›letzten Dinge‹ – Tod, Gericht, Himmel und Hölle –, so als habe Donne am Ende seine Todesbesessenheit sanktioniert, indem er sie in überlieferte Formen leitete. Vielleicht fiel es einem frommen und konventionellen Charakter wie Wallon deshalb so leicht, all dies zu bewundern. Die niedergeschlagene, gequälte, geradezu ins zwanzigste Jahrhundert passende Rolle, die Donne gespielt hatte, ehe er zur anglikanischen Kirche übertrat, verwandelte sich langsam in die des traditionell frommen Kirchenmannes, der nach dem Jenseits dürstete.

In »*Biathanatos*« herrscht der gleiche Widerstreit zwischen Überliefertem und Neuem. Donne zeigt eine eigenartig moderne Haltung, wenn er den Selbstmord rechtfertigt und seine eigene Anfälligkeit dafür zugibt. Gleichzeitig aber zählt er alle die peinigenden mittelalterlichen Argumente gegen den Selbstmord auf und rechnet mit ihnen. Sein Werk wird daher zum Kampf zwischen zwei entgegengesetzten kulturellen Strömungen: Aus der immensen Gelehrsamkeit und der formalen Logik ergibt sich eine weitgehende Bindung an die Welt der Scholastik; nichtsdestoweniger richtet sich die Abhandlung gegen diese Welt, sie bedient sich ihrer Ausdrucksweise und Beweisführung, um sie abzulehnen. Er schreibt ein quasi-mittelalterliches Werk mit dem Ziel, den mittelalterlichen Glauben, Selbstmord sei kein möglicher Diskussionsgegenstand, zu widerlegen. Ohne das Vorwort würde »*Biathanatos*« pedantisch, widerborstig, abstoßend wirken und den Eindruck erwecken, ohne innere Beteiligung geschrieben worden zu sein. Im Jahre 1608, als er das Buch verfaßte, schickte er jedoch seinem intimen Freund Sir Henry Goodyer einen Brief, der das Werk in eindeutigen Zusammenhang mit seiner Depression bringt:

»Zwei der kostbarsten Dinge, die Gott uns hier gewährt hat für die Agonie und Übung unserer Sinne und unseres Geistes, nämlich Durst und Verlangen nach dem zukünftigen und häufiges Gebet und Meditation in diesem Leben, werden oft vergiftet und verfaulen und breiten sich zu einer verdorbenen Krankheit aus: Denn so wie Gott Böses mitverursacht und positiv dazu beiträgt, indem Er, wenn jemand beabsichtigt, eine schwere Sünde zu begehen, ihm einige gute Gedanken einflößt, die ihn eine geringere Sünde wählen oder einen erschwerenden Umstand übersehen lassen, so wird der Teufel es nicht nur leiden, sondern uns sogar zu von Natur aus guten Dingen anreizen unter der Bedingung, daß wir andere, notwendigere und verpflichtendere, auslassen. Und das ist seine größte Hinterlist, denn hierin haben wir den täuschenden Trost, Gutes getan zu haben, und können unseren Irrtum nur sehr schwer erkennen, weil es nur eine unfühlbare Unterlassung ist, nicht ein anklagender Akt. Von dem ersteren überwältigt zu werden, habe ich mich oft selbst verdächtigt – nämlich von dem Wunsch nach dem zukünftigen Leben, welches, wenn ich es auch weiß, nicht einfach aus Überdruß an diesem Leben kommt: denn ich hatte einige solche Wünsche, als ich noch mit dem Strom ging und bessere Hoffnungen als jetzt genoß, doch zweifle ich, daß weltliche Belastungen es vermehrt haben. Ich möchte nicht, daß der Tod mich im Schlafe hinwegnähme. Ich möchte nicht, daß er mich einfach ergriffe und mich nur als tot erkläre, sondern daß er mich gewönne und überwältige. Wenn ich Schiffbruch erleiden soll, dann möchte ich es in einem Meer, wo meine eigene Unfähigkeit entschuldigt werden könnte, nicht in einem grämlichen verkrauteten See, wo ich noch nicht einmal mein Schwimmen hätte üben können. Deswegen würde ich gern etwas tun, aber daß ich nicht sagen kann, was, ist kein Wunder. Denn zu wählen heißt zu tun; aber nicht Teil irgendeines Körpers zu sein, heißt, nichts zu sein. Meistens sind die größten Personen nur große Kröpfe und Auswüchse – Leute von Geist und entzückender Unterhaltung, aber nur wie Leberflecken zur Zierde, außer wenn sie so in dem Leib der Welt einverleibt sind, daß sie etwas zur Erhaltung des Ganzen beitragen. Darüber legte ich mir Rechnung ab, daß ich früh begann, als ich das Studium unseres Gesetzes verstand; aber das ward abgelenkt durch die schlimmste Wollust, nämlich durch einen hydroptischen maßlosen Durst nach menschlicher Gelehrsamkeit und Sprachen – schöne Zierden für große Vermögen; aber das meine brauchte einen Beruf und einen Lauf, in welchem ich, denke ich, gut begann, als ich mich einem solchen Dienste unterwarf, von dem ich annahm, er könne diese armseligen Vorzüge, die ich habe, verwenden. Und dort stolperte ich wiederum, und doch würde ich es wieder versuchen; denn in dieser Stunde bin ich nichts, oder so wenig, daß ich kaum ein Thema und Gegenstand bin, das gut genug für meine eigenen Briefe wäre; doch ich fürchte, es kommt nicht immer aus einer guten Wurzel, daß ich so ganz damit zufrieden bin, noch weniger, nämlich tot, zu sein.«[15]

Die ersten Jahre des siebzehnten Jahrhunderts waren der Tiefstand seines Lebens. Seine überstürzte heimliche Eheschließung mit Anne More Weihnachten 1601 machte einer Karriere, die einen glänzenden Aufschwung genommen hatte, ein rasches Ende. Der erzürnte Vater der jungen Frau, der die großartigen Heiratsambitionen, die er für seine Tochter gehegt hatte, durchkreuzt sah, ließ Donne kurz in Haft nehmen und entließ ihn von seinem Posten als Privatsekretär des Lord-Siegelbewahrers. Er versagte seiner Tochter auch die Mitgift. »John Donne, Ann Donne, Un-done«, soll der Dichter unter einen Brief gesetzt haben, den er aus dem Gefängnis an seine Frau schrieb. Und Walton fügte hinzu: »Gott weiß, es hat sich als nur zu wahr erwiesen.« Zehn Jahre lebten sie in Armut, Krankheit, geplagt von Kinderreichtum, abhängig von der Gastfreundschaft ihrer Freunde. Seine eigene Erbschaft hatte er vor der Ehe größtenteils durchgebracht, und trotz seiner außergewöhnlichen Talente waren seine Erfolgsaussichten gleich Null. *»Biathanatos«* und der Brief an Goodyer gehören zur schwärzesten Zeit dieser langen dunklen Periode. Wie so oft war er krank gewesen, wie so oft waren seine Bemühungen, eine Anstellung zu finden, fehlgeschlagen; er lebte immer noch in ungewollter Zurückgezogenheit in Mitcham, an »einem trägen, unbedeutenden See«, weit entfernt vom Sturm, vom Getriebe und offenen Meer des Londoner Hofes, wohin er gehörte – ein weiteres Zeichen für die besonders qualvolle Krise der Lebensmitte. Donne war nun Mitte Dreißig. Eine Karriere war zu Ende, ein literarischer Stil erschöpft; das Hofleben lag trotz seiner Bemühungen ebenso unwiederbringlich hinter ihm wie seine frühen frivolen Liebesgedichte. Ein neues Leben und ein neuer Stil waren noch nicht gefunden; es sollte noch Jahre dauern, bis er in die Kirche aufgenommen und der berühmteste und verführerischste Prediger seiner Zeit wurde. Leidenschaft und Ehrgeiz seiner brillanten Jugend, jenes »hydrophische unmäßige Verlangen nach humanistischer Gelehrsamkeit und alten Sprachen«, waren ihrem selbstmörderischen Gegenteil gewichen, einem »Durst und Drang nach dem künftigen Leben«. Erst Eros, dann Thanatos; jenseits des Lustprinzips der Todestrieb. Anscheinend empfand er, daß beide nur zwei Gesichter ein und derselben Macht waren, da er für beide einen Vergleich aus dem Bereich der Wassersucht brauchte. In vielen Briefen, vornehmlich in Briefen an seinen engen Freund Goodyer, erscheint Donne als ewiger Querulant, der immerfort von seinen Krankheiten und Depressionen redet, von Geldsorgen, von Bevorzugung und von dem Erfolg anderer. Doch dieser Brief an Goodyer unterscheidet sich in seiner Art und seiner Bedeutung von ihnen; der Leser gewinnt den Eindruck, Donne habe den Punkt einer Krise erreicht, wo es nur noch die Wahl zwischen Einsicht in die eigene Lage oder Untergang gibt. Im Vorwort zu *»Biathanatos«* gestand er eine ständige Versuchung zum Selbstmord; im Brief bezeichnet er sie genauer: Sosehr seine gegenwärtigen Sorgen sie auch verstärkt haben, vorhanden waren sie bereits, als er »noch mit dem Strom schwamm« und sich »schönerer Hoffnungen als jetzt erfreute«. Doch früher hatte er sich durch Aktivität gegen seine Depressionen gewehrt. Daher seine verblüffende Laufbahn, erst als genialer Knabe – er wurde ›ein zweiter Pico della Mirandola‹ genannt –, dann als geistreicher Mensch und Liebhaber, glänzender Lyriker und ehrgeiziger, erfolgreicher Zivilbeamter. Nun gab es keine Möglichkeit mehr zur Aktion, und nichts trennte ihn mehr von seiner Verzweiflung. Für Donne ist, wie für den modernen Existentialisten, das Dasein durch Handeln und Wählen bestimmt: »Wählen ist Handeln: aber Teil keines Leibes sein, ist nichts sein.« Dem »Leib der Welt« entfremdet, wird er an sich überflüssig, wie seine Gelehrsamkeit ohne Geld und seine Talente ohne Verwendung überflüssig sind. Später wiederholte er den Gedanken, gleichsam am anderen Ufer des Abgrunds angelangt, deshalb ruhiger, in der berühmten Passage: »Kein Mensch ist eine Insel . . .«

Das Wesen seiner Dichtung lag mit anderen Worten in dem, was er selbst ihre »männliche, alles durchdringende Kraft« nannte, in einem ruhelosen logischen Drang, jede Wahrnehmung bis zu der sich daraus ergebenden Schlußfolgerung zu untersuchen, voller Ungeduld und mit Verachtung für das Zögern und die Angst der anderen. Jedes noch so leidenschaftliche und zärtliche Gedicht ist deshalb gleichzeitig auch eine in sich geschlossene Beweisführung, eine deutliche Strecke Weges und ein erreichtes Ziel. Die Energie seines Frühwerks entstammt zum Teil seinem offenbaren Vergnügen an den eigenen Talenten, an seiner Spitzfindigkeit und seiner Sinnlichkeit, seiner Gelehrsamkeit und seiner Verachtung. Das Wesen seiner Verzweiflung ist das Gegenteil von alldem: ein überwältigendes Gefühl der ›Ohnmacht‹, dessen Ursache seine Isolation von der bewegten Welt der Möglichkeiten, Entschlüsse und Handlungen ist. Als er nicht mehr über diese Ventile verfügte, wandte sich seine Energie nach innen, verwundete ihn und schien ihn zu vernichten. Der Selbstmord stellte sich ihm unter diesen Umständen als der

einzige endgültige Akt dar, durch den er seine Identität nochmals bestätigen konnte. Ich frage mich, ob *»Biathanatos«* nicht als ein Vorspiel zur Selbstvernichtung und als Ersatz dafür gelten kann. Donne nahm sich vor, Präzedenzfälle zu schaffen und Gründe zu finden, die ihm erlaubten, sich zu töten, ohne der ewigen Verdammnis anheimzufallen. Doch vielleicht hat die Niederschrift des Buchs, das Ordnen und Darstellen seines umständlichen, komplizierten Wissenstoffs und seiner dialektischen Geschicklichkeit, die Spannung gelöst und dazu beigetragen, sein Selbstgefühl wieder aufzurichten.
Donnes Bedeutung hängt selbstverständlich nicht von seinen Fähigkeiten als verspäteter Schulgelehrter oder als Briefschreiber ab, sie beruht auf seiner Lyrik. Was wir bisher bemerkten, würde also lediglich ein Streiflicht auf ihn werfen, wenn sich die Themen nicht alle in einem seiner großartigsten und rätselhaftesten Gedichte vereinigten: *»A Nocturnall upon S. Lucies Day, Being the Shortest Day.«*
Obwohl sich von keinem der *»Songs und Sonets«* das Entstehungsdatum mit völliger Sicherheit feststellen läßt, besteht aller Anlaß zur Annahme, daß dieses Gedicht, der Brief und *»Biathanatos«* etwa derselben Periode angehören. Die Gelehrten sind sich darüber einig, daß das *»Nocturnall«* sich auf irgendeine Weise auf Lucie, Countess of Bedford, bezieht. Das heißt, laut Professor Gardner, daß es »nach 1607 geschrieben worden sein muß«. *»Biathanatos«* entstand 1607 oder 1608, der Brief stammt aus dem Jahr 1608.

Es ist des Jahres und Tages Mitternacht,
Luciens, die kaum sieben Stund sich demaskiert,
  Die Sonn ist aufgebraucht und nur verliert
  Aus ihren Fläschlein Funken, keine Strahlenpracht;
    Der ganze Saft der Welt, er sank;
Der Balsam, den die durstge Erde trank,
Verdorrt, zum Bettend hin schrumpft Leben, krank,
Tot und im Grab; doch seins von heitrem Sinn
Vergleichsweise mir, der ich die Grabschrift bin.

Ihr die ihr in der nächsten Welt sollt lieben,
Das heißt im nächsten Frühjahr, blickt auf mich:
  Denn jedes tote Ding bin ich,
  Mit dem Lieb neue Alchimie getrieben.
    Denn ihre Kunst zum Ausdruck bracht

Zu gleichen Teilen eine Quintessenz, gemacht
aus Nichtigkeit, aus Leere, dumpfer Acht:
Sie ruinierte mich, und ich bin neu gegründt
Aus Mangel, Dunkel, Tod; aus Dingen, die nicht sind.

Die andern nehmen von den Dingen, was da gut,
Form, Leben, Seele, Geist, woher sie Dasein haben;
  Ich durch der Liebe Klärwerk bin der Graben
  Von allem, was nichts ist. Oft eine Flut
    Haben wir zwei geweint, dabei
Zu zweit die Welt ertränkt; oft wurden zwei
Chaosse wir, für irgend sonsterlei
Sorgfalt tragend; oft lenkten ferne Stätten
Die Seele ab und macht uns zu Skeletten.

Durch ihren Tod (welch Wort ihr Unrecht tut) jedoch
Bin ich gewachsen aus dem ersten Nichts, dem Elixier;
  Gesetzt ich bin ein Mensch, es müßte solches mir
  Dann unbedingt bekannt sein; zöge noch
    Sollt irgendwelches Tier ich sein,
Manch Zweck und Mittel vor; selbst Pflanz und Stein
Hassen, lieben; alle mit Eigentum sich hüllen ein;
Wär ich wie Schatten ein gewöhnlich Nichts,
Bedürfts noch eines Körpers, eines Lichts.

Doch ich bin keins davon; noch wird erneun
Sich meine Sonn. Ihr Liebenden, zu deren Heil
  Die schwächre Sonn zum Steinbock jetzo ging in Eil,
  Um neue Lust zu holen und Sie Euch zu beun,
    Erfreut Euch alle Eures Sommers Zeit.
Da sie sich ihrer langen Nächte Feier freut,
Laßt rüsten mich für sie, für sie mich nennen heut
Vorabend diese Stunde und Vigilandacht,
Da dies des Jahrs und Tages tiefe Mitternacht.[16]

Die tödliche Niedergeschlagenheit des Briefes an Goodyer und die verzweifelte Logik und Gelehrsamkeit des *»Biathanatos«* vereinigen sich in diesem Gedicht. Es ist, in jenem Sinn, ein *»Nocturnall«*, ein Nachtstück, geschrieben mitten in der längsten Nacht, die zugleich Wintersonnenwende und schwärzeste Mitternacht seines Lebens war. In diesem Dunkel versagen die Sterne (der Sonne ›Fläschlein‹), und die Erde schrumpft zusammen wie ein sterbender Mensch, der sich ans Ende seines Bettes

kauert. Wieder ist Wassersucht das verhängnisvolle Übel: Die kraftlose Erde saugt alles Leben aus, wie Donnes eigenes »hydrophisches unmäßiges Verlangen nach humanistischer Gelehrsamkeit und alten Sprachen« seine Lebenskräfte und seine Erbschaft aufgesogen hatten.
Vor diesem Hintergrund: Krankheit, Tod, alles durchdringende Dunkelheit und einem Schweigen, in dem selbst die Worte des Dichters geflüstert werden müssen (»Luciens, die kaum sieben Stund sich demaskiert«), tastet Donne sich zu seinem Thema hin: Negation und Leere, »Teil keines Leibes sein, ist nichts sein«. Der erzwungene Rückzug aus der Gesellschaft und von jeglicher Aktion ist zugleich ein Rückzug vom Selbst und den eigenen Gefühlen. Doch nun spricht er die autobiographische Tatsache aus: Die Liebe – das heißt, seine überstürzte Heirat – »ruinierte mich, und ich bin neu gegründt. Aus Mangel, Dunkel, Tod, aus Dingen, die nicht sind.« Der aktive Liebhaber, Höfling, Denker und Mann von Esprit wurde in das passive Opfer eines monströsen alchimistischen Experiments verwandelt, in dem die Liebe, die den bereits erduldeten »faden Entbehrungen« geistige Vernichtung folgen läßt, ihn zu einer »Quintessenz, gemacht aus Nichtigkeit«, reduziert. Sein einziges Kennzeichen ist eine unaussprechliche Leere, ein Mangel, der auch Willen und Seele lähmt.
Nun folgt das verzweifelte Bemühen, einen Ausweg aus dem Labyrinth zu finden. Er greift sogar auf seine früheren Liebesgedichte zurück, faßt in einer Art schmerzvollen Kurzschrift Bilder und Begriffe zusammen, die er vorher ständig gebraucht hatte: Die Tränen der Liebenden als allgewaltige Fluten, ihre Fähigkeit, eine vollkommene Welt aus dem Chaos zu schaffen, ihre Trennung als eine Form des Mordes. Dann geht er von der Poesie zur Philosophie über. In der vierten Stanze ist die Logik aufdringlich und verkehrt: Er durchforscht Aristoteles und die Lehre der Scholastiker von der Seele nach einem Beweis oder einer philosophischen Wahrheit, die ihm zum Glauben daran verhelfen könnte, daß er existiert. Doch es gibt keine. Die wilde Jagd nach Gründen wird durch die kurze lapidare Feststellung beendet: »Doch ich bin keins davon.« Danach bleibt ihm nichts mehr übrig, als das Gedicht an den Punkt zurückzuführen, an dem es begann: Ein ironischer, leicht geringschätziger Abschiedsgruß an die ihrem Verlangen auf Gnade oder Ungnade ausgelieferten Liebenden, für den Dichter selbst jedoch die lange dunkle Wintervigilie mit der Erkenntnis, daß seine Verzweiflung gleich der

Mitternacht nicht überwunden, nur erduldet werden kann. Dennoch wirft die Endgültigkeit der Feststellung, »ich bin keins davon«, ein neues Licht auf das Poem. Trotz seines Themas wird das Gedicht von einer merkwürdigen rastlosen Energie vorangetrieben, einer Energie allerdings, die sich nur in Verneinungen kundtut. Jede Phase der Betrachtung endet mit einem weiteren Rückzug ins Nichts. »Der ganze Saft der Welt, er sank«, »der ich die Grabschrift bin«, »denn jedes tote Ding bin ich«, »Sie ruinierte mich«, »aus Dingen, die nicht sind«, »ich bin der Graben von allem«, »macht uns zu Skeletten«, »gewachsen aus dem ersten Nichts, dem Elixier«, »wäre ich wie Schatten ein gewöhnlich Nichts«, »Doch ich bin keins davon«. Die »männliche, alles durchdringende Kraft« der Argumentation hat sich in einem mächtigen, negativen Strom verwandelt, der den Dichter Schritt um Schritt in seine eigene Trostlosigkeit zurücktreibt.

Am Ende jedoch erwies sich nicht einmal Selbstmord als eine Möglichkeit. Donnes christliche Erziehung und Frömmigkeit wie auch seine intellektuelle Energie waren schließlich stärker als seine Verzweiflung. Vielleicht bewegt sich das *»Nocturnall«* deswegen im Kreis, kehrt die letzte Zeile zur ersten zurück: Das Gedicht handelt von einem Seelenzustand, der so leer ist, daß er sogar den Selbstmord hinter sich läßt. Donne wurde mit seiner Krise der Lebensmitte schließlich fertig, indem er sich nicht das Leben nahm, sondern die Weihen wählte.

Das Gedicht handelt nicht, wie *»Biathanatos«* vom Selbstmord. Vielmehr ist es gleichsam vom Zentrum der Handlung her geschrieben: Es beschreibt nicht nur den selbstmörderischen Seelenzustand und welche Gefühle denjenigen bewegen, der den Nullpunkt erreicht hat, sondern auch die Qual des *Denkens* in dieser Situation. Das Gedicht ist seiner Zeit voraus; Donnes Vorankündigung Kierkegaards.

In einer Hinsicht indes konnte es den Zeitgenossen nicht sonderlich seltsam erscheinen. Sie lasen es wohl lediglich als ein weiteres Zeugnis der Auswirkungen der ›Melancholie‹ genannten Modekrankheit jener Tage. Was ›Neurose‹ und ›Geisteskrankheit‹ einst für uns waren, was ›Schizophrenie‹ für R. D. Laing[17] und seine Schüler ist, das bedeutete ›Melancholie‹ für die Elisabethaner: ein Einheitswort, das von der spitzfindigen Sensibilität des Genies bis hin zum anzeigepflichtigen Wahnsinn alles umfaßt. Manche Melancholiker glaubten, Wölfe oder Nachtgeschirre zu sein, aus Glas oder Butter oder Ziegeln zu bestehen,

Frösche in ihren Bäuchen zu haben. Es gab auch Melancholiker, die Dichter zu sein glaubten. »Der Irre, der Liebende und der Dichter sind ganz beherrscht von Phantasie«: Ferdinand in »*The Duchess of Malfi*«, der an Lykantrophie (dem Wahn, in einen Werwolf verwandelt zu sein) leidet, Hamlet, der sich toll stellt und Selbstmord erwägt, der schwermütige Jacques, der Moral predigt und sich für einen Dichter hält, waren alle, auf verschiedene Weise, Melancholiker. »Der Hauptgrund für die Beliebtheit der Melancholie (im England der Ersten Elisabeth und der Stuarts)... war die allgemeine Annahme, sie sei ein Attribut der höheren Geister, des Genies. (Diese) aristotelische Vorstellung hatte den melancholischen Charakter mit etwas wie düsterer philosophischer Würde und Byronscher Erhabenheit ausgestattet.«[18] So stammt das romantische Bild vom Genius als eines düsteren, verstörten und abseitigen Wesens letztlich von der elisabethanischen Ansicht über die zerrüttende Wirkung eines Überflusses an schwarzer Galle im Organismus. Schwarze Galle ist, wie Robert Burton sagte, »dem Selbstmord ein Schuhlöffel«.

»Die Folter und Stärke seines (des Melancholikers) Elends quälen ihn so sehr, daß er an seinem Leben kein Gefallen finden kann, sondern gewissermaßen gezwungen ist, sich selbst Gewalt anzutun, um sich von seinen gegenwärtigen unerträglichen Schmerzen zu befreien... Es ist ein gemeines Unglück und eine fatale Folge dieser Krankheit... Falls der himmlische Arzt, durch den Beistand seiner Gnade und Barmherzigkeit allein, es nicht verhindert, bleibt solchen Personen, denen weder menschlicher Zuspruch noch menschliche Kunst zu helfen mögen, nichts übrig, als ihre eigenen Schlächter zu sein und sich hinzurichten.«[19]

Obwohl behauptet wird, daß Burton sich erhängt habe, um die eigene astrologische Vorhersage seines Todesdatums zu erfüllen, war Selbstmord doch mehr oder weniger ein Randproblem für ihn, die unselige Nebenerscheinung einer Krankheit, die ihm alle Seiten des Lebens zu vergiften schien. Sein Buch »*Anatomy of Melancholy*«, die 1621 erstmals erschien, ist ein dickes, weitschweifiges Kompendium mit Wiederholungen, Sprunghaftigkeiten und Idiosynkrasien im Überfluß, vollgestopft mit Zitaten, Anekdoten und unmöglichen Referenzen. Burton schmückt aus, erfindet Autoritäten, bleibt nicht beim Thema. Das Buch liest sich, als sei er sich nicht sicher, ob er seinem kindlichen Bedürfnis nachgeben sollte, die Aufmerksamkeit auf seine eigenen Leiden zu lenken – »einer muß unbedingt dort kratzen, wo es juckt«, so drückt er es aus –, oder ob er den Leser mit seiner wahnwitzigen Pedanterie unterhalten will.

Dennoch ist sein Beitrag zur Debatte über den Selbstmord einmalig und einfach: Mitgefühl. Obwohl er alle klassischen Standardbeispiele anführt, verwirft er die stoische Rechtfertigung des Selbstmords als eines Aktes überlegter Würde und Selbstbestätigung. Statt dessen verficht er eine näherliegende, aber weniger schmeichelhafte Wahrheit: daß Selbstmord weder rational noch erhaben, noch maßvoll ist; Menschen töten sich, weil ihr Leben unerträglich geworden ist: »Diese Unglücklichen sind zum Elend geboren, ohne jede Hoffnung auf Genesung, unheilbar krank; je länger sie leben, desto schlechter geht es ihnen, und allein der Tod wird sie erleichtern.« Das Beste, was sie erhoffen können, ist Gottes Barmherzigkeit; sie zu richten ist seines Amtes, nicht unseres. Zur damaligen Zeit war es tapfer, eine solche Ansicht zu äußern. Doch da Burton unter der doppelten Bürde seufzte, sowohl Würdenträger der Universität Oxford als auch Pfarrer zu sein, war es im letzten Grund unwahrscheinlich, daß er sich mehr vorwagte, als unbedingt notwendig. Am Ende des Buchs führt er alle die üblichen frommen Dementis und Verurteilungen an. Doch es ist nun zu spät dafür; sie klingen nicht überzeugend. Auf seine schwankende, bruchstückhafte Art begreift er die Verworrenheit der Verzweiflung, die Unmöglichkeit des Trostes und die Untauglichkeit moralischer Lösungen. Angesichts aller dieser Tatsachen bietet er nur diskrete Nächstenliebe an:

»Somit können wir über ihre Güter und ihre Leichname verfügen; doch was aus ihren Seelen werden soll, kann nur Gott allein sagen; sein Erbarmen mag kommen *inter pontem et fontem, inter gladium et ingulum,* zwischen der Brücke und dem Bach, dem Schwert und der Kehle... Wer weiß, wie er versucht werden mag? Es ist sein Fall, es kann deiner werden... Wir sollten nicht so vorschnell und hart in unserer Mißbilligung sein, wie manche es sind: Güte wird das beste Urteil fällen: Möge Gott uns allen barmherzig sein!«

Burtons Motive mögen verworren sein, er schreckte zurück vor einem Eingeständnis, das zu machen für ihn unpassend gewesen wäre. Im Grunde jedoch war er bereit, sich moralisch offen zu äußern. Menschliches Elend bewog die meisten Prediger seiner Zeit zur Selbstgerechtigkeit, ihn bewegte es zum Mitleid. Und das war an sich schon eine beträchtliche Leistung. In einer Zeit des christlichen Dogmas ist es nicht üblich, auf christliche Tugenden zu pochen.

»The Anatomy« ist das Buch eines Süchtigen, ähnlich wie *»The Fairie Queene«* mehr oder weniger unlesbar für alle, die nicht zu den Eingeweihten gehören. Im England des siebzehnten Jahrhunderts rührte es jedoch an ein Gefühl von Sympathie. Im Gegensatz zum *»Biathanatos«*, der erst nach Donnes Tod und gegen seine Verfügungen publiziert wurde, war Burtons Buch ein Bestseller. Die ersten drei Ausgaben wurden, wie der Autor selbst mitteilte, »im Nu verkauft, gierig gelesen«. Vor seinem Tod im Jahre 1639 erschienen noch zwei weitere, im Lauf des Jahrhunderts noch drei. »Falls man nach der Zahl der Auflagen urteilen darf, war *›The Anatomy of Melancholy‹* dreimal so beliebt wie Shakespeares Dramen.«[20] Sie brachte Burton Ruhm und seinem Verleger ein Vermögen ein. Die Auflagenzahl sagt auch etwas über die Häufigkeit der Melancholie unter den Intellektuellen aus, wie viel oder wenig, ist jedoch ungewiß. Vielleicht war Melancholie eine Krankheit, die jeden Ehrgeizigen und Belesenen lockte, da sie immerhin mit dem Genie in Verbindung gebracht wurde. Die äußersten Fälle von Melancholie waren allerdings wieder etwas anderes. Der Ehrgeiz, interessant zu sein – ›melancholisch‹, ›neurotisch‹, ›geistesgestört‹ oder wie es genannt werden mag –, ist etwas anderes als das Streben nach dem Tod. Sicher ist nur, daß Donne und Burton, jeder auf seine Weise, bei dem, was vorher nur eine Routinefrage gewesen war, neue Aspekte gezeigt hatten. Sie rückten den Selbstmord in den weiten Bereich des Zweifels und der Ungewißheit, in dem wir heute leben. Einst wurde der Selbstmörder als unrein ausgestoßen, verdammt und in blankem Abscheu erniedrigt. Jetzt bekam er allmählich menschliche Züge: »Es ist sein Fall; es kann deiner werden.«

William Cowper, Thomas Chatterton und das Zeitalter der Vernunft

Die achte Ausgabe der *»Anatomy of Melancholy«* erschien 1676, die zweite von *»Biathanatos«* 1700. Inzwischen aber hatte sich der Zeitgeist merklich verändert und abgekühlt. Die Melancholie lebte im achtzehnten Jahrhundert fort, doch in weniger krasser Form und unter anderem Namen. Sie wurde zum ›Spleen‹ – eine zweckmäßigere, mehr anatomische Bezeichnung für einen enger begrenzten und besser beherrschten Trübsinn, der sich nicht durch Verzweiflung, sondern durch die Bitterkeit und Bösartigkeit im großen Zeitalter der Satire Luft machte. Wieder wurde der Selbstmord zum bevorzugten literarischen Thema.

Die Debatte über Recht oder Unrecht der Handlung ging weiter, hitzig wie eh und je, doch nun kämpften die frommen Anhänger der Tradition gegen eine härtere Opposition. Montesquieu, Voltaire und Hume und weniger bedeutende Persönlichkeiten wie Alberto Ridicati, Graf von Passerano, untersuchten das Thema vernünftig, mit gemäßigter Empörung; eine humanitäre Aufklärung breitete sich allgemein aus. Nach der Reformation waren die Selbstmorderlasse insgesamt aus dem kanonischen Recht ins Zivilrecht übertragen worden; jetzt begann man, sie unzivilisiert und töricht zu finden. Obwohl die Codices noch immer befahlen, daß der Leichnam des Selbstmörders schmachvolle Behandlung erfahren und der Besitz des Toten der Krone anheimfallen solle, umgingen die Coroner genannten Untersuchungsrichter die Bestimmungen in zunehmendem Maß, indem sie das Urteil ›non compos mentis‹ fällten. Je öfter dies vorkam, desto wilder wüteten die strenggläubigen Selbstmordgegner: Die Abscheulichkeit des Verbrechens, sagten sie, »muß allen deutlich gemacht werden; hängt die Leichen kopfabwärts an Galgen auf, zerstückelt sie öffentlich auf dem Marktplatz«.[21] Doch nur wenige hörten auf sie. 1788 konnte Horace Walpole sich in spöttischer Beiläufigkeit auf den »absurden Pfahl und Kreuzweg unserer Vorfahren« beziehen.

›Absurd‹ ist das Schlüsselwort. Für die Rationalisten des achtzehnten Jahrhunderts war es sowohl absurd als auch anmaßend, eine banale private Handlung zu einem ungeheuren Verbrechen aufzublähen. »Für das Universum ist das Leben eines Menschen nicht von größerer Wichtigkeit als das einer Auster«, schrieb David Hume. Seinen bedeutenden Angriff auf das gegenüber dem Selbstmord herrschende moralische Vorurteil verfaßte er mindestens zwanzig Jahre vor seinem Tod. An die Öffentlichkeit gelangte der Essay erst 1777, im Jahre nach Humes Tod. Er wurde sofort unterdrückt. Und doch resümierte er auf geistvolle Weise die Erbitterung der Klügsten der Zeit über den memmenhaften alten Aberglauben:

»Wäre die Verfügung über das menschliche Leben dem Allmächtigen als besonderer Wirkungsbereich vorbehalten, so daß es ein Eingriff in sein Recht wäre, wenn Menschen selbst über ihr Leben verfügten, so würde es in gleicher Weise verbrecherisch sein, für die Erhaltung des Lebens tätig zu sein als für die Zerstörung. Wenn ich einen Stein, der auf meinen Kopf fallen will, abwende, durchkreuze ich den Lauf der Natur und überschreite die Grenzen des vorbehaltenen göttlichen Wirkungsbereichs, indem ich mein Leben über die Zeitspanne, welche ihm nach den allgemeinen Gesetzen der Materie und Bewegung zugemessen ist, hinaus verlängere.

Ein Haar, eine Fliege, ein Insekt ist imstande, das mächtige Wesen, dessen Leben von solcher Bedeutung ist, zu zerstören. Ist die Annahme absurd, daß menschliche Einsicht verfügen darf über das, was von so nichtigen Ursachen abhängig ist? Den Nil oder die Donau aus ihrem Lauf abzulenken wäre kein Verbrechen, wenn ich es vermöchte. Wo ist denn das Verbrechen, einige wenige Unzen Blut aus ihrem natürlichen Kanal abzulenken?

Es ist gottlos, sagt der alte römische Aberglaube, Ströme aus ihrem Lauf abzulenken und in die Rechte der Natur einzugreifen. Es ist gottlos, sagt der französische Aberglaube, die Pocken einzuimpfen und das Geschäft der Vorsehung sich anzumaßen durch absichtliche Hervorbringung von Krankheiten. Es ist gottlos, sagt der moderne europäische Aberglaube, dem eigenen Leben eine Grenze zu setzen und dadurch gegen den Schöpfer sich aufzulehnen. Und warum, frage ich, ist es nicht gottlos, ein Haus zu bauen, das Feld zu bestellen, den Ozean zu befahren? In allen diesen Handlungen wenden wir unsere geistigen und körperlichen Kräfte an, um in dem Lauf der Natur eine Veränderung hervorzubringen; und etwas anderes tun wir auch dort nicht. Sie sind deshalb alle gleich unschuldig oder gleich verbrecherisch.«[22]

Die Aufzeichnung klingt gereizt und entschieden, als wolle jemand in einem muffigen Raum die Spinnweben wegfegen und die Fenster öffnen. Für die großen Rationalisten war ein Gefühl der Absurdität – der Absurdität von Aberglauben, Überheblichkeit und Unvernunft – ebenso natürlich oder erleuchtend wie das Sonnenlicht.

Vielleicht hätten sich nur wenige Zeitgenossen öffentlich zu Humes Ansichten bekannt, da Gottlosigkeit als anstößig galt. Doch im geheimen hatte die moralische Revolution bereits stattgefunden; der Selbstmord war aus dem Bereich des Tabus herausgelöst und in den der Gewohnheiten aufgenommen worden. In Horace Walpoles Briefen werden häufig beiläufig aristokratische Selbstmörder erwähnt. Es war ein ergiebiges Thema für den Klatsch, obgleich keiner so ungezwungen und gelassen war wie der legendäre Franzose des achtzehnten Jahrhunderts, der auf die Einladung eines Freundes zum Abendessen folgende Antwort gab: »Mit dem größten Vergnügen. Doch da fällt mir ein, daß ich bereits die Verpflichtung eingegangen bin, mich zu erschießen. Von einer *solchen* Verpflichtung kann man sich nicht freimachen.« Die höfliche Reaktion auf die Tat war ein Gähnen, und auch dem Tode naher Mitmenschen begegnete man mit Gleichgültigkeit. 1790 schickte Hannah More an Walpole einen gefühlvollen Brief:

»In der Nähe unseres Hauses hat sich ein armer Mann, durch äußerste Not und Verzweiflung getrieben, erhängt; da er keine zwei Pence besaß, um einen Strick zu kaufen, zerschnitt er seine Kleider in Streifen und machte sich einen daraus. Es geschah in einem einsamen Wald, wo nie jemand vorbeigeht; zwei Männer, die jagten, sahen ihn jedoch und schnitten ihn ab. Eine Zeitlang lag er wie tot da, zuletzt aber kam er wieder zu sich. Sie brachten ihn mit seinem schwarzen und verzerrten Gesicht in unser Haus! Und um die jammervolle Szene vollständig zu machen, waren da noch eine junge, aber gelähmte Frau und zwei schöne kleine Kinder.«[23]

Walpole antwortete ärgerlich: »Es ist sehr empörend, daß die Leute sich immer erhängen oder ertränken oder den Verstand verlieren müssen ...« Die Mischung von aristokratischer Langeweile und Gereiztheit ist typisch für das achtzehnte Jahrhundert. Obgleich man den Selbstmord mit Vernunftgründen rechtfertigte und die alten Gesetze für grotesk erklärte und taktvoll ignorierte, wurde die Tat, gemessen an den geltenden dandyhaften Anstandsregeln, als lästig und als primitiv empfunden.

Selbstmord war deshalb nicht mehr literaturfähig. Zu Beginn des Jahrhunderts hatte Addison[24] ein Stück geschrieben, das von Cato, dem nobelsten aller römischen Selbstmörder, handelte. Es hatte einen derart gewaltigen Erfolg, daß Pope[25], von dem der Prolog stammte, einem Freund schrieb: »Cato war im Rom seiner Tage kein solches Wunder, wie er es im Britannien unserer Tage ist.« Dabei ist Addisons *»Cato«* in einem unerträglichen Maß von Senecascher Erhabenheit und hoher politischer Grundsatztreue erfüllt. Bei jeder Aufführung wetteiferten Whigs und Tories miteinander, wer lauter klatschte. Catos Selbstmord wird im Stück fast zur Nebensächlichkeit. Jahre später allerdings, 1737, Sprang Eustache Budgell – ein Vetter Addisons und ein drittklassiger Literat, den Pope in *»The Dunciad«* verewigte – nachdem er sich die Taschen mit Steinen vollgestopft hatte, in die Themse und hinterließ eine nichtssagende Selbstmordnotiz:

Was Cato tat und guthieß Addison,
Kann falsch nicht sein.

Das Couplet ist unfertig; noch im Tode ließ den Dichter seine Muse im Stich. Aber vielleicht kam das nur daher, weil der Selbstmord kein inspirierender Gegenstand mehr war. Selbst Edward Young[26], der die *»Night Thoughts«*, eine Lobpreisung des Todes in neun Büchern, verfaßte, hatte auf seinem Kaminsims einen Totenkopf stehen. Er nahm zwar für sich in Anspruch, daß seine Träume »das Glas heimsuchten«, verwarf den Selbstmord jedoch mit hochmütiger christlicher Geringschätzung; er schrieb die Tat losem Lebenswandel zu. Trotz aller klassischer Präzedenzfälle wurde der Selbstmord nicht mehr für ein der Dichtung angemessenes Thema gehalten.

Es gab zwei wichtige Ausnahmen von der Regel: William Cowper, der einen kläglichen, aber komplizierten Versuch machte, sich das Leben zu nehmen, und diesen Versuch später ausführlich beschrieb, und Thomas Chatterton, dessen Selbstmord Aufsehen erregte und zum Sinnbild für die nächste Dichtergeneration wurde. Cowper, der übrigens mütterlicherseits von John Donne abstammte, erscheint auf den ersten Blick als klassisches Beispiel des unter Entbehrung, Schuldgefühl und Kränkung leidenden, vom ›Todestrieb‹ besessenen Menschen. Er war sechs Jahre alt, als seine geliebte und liebevolle Mutter 1737 im Kindbett starb. Wenig später wurde er in ein elendes kleines Internat gesteckt, wo er zwei Jahre lang so brutal tyrannisiert wurde, daß er einen Nervenzusammenbruch erlitt. Über seinen Hauptpeiniger schrieb er später: »Ich erinnere mich, daß die Grausamkeit, mit der er mich behandelte, in meiner Seele ein solches Entsetzen vor seiner Gestalt wachrief, daß ich mich fürchtete, die Augen höher als bis zu seinen Knien zu erheben.«[27] Es überrascht nicht, daß sein Nervenzusammenbruch die Form eines Augenleidens annahm; er war in Gefahr zu erblinden. Er kam deshalb zwei Jahre lang zu einem Augenarzt in Pflege, dann besuchte er die Westminster-Schule. Seine Augen blieben jedoch in schlechtem Zustand; im Alter von vierzehn Jahren erkrankte er schwer an Pocken; seither hatte er weniger mit den Augen zu tun. Es war, als hätte die eine Krankheitsstrafe die andere abgelöst.

Nachdem er Westminster verlassen hatte, ging er in ein Anwaltsbüro und von dort zum ›Middle Temple‹, wo er auf träge, elegante Manier Rechtsstudien betrieb; das heißt, er verbrachte die meiste Zeit mit den jungen Klugrednern der Stadt und parlierte über Literatur, Politik, literarische Machenschaften und Frauen, »kichernd und andere zum Kichern bringend«, wie er sagt. Doch fast unmittelbar nachdem er sein Quartier im Tempel bezogen hatte und, nach den Worten Bagehots, in »eine verschwommene, literarische, gegen alles gefeite Trägheit« verfallen war, erlitt er wieder einen Nervenzusammenbruch. Monatelang war er ebenso unfähig zu arbeiten wie nicht zu arbeiten: »Tag und Nacht erlebte ich Folterqualen, legte mich in Ängsten nieder, stand in Verzweiflung auf.« Ein Jahr lang schleppte er sich so hin, bis die Depression eines Tages ebenso plötzlich verschwand, wie sie gekommen war. Darauf kehrte er zu seinen juristischen und literarischen Liebhabereien in London zurück. 1754 wurde er als *Barrister* zugelassen, zwei Jahre später starb sein Vater. Er hinterließ ihm ein kleines, aber willkommenes Einkommen, das ihn eine Zeitlang vor der Notwendigkeit bewahrte, sich ernsthaft mit der Jurisprudenz zu befassen. Er widmete sich seinen schriftstellerischen Freunden im Nonsense Club und erlitt die üblichen Enttäuschungen in der Liebe. Mit Ende Zwanzig war er zu einer leicht altjüngferlichen Figur geworden; scheu, zappelig, untüchtig, um seine Gesundheit besorgt und anfällig für Klaustrophobie.

Als er zweiunddreißig Jahre zählte, hatte er seine Erbschaft nahezu aufgebraucht, seine Zukunftsaussichten waren gering. Wieder verfiel er in finstere Grübeleien. Seine einzige Hoffnung war eine Angestelltenstelle im englischen Oberhaus, dem *House of Lords*. Die Stellung war besetzt durch einen Verwandten. In seinen Zukunftssorgen, seiner stetigen Hilflosigkeit und seiner Angst vor der Verarmung wünschte Cowper dem Mann, der auf dem Posten saß, im Scherz den Tod. Sein Wunsch wurde prompt erfüllt: der Angestellte starb, und Cowper wurde die Stellung angeboten. Außerdem hatte er noch zwei höhere und besser bezahlte Stellungen in Aussicht. Aber das Gefühl seiner Schuld überwältigte ihn. Es war, als glaubte er, den Angestellten durch seine heimliche Feindseligkeit wirklich ermordet zu haben. Um Sühne zu leisten, lehnte er die beiden besseren Positionen zugunsten der im Vergleich dazu geringen und schlechtbezahlten Stellung ab. Seine Anstellung stieß jedoch auf politischen Widerstand, und er mußte mit einer öffentlichen Untersuchung im Oberhaus rechnen. Auch in seinen besten Zeiten war er äußerst schüchtern; jetzt kam zu der Schüchternheit Schuldbewußtsein hinzu. Beides zusammen ließ die Aussicht auf ein feindseliges Kreuzverhör vor versammeltem Oberhaus unerträglich erscheinen. Auf der anderen Seite wußte er nicht, wie er einen Ausweg finden konnte, ohne Major Cowper, seinen Gönner, zu blamieren. Wenige Monate zuvor noch war seine einzige Hoffnung auf eine annehmbare Zukunft vom Tod des Protokollführers abhängig gewesen. Jetzt blieb ihm nichts anderes übrig, als auf einen Nervenzusammenbruch zu hoffen. Er wollte sich in den Wahnsinn flüchten, und wenn dies mißlang, seine Schuld sühnen, indem er sich das Leben nahm. Viel später hat er die Ereignisse selbst geschildert:

»Meine größte Sorge war, meine Sinne möchten mich nicht früh genug im Stich lassen, um mein Nichterscheinen vor der Schranke des Oberhauses zu entschuldigen, welches einziges Ziel ich verfolgte. Deshalb näherte sich der Tag der Entscheidung, und ich war noch bei Sinnen; obgleich ich in meinem Herzen viele Wünsche bewegt und mündlich viele gegenteilige Hoffnungen ausgesprochen hatte.

Nun kam die große Versuchung, das Ziel, zu dem Satan mich immerfort hingetrieben hatte, der dunkle und höllische Plan des Selbstmords. Ich wurde mißmutiger und zurückhaltender, floh alle Gesellschaft, selbst die meiner engsten Freunde, und schloß mich in meinem Zimmer ein. Der Ruin meines Vermögens, die Verachtung meiner Verwandten und Bekannten, der Schaden, den ich meinem Gönner zufügen würde, drängten mit unwiderstehlicher Kraft auf mich ein. Da ich mich mit dem Gedanken an den bevorstehenden Wahnsinn abgefunden hatte, begann ich mich auch mit dem Gedanken an den bevorstehenden Tod abzufinden. Obwohl ich früher in meinen glücklichsten Stunden niemals einen einzigen Blick in diese Richtung hatte werfen können, ohne beim Gedanken an die Auflösung zu schaudern, sehnte ich mich jetzt danach, und die Vorstellung, sie selbst herbeizuführen, schreckte mich nur wenig. Vielleicht, dachte ich, gibt es keinen Gott oder sofern es ihn gibt, mögen die Schriften falsch sein; in dem Fall hat Gott nirgendwo Selbstmord verboten. Ich betrachtete mein Leben als mein Eigentum und glaubte daher, daß ich selbst darüber bestimmen könne. Männer mit bedeutenden Namen, sagte ich mir, haben sich getötet, und die Welt zollt ihrem Andenken dennoch höchste Achtung.

Vor allem aber war ich davon überzeugt, daß auch, wenn die Tat noch so gesetzeswidrig wäre und auch wenn die Christenheit die Wahrheit spräche, mein Elend in der Hölle selbst erträglicher sein werde. Ich entsinne mich zudem gut, daß mein Vater, als ich im Alter von elf Jahren war, einmal wünschte, ich sollte eine Verteidigung des Selbstmords lesen und ihm meine Meinung über diese Frage mitteilen: ich tat es und äußerte mich gegen die Schrift. Mein Vater hörte meine Begründungen an und schwieg, weder billigend noch mißbilligend; woraus ich schloß, daß er mit dem Autor gegen mich Partei ergriff; obgleich das wahre Motiv für sein Verhalten, wie ich glaube, die ganze Zeit der Wunsch war, möglichst günstig über den Zustand eines verschiedenen Freundes zu denken, der sich einige Jahre zuvor das Leben genommen und dessen Tod meinem Vater den tiefsten Kummer bereitet hatte. Aber diese Erklärung der Angelegenheit war mir nicht ein einziges Mal eingefallen. Nun war der Umstand von großem Gewicht für mich.

In dieser Zeit geriet ich in einem Speisehaus in die Gesellschaft eines älteren Mannes von gutem Äußeren, den ich dort schon oft gesehen, mit dem ich aber nie gesprochen hatte. Er begann die Unterhaltung und redete viel von den Trübsalen, die er gelitten hatte. Dies öffnete ihm mein Herz; ich nahm offen und bereitwillig an dem Gespräche teil. Schließlich wurde der Selbstmord zum Thema desselben, und in der Folge stimmten wir darin überein, daß manche Menschen es zufrieden seien, ihre Sorgen immer weiter mit sich bis zum Grab zu schleppen, und andere dagegen nicht; dies habe nur den einen Grund: Die letzteren seien mit einer gewissen empörerischen Kraft des Geistes ausgestattet, die sie das Leben verachten lehre, den ersteren mangele diese Kraft. Ein anderer Mann, den ich in einer Schenke traf, erklärte mir, er sei in dieser Angelegenheit zu einer festen Ansicht gelangt und zweifle nicht an seiner Freiheit, zu ihm angemessen scheinender Zeit zu sterben; obgleich, nebenbei bemerkt, dieser selbe Mann, der seither zahlreiche und bedeutende Heimsuchungen erfahren hat, noch immer am Leben ist. Dies waren die Boten des Thrones der Finsternis, die auf mich losgelassen wurden. Gepriesen sei der Herr, der aus all dem Bösen viel Gutes fügte! Die Übereinstimmung der Ansichten voneinander unbekannten Männern von Verstand erachtete ich für ein befriedigendes Urteil in der Frage und beschloß, demzufolge zu handeln.

An einem Novemberabend des Jahres 1763 ging ich, sobald es dunkel geworden war, so heiter und sorglos, wie ich mich stellen konnte, in den Laden eines Apothekers und verlangte ein halbes Unzenfläschchen Laudanum. Der Mann schien mich prüfend zu betrachten, doch wenn es so war, gelang es meiner Stimme und meinem Aussehen, ihn zu täuschen. Da der Tag, an dem ich vor den Schranken des Oberhauses erscheinen mußte, noch nicht gekommen, bis dahin noch etwa eine Woche Zeit war, trug ich die Flasche in der Seitentasche bei mir, entschlossen, davon Gebrauch zu machen, sobald ich davon überzeugt sein würde, daß es keinen anderen Fluchtweg gab. Dies schien in der Tat bereits jetzt offenbar; doch war ich willens, mir jede mögliche Chance der Art einzuräumen und die greuliche Ausführung meines Plans bis zum letzten Augenblick hinauszuschieben; doch Satan war über die Verzögerung ungehalten.

Am Tag vor der obengenannten Frist, als ich in Richards Kaffeehaus frühstückte und die Zeitung las, stieß ich darin auf einen Brief, der meine Aufmerksamkeit in zunehmendem Maß fesselte. Ich kann mich an seinen Inhalt jetzt nicht mehr erinnern, doch bevor ich ihn damals beendet hatte, schien es mir erwiesenermaßen wahr, daß er eine gegen mich gerichtete Schmähschrift oder Satire war. Der Autor schien von meinem Selbstmordvorhaben unterrichtet zu sein und den Brief in der Absicht geschrieben zu haben, die Ausführung sicherzustellen und zu beschleunigen. Wahrscheinlich begann mein Geist damals in Unordnung zu geraten; wie dem auch war, sicherlich unterlag ich einer starken Täuschung. Ich sagte mir: ›Deine Grausamkeit soll befriedigt werden; du sollst deine Rache haben!‹, warf die Zeitung hin und stürzte in einem Anfall heftigster Gemütserregung aus dem Lokal; ich wandte mich den Feldern zu, in der

Annahme, dort irgendein Haus zu finden, in dem ich sterben könnte oder, wenn dies nicht der Fall wäre, entschlossen, mich in einem Graben zu vergiften, sofern ich auf einen stieße, der abgelegen genug war.
Bevor ich eine Meile in den Feldern gegangen war, kam mir der Gedanke, ich könnte mein Leben noch retten, ich hätte nichts weiter zu tun, als meine Papiere zu verkaufen (was sich in einer Stunde erledigen ließe), an Bord eines Schiffs zu gehen und mich nach Frankreich befördern zu lassen. Dort versprach ich mir, falls jede andere Art des Lebensunterhalts versagen sollte, ein bequemes Asyl in einem Kloster, welches ich leicht finden würde, wenn ich die Religion wechselte. Nicht wenig erfreut über diesen Ausweg, kehrte ich in meine Zimmer zurück, um alles, was sich so schnell ordnen ließ, zusammenzupacken; doch während ich meinen Mantelsack untersuchte, änderten sich meine Gedanken abermals; und der Selbstmord stellte sich mir von neuem in allen seinen Vorzügen dar.
Da ich nicht wußte, wo mich vergiften, denn ich war in meinen Räumen dauernder Störung durch meine Wäscherin und ihren Mann ausgesetzt, ließ ich diese Absicht fallen und beschloß, mich zu ertränken. Deshalb nahm ich sogleich einen Wagen und befahl dem Mann, mich zum Tower-Ufer zu fahren; ich wollte mich vom Custom-House-Kai in den Fluß stürzen. Es wäre sonderbar, sollte ich hier meiner Verwunderung nicht darüber Ausdruck geben, daß ich beständig von Orten weggehetzt wurde, die für mein Vorhaben höchst geeignet waren, zu anderen, wo seine Ausführung fast unmöglich sein mußte, von den Feldern, wo ein mich hinderndes Ereignis unwahrscheinlich war, zum Custom-House-Kai, wo ein Zwischenfall solcher Art zu erwarten war; und das durch einen plötzlichen Impuls, der gerade lang genug anhielt, um mich wieder in mein Zimmer zurückzuschicken, und dann sogleich aufzuhören. Nichts schien leichter durchführbar als der Plan, nach Frankreich zu gehen. Doch nur bis er seinen Zweck erfüllt hatte. Gleich darauf erschien er unanwendbar und unsinnig, ja geradezu lächerlich ...
Am Tower-Ufer stieg ich aus der Kutsche, in der Absicht, nie mehr zu ihr zurückzukehren; doch als ich zum Kai gelangte, sah ich, daß das Wasser untief war und daß ein Lastträger sich auf einen Stapel Waren gesetzt hatte, gleichsam als wollte er mich vorsätzlich hindern. Da dieser Zugang zum Höllenschlund mir gnädig verschlossen ward, kehrte ich zur Kutsche zurück und

befahl, wieder zum Middle Temple zu fahren. Ich zog die Vorhänge zu, suchte abermals Zuflucht bei dem Laudanum und beschloß, es unverzüglich zu trinken; doch Gott hatte es anders bestimmt. Ein plötzlicher Krampf erschütterte mein ganzes Nervensystem, nicht eigentlich ein Zittern, sondern eine krampfhafte Erregung, die mich gewissermaßen außerstand setzte, die Glieder zu gebrauchen; und mein Geist wurde nicht weniger erschüttert als mein Körper.

Zwischen Todesangst und Todeswunsch hin- und hergerissen, führte ich die Phiole zwanzigmal zum Mund und fühlte mich ebenso oft unwiderstehlich gehindert; und selbst damals erschien mir, eine unsichtbare Hand zöge die Flasche fort, so oft ich sie an die Lippen setzte. Ich erinnere mich deutlich, daß ich diesen Umstand mit einiger Überraschung zur Kenntnis nahm, obwohl er in meinem Vorsatz keine Änderung bewirkte. Nach Atem ringend und in entsetzlicher Angst warf ich mich auf den Wagensitz zurück. Einige Tropfen Laudanum, die mir auf die Lippen geraten waren, begannen, zusammen mit den Dünsten des Gifts, mich benommen zu machen. Ich bedauerte den Verlust einer so günstigen Gelegenheit und war dennoch völlig unfähig, mich ihrer zu bedienen. Entschlossen, nicht zu leben, und vor Qual schon halbtot, kehrte ich wieder zum Middle Temple zurück. Unverzüglich begab ich mich auf mein Zimmer, und nachdem ich sowohl die äußere als auch die innere Tür verschlossen hatte, bereitete ich mich auf die letzte Szene der Tragödie vor. Ich goß das Laudanum in eine kleine Schüssel, stellte sie neben dem Bett auf einen Stuhl, entkleidete mich halbwegs und legte mich, schaudernd über das, was ich nun sogleich tun wollte, zwischen die Bettücher. Ich machte mir bittere Vorwürfe wegen meiner Torheit und ekelhaften Feigheit und weil ich es gelitten hatte, daß die Todesangst mich derart beeinflußte. Mein jämmerlicher Kleinmut erfüllte mich mit Verachtung: doch noch immer schien etwas mir Einhalt zu gebieten und zu sagen, *Bedenke, was du tust! Erwäge und lebe!*

Endlich jedoch streckte ich, aufs äußerste entschlossen, die Hand nach der Schüssel aus; im selben Augenblick verkrümmten sich die Finger beider Hände so fest, als seien sie gefesselt, sie wurden gänzlich gebrauchsunfähig. Allerdings hätte ich mich noch immer mit den beiden Händen, so tot und leblos sie auch waren, behelfen und die Schüssel an den Mund heben können, denn meine Arme waren nicht im mindesten betroffen: doch über die neue Schwierigkeit befiel mich große Verwunderung; sie sah aus wie ein göttlicher Eingriff. Ich legte mich wieder ins Bett, um darüber nachzusinnen, und hörte, damit beschäftigt, den Schlüssel in der äußeren Tür sich drehen. Gleich darauf trat der Mann meiner Wäscherin ein. Inzwischen war die Beweglichkeit meiner Finger wiedergekehrt: Ich stand hastig auf, zog mich an, versteckte die Schüssel und ging, ein möglichst gelassenes Gehaben vortäuschend, ins Eßzimmer. Nach wenigen Minuten wurde ich allein gelassen; und nun hätte ich mich, da ein ganzer Nachmittag vor mir lag, gewiß umgebracht, wäre Gott nicht offenbar dazwischengetreten, um mich am Leben zu erhalten.

Der Mann und die Frau waren gegangen, doch kaum waren die äußeren Hindernisse entfernt, als neue innere auftraten. Eben hatte der Mann die Tür hinter sich geschlossen, da kam der Geist mächtig auf mich hiernieder, und in meinen Gefühlen vollzog sich ein völliger Umschwung. Die Abscheulichkeit des Verbrechens stellte sich mir in so starkem Licht dar, daß ich, von einer Art wütender Empörung gepackt, die Schale ergriff, das Laudanum in eine Flasche mit schmutzigem Wasser goß und sie auch noch aus dem Fenster warf. Nachdem sie diesem Zweck gedient hatte, erlosch die Regung wieder.

Den Rest des Tages brachte ich in einer Art dumpfer Gefühllosigkeit zu, unentschlossen wegen der Art und Weise, doch zum Selbstmord als der einzig möglichen Erlösung immer noch entschlossen ...

Ich ging zu Bett, um, wie ich glaubte, mich zum letzten Schlaf in dieser Welt niederzulegen. Der nächste Morgen sollte mich vor die Schranken des Oberhauses bringen; ich beschloß, ihn nicht mehr zu sehen. Ich schlief wie gewöhnlich und erwachte gegen drei Uhr. Sogleich fuhr ich auf, fand mit Hilfe einer Binsenkerze mein Federmesser, nahm es mit ins Bett, setzte es mit der Spitze gegen mein Herz und lag so einige Stunden. Zwei- oder dreimal stellte ich es aufrecht unter meine linke Brust und lehnte mich mit dem ganzen Gewicht darauf; doch die Spitze brach glattweg ab, und es drang nicht in meinen Körper ein.

Auf solche Weise verging die Zeit bis zum Tagesanbruch. Ich hörte die Uhr sieben schlagen und begriff augenblicklich, daß keine Zeit zu verlieren war: Bald würden die Amtszimmer geöffnet werden, und mein Freund käme, um mich nach Westminster mitzunehmen. ›Die Zeit ist da‹, dachte ich, ›dies ist der Augenblick der Entscheidung; kein Spielen mehr mit der Liebe zum Leben!‹ Ich stand auf und verriegelte, so glaubte ich, die innere Tür zu meinen Räumen, irrte mich jedoch; die Berührung täuschte mich, ich ließ den Riegel, wie er war...

Nun war kein zögernder Gedanke verblieben, vielmehr ging ich begierig an die Ausführung meines Plans. Mein Hosenband bestand aus einem breiten Stück scharlachroter Borte, hatte eine an den Enden angenähte Gleitschnalle: mit Hilfe der Schnalle machte ich eine Schlinge, legte sie mir um den Hals und zog sie so stramm zu, daß ich kaum atmen, mein Blut kaum zirkulieren konnte; der Stift der Gürtelspange hielt sie fest. An jeder Ecke des Betthimmels war ein geschnitztes Kranzgewinde mit einem eisernen Stift befestigt, der mitten durch die Girlande nach oben führte: ich warf den anderen Teil des Hosenbandes, der eine Schlaufe bildete, über einen der Eisenstäbe und hing so einige Sekunden, wobei ich die Füße an mich zog, damit sie nicht den Boden berührten; aber das Eisen krümmte sich und das Schnitzwerk löste sich, mit ihm der Gürtel. Ich befestigte ihn darauf am Rahmen des Baldachins, wand ihn darum und verknotete ihn. Doch der Rahmen zerbrach und ließ mich abermals auf den Boden fallen.

Der dritte Versuch schien besser gelingen zu sollen. Ich öffnete die Tür, die bis auf einen Fuß Abstand zur Decke reichte; mittels eines Stuhls konnte ich bis zu ihrem oberen Rand gelangen. Da die Schlaufe weit genug war, um ein breites Stück Tür zu umfassen, konnte ich sie leicht so befestigen, daß sie nicht wieder herabglitt. Ich stieß den Stuhl mit den Füßen weg und hing nun in meiner ganzen Länge da. Während ich dort hing, hörte ich deutlich eine Stimme dreimal sagen: ›Es ist vorbei!‹ Obwohl ich mir dessen ganz sicher bin und es mir auch damals war, erschreckte es mich nicht im mindesten und beeinträchtigte nicht meine Entschlossenheit. Ich hing so lange, daß mir Sinne und Bewußtsein meines Daseins schwanden.

Als ich wieder zu mir kam, glaubte ich mich in der Hölle; der Laut meines eigenen schrecklichen Gestöhns war alles, was ich vernahm, und eine Empfindung, wie sie die Berührung eines Blitzstrahls erzeugt, zuckte durch meinen ganzen Körper. Nach einigen Sekunden merkte ich, daß ich mit dem Gesicht auf den Boden gefallen war. Nach etwa einer halben Minute kam ich auf die Füße, und taumelnd, schwankend, stolperte ich wieder ins Bett...

Bald nachdem ich mich hingelegt hatte, hörte ich zu meiner Überraschung ein Geräusch im Eßzimmer, wo die Wäscherin Feuer anmachte; sie hatte die Tür unverriegelt gefunden, trotz

meiner Absicht, sie zu versperren, und mußte also an der Tür zum Schlafzimmer vorübergegangen sein, während ich dort hing, hatte mich jedoch nicht bemerkt. Sie hörte mich fallen und kam nun, um nach meinem Befinden zu fragen; da sie, wie sie hinzufügte, fürchtete, ich hätte einen Anfall gehabt.
Ich schickte sie zu einem Freund, dem ich die ganze Geschichte erzählte und den ich in das Kaffeehaus zu meinem Verwandten schickte. Sobald dieser eingetroffen war, zeigte ich auf den zerrissenen Gürtel, der mitten im Zimmer lag, und berichtete ihm auch von dem Versuch, den ich unternommen hatte. Er sagte hierauf: ›Mein lieber Mr. Cowper, Sie erschrecken mich! Natürlich können Sie unter diesen Umständen das Amt nicht bekleiden – wo ist die Deputation?‹ Ich gab ihm den Schlüssel zur Schublade, in der sie aufbewahrt lag; und da sein Geschäft sein sofortiges Erscheinen erforderte, nahm er sie mit, und so endete meine ganze Verbindung zum Parlament.«[28]
Dies liest sich fast wie eine aufrichtige Krankengeschichte, wie eine Illustration zur frühen Freudschen Deutung des Selbstmords als übertragene Aggression. Cowper ist so entsetzt über die eigene Feindseligkeit (jemandem, dessen Stelle er haben möchte, den Tod zu wünschen), daß er, statt sich zu ihr zu bekennen, sie gegen sich selbst richtet und Wahnsinn und Selbstvernichtung wählt. Und sobald der Entschluß gefaßt ist, trägt alles zu dieser Entscheidung bei: Zufallsbekannte in einem Speisehaus und einer Schenke preisen den Selbstmord als die vernünftigste Lösung im Fall von Elend und Not. Als seine Paranoia zunimmt, erscheint Cowper ein in einer Zeitung abgedruckter Brief als gehässiger, persönlicher Angriff, der ihn in den Tod drängt. Vor allem taucht eine lebhafte Kindheitserinnerung an seinen Vater wie aus der Unterwelt auf; sie stärkt ihn darin, daß Selbstmord die richtige Antwort sei. Aber trotz seines überwältigenden Schuld- und Verdammungs-Gefühls, das ihn immer wieder heimsucht, und trotz der Symptome einer ernsthaften Geisteskrankheit war Cowper kein echter Selbstmörder. Vielmehr führte seine Psychose zu einer derartigen Spaltung in ihm, daß jede Selbstmordabsicht vereitelt und von einem anderen selbstzerstörerischen Impuls ersetzt wurde. Das Ergebnis war nicht Selbstmord, sondern eine Reihe verzweifelter Manöver, die den Tod mehr verhinderten als herbeiführten. Es ist, als sei die ganze Episode ein schreckliches Gewaltmanöver gewesen, bei dem Cowper den Tod durch immer heftiger werdende Einzelaktionen herausforderte, in der Hoffnung, der Wahnsinn

werde intervenieren, um ihn zu retten. Er unternahm Selbstmordversuche, nicht um zu sterben, sondern um sich selbst in den Wahnsinn zu treiben.

Wahnsinn bot einen zwar zweideutigen, doch offenkundigen Vorteil; er befreite von den zermürbenden Alltagspflichten. Für Cowper bedeutete dies Befreiung vom unsympathischen Juristenberuf, von seinem sich rapide vermindernden privaten Einkommen, von Einsamkeit und krankhafter Schüchternheit. Vor allem sollte auf diese Weise die unerträgliche Drohung einer öffentlichen Eignungsprüfung für eine Stelle verhindert werden, die er aus Schuldgefühl nicht annehmen konnte und wollte. Der Wahnsinn erschien Cowpers gestörter Perspektive als ein sicherer Hafen; man würde ihn wie ein Kind umsorgen, er würde den Halt finden, den er seit dem Tod seiner Mutter so schmerzlich entbehrt hatte. Er sollte recht haben. Nach seiner Entlassung aus dem Irrenhaus taten sich seine Verwandten zusammen und setzten ihm ein kleines Einkommen auf Lebenszeit aus. Er brauchte nie mehr seinen Lebensunterhalt zu verdienen.

Sicherlich wurzelte seine Angst in dem Gefühl, ein Ausgestoßener zu sein. Theologisch bedeutete sein Bewußtsein unerlösbarer Schuld die tiefe Verdammnis durch Gottes Zorn, so daß selbst die Hölle ihn nicht aufnehmen wollte:

Menschheit verleugnet und Gottheit verstößt mich,
Hölle könnt bieten der Not eine Zuflucht;
Darum hält sie die ewig hungrigen Mäuler
Vor mir verriegelt ...[29]

Diese Zeilen stammen aus »*Sapphics*«, Verse, die er unmittelbar nach seinem Selbstmordversuch schrieb, kurz bevor er zum erstenmal in ein Irrenhaus eingesperrt wurde. Es war in der Tat sein erstes ernsthaftes Gedicht. Das Thema ist das gleiche wie in seinem letzten und besten Gedicht »*The Castaway*«, das er sechsunddreißig Jahre später, in seiner letzten Wahnsinnsperiode, 1799, ein Jahr vor seinem Tod schrieb. In diesem Gedicht vergleicht er sein Schicksal mit dem eines Seemanns, der über Bord gespült und im Sturm dem Tod durch Ertrinken überlassen wird. Das Schiff befindet sich übrigens auf der Überfahrt von »*Albion's coast*«; neun Jahre vorher hatte Cowper ein Gedicht auf das Porträt seiner Mutter gemacht, in dem er sie in einem kunstvoll ausgeschmückten Bild mit einer »prächtigen Barke vor Albions Küste« vergleicht, die den Hafen sicher erreicht, während er hoffnungslos auf der See treibt; »Segel zerrissen, weit klaffende Fugen, Kompaß verloren«. Entscheidend ist, daß Cowper nicht im Tod das destruktive Element sieht – der Seemann stirbt schnell in einem nüchternen Zweizeiler: »Denn dann, von Müh besiegt er trank / Erstickend Wasser und versank.« Das eigentliche, quälende Entsetzen, mit dem er sich eingehend befaßt, ist das Gefühl, im Stich gelassen zu werden – »Der Freunde, Hoffnung gänzlich bar / Des schwimmend Heims für immerdar« – ähnlich wie Cowper selbst als Kind vorzeitig aus dem Elternhaus verbannt und in eine feindliche Welt ausgesetzt worden war.

Beständige Flucht ist die Essenz seines Lebens. Als Kind hatte er sich aus dem Unglück in die Krankheit geflüchtet. Später suchte er im Wahnsinn und in der Selbstvernichtung Schutz vor der Wirklichkeit. Dann suchte er sich vor dem Wahnsinn in die Religion zu retten. Als der Wahnsinn wiederkehrte, die Religion ihm jedoch unerreichbar schien, flüchtete er sich vor beiden spät in die Dichtung. Nach seinem ersten Aufenthalt im Irrenhaus wurde Cowper von einer ihm treu ergebenen Witwe versorgt, während er für geringes Entgelt bei einem einstigen Sklavenhändler und späteren Methodistenprediger namens Newton arbeitete und auch einige Hymnen für ihn schrieb. Dann kam es zu einem neuen Wahnsinnsanfall, von dem er nie mehr völlig genas. Danach hielt er sich für zu sehr verdammt, um auch nur die leichteste Predigertätigkeit ausüben zu können. Er widmete sich deshalb seinem Garten und seinen Haustieren. Mitte Vierzig fing er an, Verse über sie zu schreiben. Und eben diese Gedichte – *»The Task«* und *»John Gilpin«*, die den Tieren, Landschaften und Alexander Selkirk gewidmet sind – machten ihn zum meistgelesenen Autor seiner Tage. Die Gedichte gehören zur gemütvollen, friedlichen Seite seines Charakters. Ihr Thema: liebevoll beobachtete kleine Szenen des mittelständischen Alltags in den Home Counties. Diese Gedichte bedeuteten immerhin eine Ablenkung von Schuld und Verdammnis, dem ständigen Generalbaß seines Daseins. Obwohl Cowper sein Leben im Irrenhaus beendete, wo er sein bestes Gedicht, *»The Castaway«*, verfaßte, erscheint die Verzweiflungslyrik, die er im Zustand des Wahnsinns schrieb, gegenüber dem Hauptwerk etwas zurückzutreten.

So jedenfalls wurde sein poetisches Werk damals bewertet. Der Zeitgeschmack hielt nichts von privaten Emotionen. Es gab auch keine poetischen Stile, um Gefühlen gerecht zu werden und sie zu meistern. Selbst Thomas Gray[30] wurde in dem klassischen Lesebuchgedicht *»Elegy written in a Country Churchyard«* Unschicklichkeit vorgeworfen, und er kürzte daraufhin das Poem entsprechend. Cowper selbst war zutiefst ein Dichter seiner Zeit. Seine ungeheure Beliebtheit verdankte er der Fähigkeit, den Popeschen Stil dem mehr bürgerlichen, weniger literarischen Geschmack der zweiten Hälfte des achtzehnten Jahrhunderts anzupassen. Der Großteil seiner Verse ist fromm, gehorsam, häuslich, behaglich bis zur Selbstzufriedenheit. Sogar in *»The Castaway«* wird seine Verzweiflung gemildert und geglättet. Sie gibt sich augusteisch artig und geziert, mit dem Ergebnis, daß im Gedicht ein unangenehmer, teils melodramatischer, teils selbstbedauernder Unterton mitschwingt. Der Dichter selbst scheint sich einer gewissen Unziemlichkeit und Übertreibung bewußt zu sein, die er weder völlig aussprechen noch völlig unterdrücken konnte.

Als Hume schrieb, »für das Universum ist das Leben eines Menschen nicht von größerer Wichtigkeit als das einer Auster«, definierte er die Haltung des Zeitalters: Seine bewundernswerte, neue und in gewisser Hinsicht mutige Duldung des Selbstmords als einer Tat, zu der jeder berechtigt war, wurde aufgewogen durch eine angeborene Abneigung gegen theatralisches Benehmen und eine Denkungsart, die einen Gentleman von anständigem Benehmen und gutem Verstand dazu veranlaßte, ungeduldig gegenüber der Verzweiflung zu sein. Die einzige Alternative bestand darin, mehr oder weniger ignoriert oder verachtet zu werden: Christopher Smart schrieb in einem Irrenhaus und wurde lediglich für übergeschnappt gehalten; ebenso erging es Blake, der zwar aus dieser Zeit stammte, aber bereits einer ganz anderen Bewegung und Stilrichtung angehört. Im übrigen waren selbst die Erbittertsten und Reizbarsten außerstande, sich über Hemmungen und Verbote des vornehmen Klassizismus hinwegzusetzen und das zahme, einschränkende Medium des augusteischen Verses zu überwinden.

Eine der vielen Verehrerinnen, mit der Walpole endlose Briefe austauschte, bemerkt, in Frankreich sei fast immer finanzieller Ruin, selten Liebe Ursache des Selbstmords. In einem höchst vernünftigen Zeitalter war Geld das annehmbarste, weil vernünftigste Motiv. Auch Thomas Chatterton, der berühmteste aller literarischen Selbstmörder, vergiftete sich nicht aus Gefühlsüberschwang, sondern weil er sich durch die Schriftstellerei nicht am Leben erhalten konnte. Später erhoben ihn die Romantiker zum Symbol des dem Untergang geweihten Dichters. In Wirklichkeit war er ein Opfer der Literatenmisere und des Snobismus.

Er kam aus dem Untergrund der sozialen Schichten. Seine Vorfahren väterlicherseits waren seit Generationen Küster und Totengräber an der schönen gotischen Kirche von Saint Mary Redcliffe in Bristol gewesen. Der Vater war um ein oder zwei Sprossen auf der sozialen Leiter höhergeklettert: Er hatte es zum Schulmeister und zum dilettierenden Musiker und Zauberkünstler gebracht. Er starb jedoch drei Monate vor der Geburt seines Sohns Thomas im Jahr 1752, und seine Witwe lebte während der ganzen Kindheit ihres Sohns in größter Armseligkeit. Sie machte eine Kleinkinderschule auf, nahm Näharbeiten an, zeichnete für die Damen des Orts blaue Stickmuster auf Musselin. Kurz nach seinem achten Geburtstag wurde Chatterton in Colston's Hospital, eine Armenschule Bristols, geschickt. Als er sie nach sieben Jahren verließ, kam er zu einem öffentlichen Schreiber in die Lehre. Er war in die Sackgasse geraten, die für Arbeiter bestimmt war. Von ihr aus konnte er bestenfalls in den unteren Mittelstand aufsteigen; nach vieler Mühe eröffnete er eine eigene bescheidene Schreibstube.

Innerhalb von zwei Jahren, noch ehe er siebzehn war, hatte er den größten Teil der Rowley-Gedichte geschrieben – auf Pergament, in überzeugend wirkender mittelalterlicher Schrift, in mittelalterlichem Stil, mittelalterlicher Schreibweise und mit mittelalterlichem Wortschatz; es handelte sich um die erstaunlichste frühreife Leistung in der Geschichte der Literatur vor Rimbaud.

Er kam dadurch nicht weiter. Drei Respektpersonen der Stadt empfingen ihn herablassend. Er gab ihnen seine kostbaren Rowley-Manuskripte und erhielt als Gegengabe ihre gönnerhafte Gesellschaft und ein paar Schillinge. Er schrieb an den Londoner Verleger und Buchhändler Dodsley und sandte ihm eines seiner besten Rowley-Gedichte. Doch es wurde nichts daraus. Dann wandte er sich an Horace Walpole, der an sich ein idealer Mäzen zu sein schien: Er war nicht nur wohlhabend, einflußreich und angesehen, Mitbegründer des damaligen Schauerromans der *»gothic novel«*. Er hatte auch seinen Spaß am Plagiat.

Sein Roman *»The Castle of Otranto«* war zunächst als »eine Übersetzung von William Marshall, aus einem italienischen Manuskript, gefunden in der Bibliothek einer alten katholischen

Familie im Norden Englands, 1520 in Neapel in der gotischen Schrift gesetzt«, herausgebracht worden. Er hatte auch jene Stützpfeiler der Rowley-Fälschung, Redcliffe Church und Meister Canynge, in seinen »*Anecdotes of Painting*« erwähnt. Chatterton schickte ihm deshalb einen Beitrag zu den »*Anecdotes*«: »*The Ryse of Peyncteynge yn Englande, wroten by T. Rowlie, 1469, for Mastre Canynge.*« Es war ein kunstvolles Stück Simili-Gelehrsamkeit, erfüllt von Details und Forschungsergebnissen, im schönsten Rowlie-Englisch. Um die Sache noch gefälliger zu machen, fügte er einige Gedichtfragmente hinzu. Walpole war entzückt: begeistert darüber, an einer Entdeckung beteiligt zu sein. Er fühlte sich geschmeichelt, für einen Fachmann gehalten zu werden von jemandem, der vermutlich ebenfalls Fachmann war. Umgehend schrieb er Chatterton einen kriecherischen und überschwenglichen Brief, wie ein Gelehrter an seinen Kollegen. Er deutete an, daß er möglicherweise einige der Rowley-Gedichte drucken lassen wolle.

Nun beging Chatterton einen entscheidenden Fehler: Er nahm an, daß Walpole das Werk nicht wegen des snobistischen Genusses, den es ihm bot, sondern wegen seiner Qualität bewunderte. Er schickte ihm deshalb weitere Rowley-Gedichte. In seiner Begeisterung, von einem Literaturpapst ernst genommen zu werden, gestand er ihm außerdem, daß er kein begüterter Herr, vielmehr ein unbemittelter, sechzehnjähriger Lehrling war, der einen Mäzen suchte. Er konnte nicht wissen, daß Walpoles Knauserigkeit ebenso stark entwickelt war wie sein Snobismus. Walpole ließ Chatterton sogleich fallen. Der Gedanke, daß man ihm Forderungen stellen würde, entsetzte ihn ebenso wie das Gefühl, getäuscht worden zu sein. Jahre später stellte er es so dar, als hätte er Chatterton einen Brief geschrieben, »mit so viel Güte und Freundlichkeit, als sei ich sein Vormund«. In dem Brief habe er erklärt, Chattertons erste Pflicht gelte der Unterstützung seiner verwitweten Mutter; Dichtung sei eine Unterhaltung für Herren. *»Erst kommt das Fressen, dann kommt die Moral.«* Erst sollte er Geld verdienen, dann würde er Zeit genug haben, sich den Künsten zu widmen. Walpole fügte hinzu, die von ihm konsultierten Experten hätten ihm versichert, daß die Manuskripte unecht seien. Kurz, er wies den Parvenü auf entschiedene, aristokratische Art und Weise in seine Schranken. Aber er behielt die Manuskripte zurück; Chatterton mußte ihm mehrere empörte Briefe schreiben, ehe er sie herausgab. Walpole verzieh dem jungen Mann seine Frechheit nie. Noch Jahre nach Chatter-

tons Tod tat er das Seine dazu, daß der Verstorbene als ehrgeiziger kleiner Schwindler galt.
Chatterton war ebenso unversöhnlich, in seiner Rachsucht jedoch ohnmächtig. »Ich vermag Ihr Benehmen mir gegenüber«, schrieb er Walpole, als er noch versuchte, seine Texte zurückzubekommen, »mit der Vorstellung, die ich einst von Ihnen hegte, nicht in Einklang zu bringen. Ich erachte mich für beleidigt, Herr: und wären Ihnen meine Verhältnisse nicht bekannt, Sie würden mich nicht so zu behandeln wagen.«[31] Walpole bezeichnete diese Äußerung als »bemerkenswert unverschämt«, sie war jedoch auch bemerkenswert zutreffend. Das überströmende Talent, die Leichtigkeit, die Lust und die Erfindungsgabe, die Chatterton bei allem, was er anpackte, bewies, genügten nicht, um ihn von der Erbsünde seiner niedrigen Geburt freizusprechen. Sein Stolz war immer so groß wie sein Talent gewesen. Er litt unter der langweiligen unbezahlten Plackerei der Lehre und der knechtischen Stellung im Haushalt des öffentlichen Schreibers, wo er mit den Dienstboten essen und verkehren mußte und das Schlafzimmer mit dem Laufburschen teilte. Walpoles verachtungsvolles Benehmen verletzte ihn noch mehr. Das Leben unter den beschränkten, anmaßenden, kleinlichen Bürgern Bristols wurde ihm unerträglich.
Es gab jedoch kein Entrinnen. Als Lehrling war er von Gesetzes wegen an seinen Meister gebunden, der nur für seinen Unterhalt sorgte, ihm aber keinen Lohn zahlte. Seine Mutter gab ihm soviel sie konnte. Das war wenig genug. Die respektablen Bürger gaben ihm gelegentlich ein Trinkgeld für seine Manuskripte. Obwohl seine Gedichte nun allmählich in Zeitschriften veröffentlicht wurden, erhielt er kein Honorar. Er verlangte anscheinend auch keines; daß die Gedichte erschienen, genügte ihm. Zwangsläufig begann er Schulden zu machen. Sie waren zwar gering, aber in seinen Verhältnissen konnte er sie nicht zurückzahlen.
Im August 1769, nach viermonatiger Verzögerung, schickte Walpole ihm seine Manuskripte zurück. Im selben Monat beging Peter Smith, ein in Bristol lebender Dichterling, ein Bruder von Chattertons Schulfreund William, in einem Anfall von Groll über seine Familie Selbstmord, im Alter von einundzwanzig Jahren. Weniger als drei Monate später starb plötzlich Thomas Phillips, Chattertons Tutor und Mentor in der Schule. Der nur um wenige Jahre ältere Phillips, selbst ein Dichter, hatte den Knaben zu seinen ersten Versuchen ermutigt. Es war eine

schlimme Zeit. Chatterton bekam Streit mit seinen Pseudo-Gönnern. Er machte Walpole und jeden anderen, der ihn reizte, in satirischen Versen nach der Manier des Modedichters Charles Churchill herunter. Doch das bereitete ihm bestenfalls eine stellvertretende Genugtuung. Seine Schulden wuchsen weiter.

Im April 1770 wußte er sich finanziell nicht mehr zu helfen. Er schrieb an einen neuen Freund, einen Branntweinbrenner namens Michael Clayfield, dankte ihm für seine Güte und teilte ihm mit, daß er, Chatterton, bei Ankunft des Briefes tot sein werde. Doch ähnlich wie Dora, eine achtzehnjährige Hysterikerin und Patientin des jungen Freud, die einen Abschiedsbrief verfaßte, um ihren Kopf bei den Eltern durchzusetzen[32], ließ er das Schreiben herumliegen, und sein Meister, Lambert, fand es. Erschrocken meldete er es seinem Freund William Barrett, einem der Bürger, mit dem sich Chatterton noch nicht völlig überworfen hatte. Barrett gab Chatterton mahnende Ratschläge. Am nächsten Tag schickte Chatterton, der noch nicht wußte, wie Barrett von der Sache erfahren hatte, einen Brief, in dem er seine Beweggründe darlegte:

»Es ist mein Stolz, mein verdammter, angeborener, unbezähmbarer Stolz, der mich in Raserei stürzt. Sie müssen wissen, daß ich zu neunzehn Zwanzigstel aus Stolz gemacht bin. Ich muß entweder als ein Sklave, ein Diener leben; keinen eigenen Willen haben, keine eigenen Gefühle, die ich freiweg als solche erklären kann – oder – STERBEN – eine bestürzende Wahl!«

Bei einem jungen Menschen, der nicht allein beispiellos begabt, sondern außerdem das einzige männliche Mitglied einer ihn verzärtelnden Familie war, war dieser Stolz nur natürlich. Er gehörte zum Wesen seines Talents. Auf diese Weise fiel es ihm leicht, grausige mittelalterliche Hindernisse für seine Dichtung zu schaffen und sie dann mühelos zu überwinden. Der Stolz war ein Teil seiner starken persönlichen Anziehungskraft, der alle, vor allem Frauen, kaum zu widerstehen vermochten: ungewöhnliche Männlichkeit, Selbstbeherrschung und Unabhängigkeit; eine Aura leidenschaftlicher Präsenz, wenn er entflammt war, die mit plötzlichen Anfällen tiefer Versunkenheit abwechselte. Auffallend waren vor allem seine seltsamen grauen Augen, »auf deren Grund Feuer flackerte«, wie Barrett sagte; George Catcott, ein anderer Mitbürger, sprach von »einer Art Habichtauge, man konnte bis in seine Seele blicken«.

Bei einem solchen Charakter empfand Chatterton seine Geldknappheit und soziale Machtlosigkeit, seine Stellung unter Dienstboten, die er verachtete, die groben Verweise und die Herablassung, mit der er behandelt wurde, als unerträgliche Schmach. Henry Burgum, der dümmste der Bristoler Stadtväter, kränkte Chatterton vollends durch seine Ablehnung, ihm die kleine Summe – »im ganzen keine fünf Pfund« – zu leihen, die ihn schuldenfrei gemacht hätte. Als Chattertons erster Abschiedsbrief gefunden worden war, hatte man ihn bereits gezwungen, unter demütigenden Umständen Farbe zu bekennen. Sein Stolz ließ ihm keine andere Wahl, als einen neuen Versuch zu unternehmen. Am Karsamstag, als er vermutlich allein Dienst tat, setzte er sich hin und schrieb seinen ›Letzten Willen und sein Testament‹, dem er die Bemerkung vorausschickte: »All dies Samstag zwischen elf und zwei Uhr in äußerster Seelennot geschrieben.« Seelennot kommt jedoch weniger deutlich zum Ausdruck als Zorn. Der Letzte Wille beginnt mit einer Reihe bissiger Reimpaare, die den drei Honoratioren gewidmet waren. Die folgende Prosa ist gekennzeichnet von dem gleichen verachtungsvollen Ton für das Philistertum und die Krämerseelen Bristols. Chatterton vermied es jedoch sorgfältig, seinen Meister Lambert zu erwähnen. Es war, als wolle er (obwohl er doch Selbstmord erwog) sich die einzige Person nicht zum Feind machen, von der sein künftiges Wohlergehen (falls es überhaupt mit ihm weiterginge) abhängen würde.
Für einen Abschiedsbrief ein merkwürdig übermütiges Schreiben! Es liest sich, als hätte er es mit großem Vergnügen abgefaßt. Sein Tod, den er für den Abend des nächsten Tages voraussagte, scheint ihm unwesentlicher als sein Bedürfnis zu sein, allen zu zeigen, wie genau und unbarmherzig er ihren Dünkel durchschaute. Wieder ließ er den Brief an deutlich sichtbarer Stelle liegen, und wiederum wurde er entdeckt. Lambert und seine Frau entsetzten sich beim Gedanken, einen Selbstmörder in ihrem angesehenen Betrieb zu beschäftigen. Sie entließen Chatterton unverzüglich aus dem Lehrvertrag. Es war, als hätten sich seine kindlichsten Träume von der Allmacht, die ihm ein Selbstmord aus Rache verschaffen würde, erfüllt. Durch die Drohung, sich das Leben nehmen zu wollen, erhielt er etwas, was nur der wirkliche Selbstmord möglich zu machen schien: seine Freiheit.
Eine Woche später fuhr er nach London, in der Zuversicht, sein Glück als Schriftsteller zu machen. Er hatte guten Grund, an

seine Aussichten zu glauben. Er hatte bereits häufig in großstädtischen Zeitschriften publiziert. Die Herausgeber gaben ihm Ermunterungen und vage Zusicherungen. Gleich nach seiner Ankunft in der Stadt suchte er die Zeitungsleute auf. Er scheint auf sie durch seine ungewöhnlich leidenschaftliche, starke Ausstrahlung Eindruck gemacht zu haben. Sie nahmen seine Manuskripte an, und ihre Versprechungen klangen noch großartiger als vorher. Rowleys reiche Phantasie verwandelte diese Andeutungen in Visionen von Glanz und Erfolg, die er in seinen Briefen an Mutter und Schwester begeistert ausmalte. Ihnen zuliebe erfand er auch Geschichten, in denen Türen bei seiner bloßen Berührung sich öffneten und Prominente heftig nach der Bekanntschaft mit ihm verlangten.

In Wirklichkeit wohnte er zusammen mit einem entfernten Vetter seiner Mutter in einem Elendsquartier von Shoreditch und mußte, wie stets, das Schlafzimmer mit jemandem teilen. Diesmal war sein Zimmergenosse der Sohn des Hauses, der sich über Chattertons Gewohnheit ärgerte, den größten Teil der Nacht mit Schreiben zu verbringen und den Fußboden, bevor er zu Bett ging, mit Papierfetzen der Gedichte zu übersäen, die er wieder vernichtet hatte. Obwohl er überall publizierte und mit erstaunlicher Leichtigkeit und Raschheit satirische Verse, politische Essays und Streitschriften schrieb, wurde er systematisch ausgenutzt und ständig unterbezahlt. Seine Arbeit im Monat Mai brachte ihm nur vier Pfund, fünfzehn Schilling, neun Pence ein; Mitte des Monats, weniger als vier Wochen nach seiner Ankunft in London, ging sein Glück schon zu Ende. Zwei Herausgeber, die ihn am stärksten ermutigt hatten, wurden aus politischen Gründen inhaftiert. Die anderen nahmen dies als ein Zeichen dafür, daß die Regierung gegen die oppositionelle Presse scharf vorgehen wolle. Sie hielten sich daraufhin vorsichtig zurück. Chattertons geringe Einkommensquellen drohten zu versiegen.

Einen Monat später jedoch schien sich sein Glück wieder zu wenden. Er hatte einen Brief geschrieben, in dem er den Oberbürgermeister von London, William Beckford, einen der politischen Helden des Tages, verteidigte. Beckford billigte die Arbeit und erklärte sich bereit, einen zweiten ähnlichen Brief entgegenzunehmen. Chatterton überredete William Bingley mit all seiner Energie und seinem Charme dazu, den Brief im ›*North Briton*‹, der vornehmsten Wochenschrift, zu veröffentlichen. Bingley war so beeindruckt von dem jungen Mann, daß er versprach,

Chattertons Aufsatz eine ganze Ausgabe zu widmen. Als der Artikel bereits im Satz war, zog sich Beckford eine Erkältung zu, der ein rheumatisches Fieber folgte; am 21. Juni starb er. Chattertons große Chance war dahin. Laut Aussage seiner Verwandten in Shoreditch, Mrs. Ballance, war er »vollkommen rasend, außer sich und behauptete, ruiniert zu sein«.
Einen letzten Glückstreffer erlebte er noch: ein Mann, den er im Drury-Lane-Theater zufällig kennengelernt hatte, stellte ihn einem Musiker namens Dr. Samuel Arnold vor. Auf Arnolds Vorschlag überarbeitete Chatterton eine Operette, die er im Jahr zuvor in Bristol geschrieben hatte. Anfang Juli verkaufte er sie an den Eigentümer der Vergnügungsstätten von Marylebone. Er erhielt fünf Guineas für sein Werk, das höchste Honorar, das er je bekommen hatte, wahrscheinlich war es auch das letzte.
In gehobener Stimmung schickte er seiner Mutter und seiner Schwester Geschenke; im Begleitbrief jedoch stand keine der üblichen goldenen Prophezeiungen. Endlich konnte er die große Geste machen, die er ihnen seit seiner Ankunft in London vor drei Monaten in Aussicht gestellt hatte. Das Geld ermöglichte eine weitere Geste, die er sich wahrscheinlich schon viel länger vorgenommen hatte: er mietete ein Zimmer, eine Bodenkammer in der Brooke Street in Holborn. Es war das einzige Zimmer, das er jemals allein für sich hatte.
Dann versiegten seine mageren Einkommensquellen vollends. Lord North' Regierung ging erneut scharf gegen die Presse vor, setzte weiter Journalisten gefangen. Es gab keinen Absatzmarkt mehr für Chattertons politische Satiren und Streitschriften. Als im Hochsommer die elegante Welt aus London aufs Land oder an die See zog, fand Chatterton keine Verdienstmöglichkeiten mehr. Er schrieb eines seiner letzten und besten Gedichte *»An Excelente Balade of Charitie«*. Es handelte sich bezeichnenderweise um die ins Rowleyzeitalter umdatierte Parabel vom Barmherzigen Samariter. Er schickte das Gedicht dem einzigen Herausgeber, der bereits ein Rowley-Gedicht herausgebracht hatte. Das Manuskript wurde jedoch abgelehnt. In Chattertons Fall kam weder ein Samariter noch ein Mäzen, nicht einmal ein Zeitungsmann zu Hilfe.
Sein Vetter aus Shoreditch hatte mit der Familie eines Stukkateurs namens Walmsley zusammen gewohnt. Nachdem Chatterton tot war, erzählte Walmsleys Nichte: »Er rührte niemals Fleisch an und trank nur Wasser und schien von der Luft zu leben.« Ihr jüngerer Bruder fügte hinzu: »Er lebte fast nur von

einem Stück Brot oder einem Kuchen und ein wenig Wasser.« Im August überstieg sogar Brot fast seine Mittel.

Eine einzige unsichere Hoffnung blieb noch übrig: in Bristol hatte Chatterton mit der Lust und Leichtigkeit, die sein Wesen auszeichneten, von dem Chirurgen Barrett die Grundzüge der Medizin gelernt. Im achtzehnten Jahrhundert genügte eine solche rudimentäre Ausbildung, um Chatterton zum Schiffsarzt zu qualifizieren, vorausgesetzt, daß Barrett für ihn bürgte. Am 12. August schrieb Chatterton am Ende eines Briefs an Catcott: »Ich beabsichtige, als Chirurg ins Ausland zu gehen, es liegt in Mr. Barretts Macht, mir durch ein Leumundszeugnis dabei sehr behilflich zu sein: ich hoffe, er wird es tun.« Der letzte Satz war ein Hilfeschrei, wie man ihn nie von Chatterton gehört hatte. Es war alles umsonst. Schäbig bis zuletzt, verweigerte Barrett ihm die Gefälligkeit.

In der Augustnummer des ›*Town and Country Magazine*‹ fand Chatterton nicht, wie er gehofft hatte, eine Fülle von Werken aus seiner Feder. Keiner der Redakteure, die ihm Beitragshonorare schuldeten, bequemte sich zu zahlen. Sein »verdammter, angeborener, unbezähmbarer Stolz« ließ nicht zu, daß er irgendeine untergeordnete Stellung annahm, die ihn vielleicht vor dem Verhungern bewahrt hätte. Er harrte also weiter aus, er »lebte von der Luft«, bis zum 24. August. Einem Bericht zufolge bat ihn seine Zimmerwirtin, Mrs. Angel, »da sie wußte, daß Chatterton seit zwei oder drei Tagen nichts gegessen hatte ... mit ihr zu Abend zu essen. Er war über ihre Aufforderung gekränkt, die anzudeuten schien, daß er in Not sei, und versicherte ihr, er habe keinen Hunger.«[33] Die Geschichte paßte zu seinem Charakter, ist wahrscheinlich jedoch unwahr; nach einem Selbstmord versuchen sich die Überlebenden zu beruhigen, indem sie zeigen, daß sie zumindest keine Schuld trifft.

In jener Nacht, so sagten die Nachbarn in dem Mietshaus aus, hätten sie ihn bis in die frühen Morgenstunden ruhelos hin und her gehen hören. Als er morgens nicht erschien, glaubten sie, er wolle ausschlafen. Aber am Nachmittag bekamen sie es mit der Angst zu tun und brachen schließlich die Tür auf. Sie fanden ihn, wie Barrett schreibt, auf dem Bett liegend. Er bot »einen fürchterlichen Anblick mit seinen wie von Krämpfen verzerrten Zügen«. Er hatte Arsen genommen. Wie immer, war der Boden mit pfenniggroßen Manuskripten übersät.

Niemand kam, um den Leichnam bei der gerichtlichen Untersuchung zu identifizieren; in das Sterberegister trug man ihn mit einem falschen Vornamen als »William Chatterton« ein. Er wurde in einem Armengrab des Shoe-Lane-Arbeitshauses bestattet. Drei Monate später wäre er erst achtzehn Jahre alt geworden.

Chattertons Tragödie ist die einer schrecklichen Vergeudung von Talent, Vitalität und vielversprechenden Gaben. Für das achtzehnte Jahrhundert scheint diese Tragödie aus Geiz, Anmaßung und Ausbeutung typisch zu sein – ein Ergebnis des unverschämten Tory-Dünkels in einer Zeit, die bereit war, ihren Vorurteilen zuliebe jedes Talent verkommen zu lassen. In gewisser Weise machten gerade Chattertons überreiche Gaben seinen Selbstmord besonders wahrscheinlich. Mit ihrer Hilfe errichtete er eine letzte Verteidigungslinie: sein Stolz gab ihm Kraft zu der letzten großen Geste, durch die er alle Gaben, die seiner Umgebung mangelten, mit Geringschätzung gegen sich selbst vernichtete. William James schrieb einmal:

»Der gewöhnliche Wirklichkeitssinn der Menschheit ... hat die Welt vor allem immer für einen Schauplatz des Heldentums gehalten. Wir spüren, daß sich im Heldentum das tiefste Geheimnis des Lebens verbirgt. Wir dulden niemanden, der nicht fähig für diese Überzeugung ist. Wir sind bereit, einem Menschen jede Schwäche zu verzeihen, wenn er bereit ist, sein Leben zu wagen. Erleidet er in dem erwählten Dienst heldenhaft den Tod, so heiligt ihn diese Tat für immer. Er ist uns vielleicht auf die eine oder andere Weise unterlegen, solange wir noch am Leben hängen. Weil er es jedoch nicht achtet und wie eine Blume wegzuwerfen vermag, halten wir ihn im tiefsten Innern für überlegen. Jeder von uns persönlich empfindet, daß eine hochherzige Gleichgültigkeit dem Leben gegenüber alle seine Mängel wieder gut macht.«[34]

Unter diesem Gesichtspunkt hat Chatterton sich vielleicht aus Gründen des Ehrgeizes das Leben genommen, um sich zu rechtfertigen und sein Scheitern zunichte zu machen. So jedenfalls erklärt sich die Faszination, die er auf die folgenden Generationen ausgeübt hat, obgleich sein Werk, aus unverständlichen Gründen, kaum mehr gelesen wird. Chatterton ist ein Musterbeispiel für die Ansicht, daß gerade die Lebensvollen und Leidenschaftlichen früh dahingehen. Wer wenig zu verlieren hat, klammert sich dagegen an das Leben.

Die grundlegende Frage bleibt jedoch offen. Aus welchem Grund wählte er den Selbstmord – oder auch nur eine Selbstmordgebärde –, als sein Leben in Bristol unmöglich wurde? Aus welchem Grund – sieht man vom Stolz ab – führte er ihn am Ende wirklich aus? Stolz ist doch nur ein oberflächliches Motiv, eine Entschuldigung, die man sich selber gibt, weil man bestimmte Antriebe nicht gern genau untersuchen will. Ich vermute, daß ihm Selbstmord auch dann nicht sehr fern gelegen hätte, wenn sein Schicksal günstiger verlaufen, das gesellschaftliche Vorurteil weniger belastend gewesen wäre. Sicherlich zwingt uns alles, was wir heute über die Mechanismen des Selbstmordes wissen, zur Annahme, daß in Chatterton von Anfang an die meisten Elemente für die Tat vorhanden waren. Sein Vater starb vor seiner Geburt. Ich weiß nicht, ob er auf dem Friedhof von Saint Mary Redcliffe beerdigt wurde; er selbst und mehrere Generationen seiner Familie waren mit der Kirche verbunden gewesen und hatten ihre Grabstätten dort. Außer einem Buch über schwarze Kunst und Geisterbeschwörung, das der junge Chatterton hoch in Ehren hielt und bis zu seiner plötzlichen Abreise nach London immer bei sich trug, bestand das väterliche Erbteil des Knaben nur in einem Bündel alter Pergamente, die sein Vater aus dem Archivraum der Kirche mitgenommen hatte. Einige der Blätter stammten aus »Mr. Canynges Truhe«; sie hatten also wohl etwas mit diesem weisen, großzügigen Schutzpatron der Rowley-Gedichte zu tun. Mit der Zeit gewannen sie für den Knaben eine große, gefühlsmäßige Bedeutung.

Trotz seiner Frühreife hatte Chatterton sich zunächst langsam entwickelt. Seine Schwester sagte von ihm: »Mein Bruder stellte sich schwerfällig an beim Lernen; mit vier Jahren kannte er viele Buchstaben noch nicht.«[35] Der Lehrer der nahen Kinderschule schickte ihn als unfähig wieder nach Hause. Eines Tages, als seine Mutter ein altes Folio-Musikbuch zerriß, das seinem Vater gehört hatte, fiel sein Blick auf die großen illuminierten Buchstaben und – so die Worte seiner Mutter –: »Er verliebte sich in sie.« Und von da an lernte er schnell. Weil er keine kleinformatigen Bücher mochte, brachte ihm seine Mutter das Lesen mit Hilfe einer großen mittelalterlichen Bibel mit schwarzen Lettern bei. Von Anfang an versenkte er sich in eine mittelalterliche Welt, die mit seinem toten Vater in unmittelbarem Zusammenhang stand.

Als er später seine Rowley-Gedichte zu schreiben anfing, begnügte er sich nicht damit, Verse zu komponieren; er bemühte sich mit äußerster Anstrengung, deren Kaligraphie, Schreibweise und Wortschatz denen der Pergamente anzugleichen, die ihm sein Vater hinterlassen hatte. Die Ergebnisse wirkten echt, sie überzeugten viele Antiquitätensammler seiner Zeit. Rahmen und Hintergrund zu den Gedichten bildete der gütige, väterliche Freund Canynge, der seinen ergebenen Poeten und Bewunderer Rowley unterstützte und ermunterte. Durch ihn hoffte er vor dem Vergessenwerden bewahrt zu werden. Als ein zweites Denkmal für die Nachwelt errichtete er in seinen Gedichten die Kirche der Chattertonsippe, St. Mary Redcliffe. Die ganze außerordentliche Bemühung scheint der Versuch zu sein, ein idealisiertes Bild des verstorbenen Vaters aus eigener Kraft für sich neu zu erschaffen. Ähnlichen Zwangsvorstellungen unterlag er auch bei seinen unheimlichen Absencen, wenn er die Rowley-Gedichte schrieb. Sein Freund, William Smith, dessen Bruder später Selbstmord verübte, berichtet: »Eine Stelle, von der aus man die Kirche direkt vor Augen hatte, schien er besonders gern zu haben. Er legte sich oft nieder, richtete den Blick auf die Kirche. Es war, als geriete er in eine Art Verzükkung oder Trance.«[36]

Chatterton war ein Genie der Frühreife, wenn nicht der Frühvollendung. Für all dies gibt es keine mechanische Erklärung. Ich vermute, daß sein Bedürfnis, den verstorbenen Vater wieder zum Leben zu erwecken und ihn, wie die Psychoanalytiker sagen würden, in das eigene Ich zu introjizieren, die Stärke seines schöpferischen Impulses zum Teil begründet hat. Das Gesamtkonzept der Rowley-Gedichte ist auf die gleiche Weise zu erklären. Als er sein Leben als Qual empfand, wurde der Gedanke an Selbstmord bald zu einer Versuchung. Ähnlich wie im Fall der Sylvia Plath war der Tod für ihn weniger schreckenerregend, wenn er die Wiedervereinigung mit einem geliebten Verstorbenen in Aussicht stellte.

In Chattertons Dichtung findet sich jedoch nicht der Schatten eines Hinweises auf diese Zusammenhänge. Die Analyse vollzieht sich auf einer hohen Stufe der Abstraktion. Die Rowley-Gedichte gehören zur literarischen Neugotik. In ihrer Art sind sie ebenso kennzeichnend für das achtzehnte Jahrhundert wie die politischen Pamphlete. Das gilt auch für die Ursachen zu seinem Selbstmord. Mit Imagination, poetischer Verwundbarkeit oder Extremismus hatten sie nichts zu tun. Sein Selbstmord war die Lösung eines praktischen, eindeutigen und ärgeren Problems: Scheitern am Literaturbetrieb und Verhungern. Das Arsen nahm ein unvermeidliches Ende nur vorweg.

Der romantische Todeskampf

Für Doktor Samuel Johnson, ohne dessen Gestalt das achtzehnte Jahrhundert in England undenkbar wäre, war Chatterton ein Gegenstand widerwilliger, freundlich herablassender Bewunderung: »Das ist der außergewöhnlichste junge Mann, von dem ich je gehört habe. Wunderbar, wie der junge Dachs solche Dinge schreiben konnte.« Einige Anzeichen sprechen dafür, daß Chatterton, wäre er am Leben geblieben, sich zu der Art Schriftsteller entwickelt hätte, welche zu loben dem Doktor leichtfiel. Die Romantiker des neunzehnten Jahrhunderts dagegen verabscheuten sie; noch ehe Chatterton starb, waren die Tage der Rowley-Gedichte so gut wie vorüber; der junge Dichter hatte an Satire, Politik und Bühne Geschmack gefunden.

Dennoch wurde Chatterton innerhalb einer Generation zum höchsten Symbol des romantischen Dichters. Sogar Wordsworth, dessen Vorliebe für das »selbstsüchtige Sublime« ihn vermutlich Chattertons Lebensstil, Interessen und Talent gegenüber mit chronischer Abneigung erfüllt hätte, nannte ihn den »Wunderknab, schlaflose Seele, die am Stolz verdarb«. Coleridge schrieb eine Monodie auf seinen Tod, Keats widmete ihm ein lahmes Sonett, de Vigny ein überaus erfolgreiches Drama, das großen Einfluß ausübte. Shelley beschwor ihn in *»Adonais«*, seiner Elegie auf Keats:

Die Erben unerfüllten Ruhms
standen von ihren Thronen auf, die
jenseits des sterblichen Gedankens im Unsichtbaren
errichtet waren.
Chatterton erhob sich blassen Angesichts.
Die feierliche Agonie war nicht von ihm gewichen ...[37]

Doch von allen Romantikern scheint nur Keats Chattertons Dichtung als solche verstanden und sich zunutze gemacht zu haben. Zwei Tage, nachdem er seine Ode *»To Autumn«* gedichtet hatte, schrieb er im Brief (vom 21. 9. 1819) an seinen Freund John Hamilton Reynolds:

»Immer bringe ich Chatterton irgendwie mit dem Herbst in Zusammenhang. Er schreibt das reinste Englisch. Bei ihm finden sich keine französischen Redewendungen oder Eigenheiten wie bei Chaucer – es sind echt englische Redewendungen in englischen Worten. Ich habe Hyperion aufgegeben – es waren zu viele Miltonsche Inversionen darin –, Miltonsche Verse können nur in einer kunstvollen oder vielmehr in einer Künstlerverfassung geschrieben werden. Ich wünsche mich anderen Empfindungen hinzugeben. Das Englische sollte hochgehalten werden.«[38]

Für Keats und seine Entwicklung, bis zu den letzten großen Gedichten, war das Vorbild von Chattertons Werk entscheidend. Für die anderen scheinen die Verse des Knaben nebensächlich gewesen zu sein. Wesentlich für Keats war die Art seines Lebens: Das aus dem Nichts auftauchende glänzende, unbehütete Schöpfertalent und die erregende Verbindung von Stolz und Frühreife, noch wichtiger wurde die Art seines Todes. Die näheren Umstände und die zermürbenden Geldnöte paßten zwar nicht ganz zum Stil der Romantiker. Die Umrisse der Gestalt jedoch entsprachen ganz ihrem Ideal: das unzeitgemäße verschwenderische Pathos, der Mangel an Anerkennung, die Ablehnung und Frühreife. Für die Romantiker wurde Chatterton zum ersten Beispiel des Todes durch Selbstentfremdung.

Die Renaissance hatte sich mit der Verbindung von Genie und Melancholie beschäftigt. Bei den Romantikern verwandelte sich diese Verbindung in die siamesischen Zwillinge Genie und früher Tod. »Bedeckt sein Haupt: mein Auge ist verwirrt: er starb jung.« Das Ideal hieß lyrische Unmittelbarkeit und kostbarer und vollkommener Einklang mit der Natur. Da der Dichter laut Shelleys Wort wie eine »empfindliche Blume« blühte und welkte, konnte es nicht anders sein.[39] Jugend und Dichtung wurden bedeutungsgleich. Keats starb 1821 im Alter von fünfundzwanzig Jahren, Shelley im Jahr darauf mit neunundzwanzig. Als Byron zwei Jahre später mit sechsunddreißig Jahren starb, ergab die Obduktion, daß sein Gehirn und sein Herz bereits deutliche Alterserscheinungen zeigten: »... der helle Funke glüht / Kurz nur auf, wird dann in kalter Ruh gehärtet.« Diese Worte stammen aus *»Adonais«*. In diesem Gedicht wird die romantische Ansicht, für den Dichter bedeute das Leben selbst die eigentliche Entstellung und Verderbnis, in emphatischer Weise vertreten. Nur »der weiße Strahl der Ewigkeit« ist rein genug für seine sublimen Empfindungen:

Still, still! Er ist nicht tot, er schlummert nicht –
Er ist vom Traum des Lebens aufgewacht –
Wir, die, verlorn in stürmische Gesicht,
Nutzlos mit der Phantome Übermacht
Hadern, fühllose Nichtse wahnentfacht
Mit unsres Geistes Klinge treffen – *Wir*
Verwesen wie im Beinhaus; Angst und Harm
Verzerren und verzehrn uns, und noch warm
Durchzieht uns kalte Hoffnung wie der Würmer Schwarm.[40]

Es steht nicht zur Diskussion, was Keats mit seinen Neigungen, seiner Energie, seinem Mut, seiner Lebenslust und lebhaften, rastlosen Intelligenz hiervon gehalten hätte. Er war wie Chatterton in die Legende eingegangen. Die grausame Behandlung durch seine Rezensenten, sein Leid mit Fanny Brawne und sein früher Tod waren für seine Begabung vielleicht ohne tiefere Bedeutung. Für das Bild des Romantikers jedoch waren sie wesentlich. Einen berühmten, geachteten, verheirateten Keats mittleren Alters hätte das neunzehnte Jahrhundert auch dann als ganz und gar unbefriedigende Erscheinung empfunden, wenn ihm sein schöpferisches Genie treu geblieben wäre.

Vom Gift der Welt, das langsam uns verzehrt,
Ist er gefeit, betrauert nie verstört
Ein Haupt das grau geworden, Herz das taub,
Noch wenn der Geist zu brennen aufgehört,
Füllt er den unbeklagten Aschenkrug mit Staub.[41]

Daß intensives und echtes Gefühlsleben nicht bis in die mittleren Lebensjahre fortbesteht und fortbestehen kann, war ein Dogma der Romantik. Balzac definierte die beiden Alternativen in *»Das Chagrinleder«* folgendermaßen: »Es ist unser Los, entweder die Gefühle abzutöten und so bis zu einem hohen Alter weiterzuleben, oder aber das Martyrium unserer Leidenschaften auf uns zu nehmen und jung zu sterben.« Selbst Coleridge, der sein prosaisches sechstes Lebensjahrzehnt erreichte, scheint der gleichen Ansicht gewesen zu sein. Doch während die anderen Romantiker glaubten, »die visionären Kräfte« vergingen unerbittlich gleich der Jugend und mit der Jugend, erlebte er den Tod seiner dichterischen Produktivität als eine Art Selbstmord. Dies ist das Thema seines Meisterwerks *»Dejection: An Ode«:*

Doch da nun Trauer sich auf mich gesenkt,
Nicht kümmert mich, daß sie den Frohsinn kränkt,
Ach, aber die Besucherin
Hebt auf, was zur Geburt Natur mir schenkt:
Die Phantasie, den bildnerischen Sinn.
Denn vom notwendigen Gefühl befrein den Geist,
Still und geduldig sein, so sehr ich kann,
Bewirken, daß abstruses Forschen reißt,
Aus meinem Sein den ganzen frühren Mann –
Das war mein einzger Hilfsquell, einzger Plan:
Bis, was dem Teil bekommt, am Ganzen frißt
Und fast ein Brauch der Seele worden ist

Drum giftige Gedanken ...[42]

Das Geniale dieses Gedichts besteht in dem bemerkenswerten durchdringenden Wirklichkeitssinn, mit dem Coleridge sich der Schwierigkeit seiner Lage, den Gründen des Trübsinns stellt. Wenn der Kummer ihn jetzt tiefer als früher niederdrückt, so nicht einfach deshalb, weil das Leid stärker und er selbst älter geworden ist, sondern weil er daran mitgewirkt hat, sich selbst zu verleugnen. Daß er dies als eine Art Selbstmord erkannte, steht wohl fest. Dafür spricht eine Passage seines Gedichts *»Monody on the Death of Chatterton«*. Mit dem wieder aufgenommenen Thema dieses Gedichts hat er sich offenbar jahrelang beschäftigt. Die erste Fassung schrieb er als sechzehnjähriger Schüler des Christ's Hospital. Damals fand sich der einzige Hinweis auf seine Affinität zu Chattertons Endlösung in den unklaren letzten Zeilen, die ohne die später von fremder Hand hinzugefügte, verlegene Fußnote niemand erkannt hätte. In den folgenden Jahren arbeitete er weiter an dem Gedicht, er schrieb es neu, fügte Zeilen hinzu, bis es schließlich doppelt so lang wie ursprünglich war. Erst in den letzten Zusätzen zur letzten Fassung gab er (mit mehr Beredsamkeit als Überzeugungskraft) seine eigene Selbstmordneigung zu:

... Nicht länger bei dem tristen Thema weilen darf,
Damit nicht gleiches Leid ein gleich Verderben bringt:
Denn Gallentropfen von des Wahnsinns Vlies,
Sie schwärzten, was einst hell mein Lenz verhieß;
Das finstre Schicksal traf mit blindem Pfeil
Die letzte zarte Hoffnung, die im Herz noch heil!

Drum düstere Gedanken ...[43]

1802, sechs Jahre später, finden wir das gleiche Thema und den Widerhall der gleichen Sprache in der großartigen Ode *»Dejection«*. Zu Beginn des neunzehnten Jahrhunderts beschäftigte Chattertons Fall die Phantasie der Dichter in Augenblicken der Krisis immer wieder. Er wurde zum Vorbild, an dem sie den Grad ihrer Verzweiflung maßen. Chatterton hatte Arsen genommen, Coleridge vergiftete seine schöpferischen Gaben vorsätzlich mit einer Überdosis Kant und Fichte. Seine weitere Existenz als Dichter hätte ein zu großes Maß an Anstrengung, Empfindsamkeit und schmerzhafter Gefühlsintensität erfordert. Durch Opium wurde vollendet, was mit Metaphysik begonnen hatte. Obgleich er bis zu seinem Tod im Jahre 1834 Verse schrieb, war es, wie er selber sagte, ein »hoffnungsloses Tun«. Dichterisch waren die letzten dreißig Jahre seines Lebens ein posthumes Dasein.

Coleridges symbolischer Selbstmord, sein kreativer Tod durch Opium, wurde zu einer der romantischen Lösungen für jene, denen das Schicksal den frühen Tod versagte. Baudelaire war gleichfalls dem Opium verfallen, er durchreifte systematisch die Untergründe des Lebens. Rimbaud, der sich selbst als »literarischer Selbstmörder« bezeichnete, gab die Dichtung mit neunzehn Jahren auf und beendete sein Leben als Händler in Äthiopien. An einer großen Anzahl weniger bedeutender Figuren könnte man ähnliches beobachten. Hierauf werde ich noch zurückkommen. Das Bild des Dichters hatte sich jedenfalls in der Romantik von Grund auf geändert. Er wurde zur Inkarnation des Verdammten; sein Publikum erwartete es von ihm.

Vorbereitet wurde diese Entwicklung bereits vier Jahre nach Chattertons Tod durch Goethes Roman *»Die Leiden des jungen Werther«*. Dieses Martyrium unerwiderter Liebe und der übermäßigen Empfindsamkeit schuf einen neuen internationalen Stil des Leidens:

»Es gab eine Werther-Epidemie, ein Werther-Fieber, eine Werther-Mode, bei der die jungen Herren nach der Schilderung des Buches im blauen Frack und gelber Weste erschienen. Es gab Werther-Selbstmorde, Feiern zu Werthers Gedächtnis am Grabe seines Urbildes, Werther-Predigten gegen das Schandwerk, Werther-Karikaturen, und das nicht nur für ein Jahr, sondern auf Jahrzehnte hinaus, in Deutschland, in England, Frankreich, Holland, Skandinavien; Goethe vermerkt, daß selbst der Chinese Lotte und Werther auf Porzellan gemalt habe. Der größte

Triumph war für ihn, daß Napoleon ihm bei ihrer Begegnung sagte, er habe das Buch mehrere Male gelesen ...
Ein Offizier meint, als die Epidemie überhandnimmt: ›Ein Kerl, der sich eines Mädchens wegen, mit dem er nicht schlafen konnte, totschießt, ist ein Narr, und ob ein Narr mehr oder weniger auf der Welt ist, daran ist nichts gelegen.‹ Es gab zahlreiche solcher Narren. Ein ›neuer Werther‹ erschoß sich sehr brillant: Er hatte sich sorgfältig rasiert, ›Werthers Leiden‹, Seite 218, aufgeschlagen auf den Tisch gestellt. Dann öffnete er die Tür, um Zeugen zu haben, Pistole in der Hand, schaute sich um, ob man ihn genügend beachte, hob die Waffe ans rechte Auge und drückte ab.«[44]

Vor dem Werther-Fimmel hatte man Selbstmord, der aus höheren Motiven als Geldgründen verübt wurde, für geschmacklos gehalten. Jetzt galt er als rehabilitiert, er war elegant geworden. Der spontane, wilde Gefühlsausbruch, der Ende des achtzehnten Jahrhunderts wie der Geist aus der Flasche gefahren war, rechtfertigte sich durch seine eigenen Exzesse. Gerade sie bewiesen die neue Freiheit vom Gebot der Ratio, von den gepuderten und geschminkten Modellen der klassischen Periode. Zwei Selbstmörder, Werther und, auf etwas andere Weise, Chatterton, wurden zu Vorbildern des neuen Genie-Typus.

»Das Wort wurde viel gebraucht und hatte eine spöttische Nebenbedeutung: Ein ›Genie‹ war ein etwas bizarrer, hochfahrender junger Mann, der sich allerhand erlauben zu können glaubte und erst zu beweisen hatte, daß das nicht bloße Anmaßung war.«

Demzufolge mußten wirkliche Genies, die sowohl produzierten als auch posierten, in einer gewissen dramatischen Spannung leben – wenigstens in der Vorstellung ihrer Anbeter. Auf der Höhe des romantischen Fiebers war die persönliche Gefühls- und Ausstrahlungskraft fast wichtiger als das Werk. Leben und Werk wurden untrennbar. Zwar bestanden die Dichter nach wie vor auf der Unpersönlichkeit ihrer Kunst, für ihre Leser jedoch war Keats Schwindsucht, Coleridges Opiumsucht, Byrons Inzest ein wesentlicher Bestandteil ihres Werks – fast eine Kunst für sich, gleichwertig mit dem Werk und nicht davon zu trennen.

Auch dafür ist *»Werther«* das erste und beste Beispiel:

»Man hatte damals noch ein sehr persönliches Verhältnis zu einem Schriftsteller, mit Sympathien und Antipathien, ebenso zu den Gestalten eines Romans ... Man spürte den Modellen auf das eifrigste nach und drängte sich, wenn man sie auffand, auf das unverschämteste in ihr Leben ein. Frau Hofrat Kestner als vermeintliche Lotte bekam das zuerst zu spüren, zu ihrer Qual und Genugtuung, denn ihr Mann, der auf das Spiel einging, beschwerte sich treuherzig, daß Goethe ihn im ›Albert‹ nicht aufrecht und würdig genug dargestellt habe. Das Grab des unseligen Jerusalem wurde eine Pilgerstätte. Man fluchte dem Pfaffen, der ihm ein ehrliches Begräbnis verweigert, bekränzte den Stein, zog im Mondschein durch die Fluren und schrieb darüber nach Hause.«

Die romantische Revolution bewirkte im wesentlichen, daß die Literatur nicht mehr nur Beiwerk des Lebens war – ein Vergnügen und eine Unterhaltung für Herrn mit Vermögen und Muße, wie Walpole Chatterton erklärt hatte –, sondern selbst zu einer Form des Lebens wurde. Für das Lesepublikum war Werther nicht mehr nur eine Romangestalt, sondern ein Vorbild für eine bestimmte Lebensweise, Gefühlstiefe und Verzweiflung. Die Rationalisten der vorangegangenen Generationen hatten zur Rechtfertigung des Selbstmordes, zu einer Änderung der Gesetze und Milderung der kirchlichen Tabus beigetragen. Aber erst Werther machte den Akt erstrebenswert für die jungen Romantiker in ganz Europa. Für die britischen Dichter spielte Chatterton eine ähnliche Rolle; seinen bemerkenswerten Ruhm verdankte er nicht seinem Werk, sondern seinem Tod.

Die damalige romantische Haltung war selbstmörderisch. Byron, der sich seiner Verlorenheit und Schicksalsdramatik am stärksten bewußt war, bemerkt: »Kein Mann nahm je ein Rasiermesser in die Hand, ohne daran zu denken, wie leicht er den silbernen Lebensfaden durchtrennen könnte.« Goethe dagegen blieb skeptisch, trotz des immensen Erfolges der Tragödie seines jungen Werther. Er erzählt, wie er in seiner Jugend Kaiser Otto, der sich selbst erstochen hatte, derart bewunderte, daß er schließlich zu dem Schluß kam, wenn er nicht tapfer genug sei, um auf die gleiche Weise zu sterben, sei er für den Tod überhaupt nicht tapfer genug:

»Durch diese Überzeugung rettete ich mich nicht sowohl von dem Vorsatz als von der Grille des Selbstmords, welche sich in jungen herrlichen Friedenszeiten bei einer müßigen Jugend eingeschlichen hatte. Unter einer ansehnlichen Waffensammlung besaß ich auch einen kostbaren wohlgeschliffenen Dolch. Diesen legte ich mir jederzeit neben das Bette, und ehe ich das Licht auslöschte, versuchte ich, ob es mir wohl gelingen möchte, die scharfe Spitze ein paar Zoll tief in die Brust zu senken. Da dieses aber niemals gelingen wollte, so lachte ich mich zuletzt selbst aus, warf alle hypochondrischen Fratzen hinweg und beschloß zu leben.«[45]

Diese ganze Angelegenheit kam Goethe in seinen reifen Jahren lächerlich vor. Tatsache bleibt jedoch, daß die Romantiker nachts mit Selbstmordgedanken zu Bett gingen und morgens, wenn sie sich rasierten, schon wieder an Freitod dachten.

William Empson schreibt einmal, die erste Zeile von Keats *»Ode to Melancholy«* – »Nein, nein, geh nicht zum Lethe, presse nicht den giftigen Wein aus der harten Wurzel der Wolfsmilch« – verrate, »daß der Dichter oder die seine Phantasie bewegende Kraft sehr danach verlangt habe, zum Lethe zu gehen, da es vier Verneinungen in der ersten Zeile bedürfe, um ihn daran zu hindern.«[46]. In unterschiedlichem Maße trifft dies für alle Romantiker zu. Der Tod war gleichbedeutend für sie mit dem Schicksal der Kleopatra. Doch sie stellten sich Tod und Selbstmord in kindlicher Weise nicht als das Ende von allem vor, sondern als höchste dramatische Geste der Verachtung gegenüber einer stumpfsinnigen bürgerlichen Welt. Werthers Herrschaft glich der des indischen Juggernaut; sein Triumph wurde an der Zahl der ihm zu Ehren verübten Selbstmorde gemessen. Nicht anders verhielt es sich mit de Vignys *»Chatterton«*, von dem behauptet wurde, er habe zwischen 1830 und 1840 die jährliche Selbstmordrate in Frankreich verdoppelt. Diese Selbstmordepidemien hatten alle etwas gemeinsam: den Glauben, der Selbstmörder sei Zeuge des Dramas, das er durch seinen Tod in Szene gesetzt habe. Freud schreibt: »Im Grunde glaubt niemand an seinen eigenen Tod oder, was dasselbe ist: Im Unbewußten sei jeder von uns von seiner Unsterblichkeit überzeugt.«[47] Der Selbstmord als große Gebärde steigert die Persönlichkeit, die auf magische Weise weiterlebt. Dies ist ebenso eine literarische Begleiterscheinung, wie es die Mode war, sich gleich Werther in blauen Frack und gelbe Weste zu kleiden. Und wieder Freud:

»Es kann dann nicht anders kommen, als daß wir in der Welt der Fiktion, in der Literatur, im Theater Ersatz suchen für die Einbuße des Lebens. Dort finden wir noch Menschen, die zu sterben verstehen, ja, die es auch zustande bringen, einen anderen zu töten. Dort allein erfüllt sich uns auch die Bedingung, unter welcher wir uns mit dem Tode versöhnen könnten, wenn wir nämlich hinter allen Wechselfällen des Lebens noch ein unantastbares Leben übrig behielten. Es ist doch zu traurig, daß es im Leben zugehen kann wie im Schachbrettspiel, wo ein falscher Zug uns zwingen kann, die Partie verloren zu geben, mit dem Unterschiede aber, daß wir keine zweite, keine Revanchepartie beginnen können. Auf dem Gebiete der Fiktion finden wir jene Mehrheit von Leben, deren wir bedürfen. Wir sterben in der Identifizierung mit dem einen Helden, überleben ihn aber doch und sind bereit, ebenso ungeschädigt ein zweites Mal mit einem anderen Helden zu sterben.«[48]

Auf dem Höhepunkt der Romantik lebte man, als sei das Leben selbst eine Fiktion. Der Selbstmord wurde zur literarischen Handlung, zur hysterischen Gebärde der Solidarität mit dem erfundenen Helden, der gerade in Mode war. »Der einzige Wunsch aller Renés und aller Chattertons unserer Zeit ist, ein bedeutender Dichter zu sein und zu sterben«, schreibt Sainte-Beuve. Als man den zwanzigjährigen Alfred de Musset auf eine besonders schöne Aussicht aufmerksam machte, rief er erfreut aus: »Ah, in einer so herrlichen Landschaft möchte man sich töten!« Gérad de Nerval sagte auf einem Abendspaziergang an der Donau etwa das gleiche. Jahre darauf erhängte er sich – mit einem Schürzenband, das er in seinem Wahnsinn für »den Gürtel« hielt, »den Madame de Maintenon trug, als sie in Saint Cyr in ›*Ester*‹ auftrat«[49]. Er war einer der sehr wenigen Schriftsteller, die den romantischen Todeskampf bis zum logischen Ende führten. Die meisten begnügten sich damit, darüber zu schreiben. Selbst Flaubert, der rasch zu einer kühleren Auffassung der Dinge kam, bekennt in seinen Briefen, daß er als junger Mensch von Selbstmord geträumt habe. Er und die Gruppe seiner jungen Freunde aus der Provinz lebten, wie er nostalgisch schreibt, »in einer sonderbaren Welt, versichere ich Ihnen; wir pendelten zwischen Wahnsinn und Selbstmord, einige töteten sich ... ein anderer erwürgte sich mit seinem Halstuch, mehrere starben an Ausschweifungen, um der Langeweile zu entfliehen; es war wunderschön!«[50]

Für die jungen Romantiker, die zwar die äußere Haltung, nicht aber die Talente ihrer Helden hatten, war der Tod »die große inspirierende Macht« und der »große Tröster«. Sie machten den Selbstmord modern. Während der Epidemie, die in Frankreich um 1830 grassierte, »praktizierten sie ihn als eine der elegantesten Sportarten«[51]. Ein Mann, der beschuldigt wurde, seine schwangere Geliebte in die Seine gestoßen zu haben, verteidigte sich mit den Worten: »Wir leben in einer Zeit des Selbstmords;

diese Frau hat sich dem Tod hingegeben.« Für die jungen Möchtegern-Poeten, Romanciers, Dramatiker, Maler, für die großen Liebenden und die Mitglieder der zahllosen Selbstmördervereinigungen war der Tod durch eigene Hand ein kurzer und sicherer Weg zum Ruhm. Der Held eines zeitgenössischen satirischen Romans *»Jérôme Paturot à la recherche d'une position sociale«* (1844) umschreibt dies folgendermaßen: »Ein Selbstmord verschafft einem Manne Geltung. Lebendig ist man nichts; tot wird man zum Helden ... Alle Selbstmörder sind erfolgreiche Menschen; die Presse berichtet über sie; die Leute empfinden mit ihnen. Ich muß unbedingt meine Vorbereitungen treffen.« Jérôme war vielleicht ein Gegenstand des Spottes gewesen, doch Dutzende junger Leute hatten bereits nach seinen Worten gehandelt. Von 1833 bis 1836, sagt Maigron, waren die Zeitungen voll von ihren freiwilligen Toden. Jeden Morgen, beim Kaffee, konnte der Leser sich einen kleinen Schauer und eine genußvolle Erregung verschaffen.

In England kam es nie zu einer eigentlichen Epidemie. Die Selbstmordrate stieg zwar, aber man machte handfestere und praktischere Gründe als literarischen Überschwang dafür verantwortlich. 1840 gab der Chirurg Forbes Winslow in einer Schrift dem Sozialismus die Schuld an der höheren Selbstmordquote. Nach dem Erscheinen von Thomas Paines *»The Age of Reason«*[52] wurde nach Winslows Aussage eine plötzliche Zunahme der Selbstmorde festgestellt. Der Arzt schrieb sie auch der »atmosphärischen Feuchtigkeit« zu. Außerdem machte er die Masturbation dafür verantwortlich: »Ein gewisses geheimes Laster, das, wie wir befürchten, in unseren Internatsschulen in ungeheuerlichem Maße praktiziert wird.« Als Mittel gegen das französische Selbstmordfieber empfahl er kalte Güsse und Abführmittel – die alte Internatsschulen-Antwort auf die letzte Frage der menschlichen Existenz.

Als das neunzehnte Jahrhundert sich dem Ende zuneigte, zeigte die Romantik Regenerationserscheinungen, auch ihr Todesideal entartete. Mario Praz hat in seinem Buch *»Liebe, Tod und Teufel. Die schwarze Romantik«*[53] gezeigt, wie der Fatalismus seine Bedeutung allmählich wandelte und zum fatalen Sex wurde. Die *femme fatale* löste als höchste Quelle der Inspiration den Tod ab. »Le satanisme a gagné«, schreibt Baudelaire, »Satan s'est fait ingénu.« Homosexualität, Inzest und Sadomasochismus traten an die Stelle des Selbstmords; sie galten als weit schockierender. Die gesellschaftlichen, religiösen und legalen Tabus, die sich gegen den Selbstmord richteten, verloren ihre Macht. Die sexuellen Tabus verschärften sich. Sexualität als Schicksal hatte den Vorteil, sicherer und langsamer als Selbstmord zu wirken. Ein der Kunst geweihtes Leben stand nicht im Widerspruch zum Geschlechtlichen, es wurde durch Sexualität überhöht.

Das Nichts von morgen? Der Übergang zum zwanzigsten Jahrhundert

Der Selbstmord verschwand nicht aus dem Bereich der Kunst, er wurde vielmehr Teil ihres Wesens. In ihren großen Tagen hatten die Romantiker den populären Glauben verbreitet, Selbstmord sei einer der vielen Preise, der für Genialität bezahlt werden müsse. Obwohl dieser Glaube allmählich verblaßte, hinterließ er bleibende Spuren. Der Selbstmord hatte die westliche Kultur wie eine Farbe durchdrungen, die sich durch nichts wieder auswaschen läßt. Frankreichs und Deutschlands romantische Epidemien riefen in ganz Europa eine allgemeine Toleranz sowohl im gewöhnlichen wie auch im medizinischen Sinn des Worts hervor. Die Einstellung der Öffentlichkeit wurde nachsichtiger; der Selbstmörder galt nicht mehr als Verbrecher, gleichgültig, was die veralteten Gesetze dekretierten. Die Gesellschaft duldete den Selbstmord, ähnlich wie eine Droge oder ein Gift. Die Kultur dieser Tage überlebte trotz der hohen Selbstmordquoten, sie blühte sogar auf – vergleichbar Poe und Berlioz, die in Zeiten des Liebeskummers fast tödliche Dosen Opium einnahmen, die sie nicht sterben ließen, sondern im Gegenteil inspirierten.

Selbstmord wurde als gesellschaftliche Tatsache anerkannt. Er galt weder als Entscheidung von römischer Erhabenheit noch als die Todsünde, die er im Mittelalter gewesen war. Er wurde nicht mehr als besondere juristische Streitfrage betrachtet, die Anwalt und Ankläger auf den Plan rief. Er war einfach etwas, das die Menschen oft und ohne großes Zaudern taten, etwas Ähnliches wie Ehebruch. Auf diese Weise wurde er fast automatisch zu einem Hauptgegenstand der Kunst. Weil er ein scharfes, grelles Licht auf die Ausnahmesituation des Lebens wirft, faszinierte der Selbstmord eine gewisse Art von nach-romantischen Schriftstellern, wie Dostojewskij, den Vorläufer der Kunst des zwanzigsten Jahrhunderts.

Kernstück der romantischen Revolution war die Übernahme einer neuen Verantwortung. Wenn die Dichter der klassizistischen Epoche von »der großen Welt« sprachen, meinten sie ihr Auditorium, die feine Gesellschaft; diese »Welt« traf sich in den großen Salons von London und Paris, von Bath und Versailles. Für die Romantiker dagegen bedeutete die »Welt« meist gebirgige, ungezähmte Natur. Der Dichter bewegte sich einsam in dieser Natur, er fühlte sich gerechtfertigt durch die Intensität und Spontaneität seiner Reaktionen – auf Nachtigall und Lerche, Primel und Regenbogen. Die Reaktionen sollten rein, frisch und eigenwüchsig sein. Es genügte, daß der Künstler sich von der mehr als hundertjährigen Fessel der eisernen klassizistischen Konventionen befreite. Doch nachdem die erste Begeisterung verebbt war, zeigte sich, daß die Revolution tiefer ging, als es zunächst den Anschein gehabt hatte. Eine gründliche Neuorientierung fand statt: der Künstler fühlte sich nicht mehr der ›vornehmen Gesellschaft‹ verpflichtet, er befand sich im Gegenteil oft im offenen Kriegszustand mit ihr. Verantwortlich fühlte er sich statt dessen vor allem seinem eigenen Gewissen.

Die Künste des zwanzigsten Jahrhunderts haben dieses Verantwortungsbewußtsein übernommen und weiterentwickelt – so wie wir politische Verantwortung, demokratische Prinzipien und Grundsätze der Selbstregierung als Erbe der französischen und amerikanischen Revolution übernommen haben. Die Entdeckung oder Neuentdeckung des Ichs in der Kunst fiel jedoch mit dem Verfall des ganzen Wertsystems zusammen, an dem sich die Erfahrung bisher orientiert hatte. Religion, Politik, nationale kulturelle Tradition, sogar die Vernunft blieben nicht unberührt von diesem Verfall aller Werte. Infolgedessen war keine Kunst ohne Depression mehr denkbar. Kierkegaard beschreibt dies in seinen *»Tagebüchern«* als erster am klarsten:

»Die ganze Zeit kann man einteilen in die, welche schreiben, und die, welche nicht schreiben. Die, welche schreiben, vertreten die Verzweiflung, und die, welche lesen, mißbilligen das zwar und glauben, ein besseres Wissen zu haben, und doch, falls sie imstande wären zu schreiben, so schrieben sie das gleiche. Im Grunde sind sie alle gleichermaßen verzweifelt, aber wenn man keine Gelegenheit bekommen kann, sich mit seiner Verzweiflung wichtig zu machen, so ist es nicht der Mühe wert zu verzweifeln und sich damit bemerkbar zu machen. Heißt das, den Zweifel überwunden zu haben?«[54]

Für Kierkegaard war Verzweiflung, was Gnade für die Puritaner war: ein Zeichen, wenn nicht der Auserwähltheit, so doch mindestens der geistigen Kraft. Für Dostojewskij und nach ihm für die Mehrzahl der großen Künstler ist Verzweiflung die einzige gemeinsame Eigenschaft und das Kennzeichen ihres schöpferischen Bemühens. Sie bedeutete keine Begrenzung, sie eröffnete Wege in neue Bereiche, sie führte zu neuen Normen und Anschauungen. Die überlieferten Begriffe – Kunst als Annehmlichkeit und Ornament der Gesellschaft, als Hilfsinstrument der Religion oder des romantischen humanitären Optimismus – erschienen demgegenüber eng und beschränkt. Wenn das neue Konzept der Kunst dem Ich gewidmet war, galt das gleiche Konzept notwendigerweise letztlich dem Ende des Ichs, also dem Tod.

Neu war die Tatsache an sich nicht: die halbe Weltliteratur handelte vom Tod. Als neu jedoch können der Akzent und die Perspektive gelten. Im Mittelalter waren die Menschen von Todesvorstellungen geradezu besessen. Der Tod war das Tor zum Weiterleben im Jenseits; das Leben selbst erschien unwichtig, abgewertet. Seit dem neunzehnten Jahrhundert beschäftigte sich die moderne Zeit in zunehmendem Maß mit dem Tod ohne Perspektive des Weiterlebens im Jenseits. Wie ein Mensch stirbt, entscheidet nicht mehr darüber, auf welche Weise er die Ewigkeit verbringen wird. Sein Sterben bedeutet die Summe seines Lebens. Der Tod spricht gewissermaßen das Urteil über das Leben:

»Während dieses ganzen absurden Lebens, das ich geführt hätte, wehte aus der Tiefe meiner Zukunft ein dunkler Hauch zu mir durch die Jahre, die noch nicht gekommen waren, und dieser Hauch machte auf seinem Weg alles gleich, das man mir in den nicht wirklicheren Jahren, die ich lebte, vorschlug.«[55]

Diese scharfe und unbarmherzige Feststellung trifft Mersault, der Held aus Camus' Roman *»Der Fremde«* in seiner großartigen Tirade gegen den Priester, der ihm in der Todeszelle Trost spenden will. Die Nähe des Todes macht die frommen Rücksichten zunichte, auf denen die Gesellschaftsmoral beruht. Bezeichnenderweise ist es ein Priester, der dem Fremden zu dieser entscheidenden Einsicht verhilft: seitdem die Macht der Religion sank, wuchs die Macht des Selbstmords. Er wurde nicht mehr nur hingenommen, ohne die Gemüter zu schockieren, er war zu einer logischen Notwendigkeit geworden:

»Ich bin verpflichtet, meinen Unglauben zu bekunden ... Für mich gibt es keinen höheren Gedanken als den, daß Gott nicht existiert ... Der Mensch hat nie etwas anderes getan, als sich immer und immer wieder einen Gott erfunden, um eben leben zu können, ohne sich zu töten; daraus besteht die ganze Weltgeschichte bis auf den heutigen Tag. Ich bin in der Weltgeschichte der erste und der einzige, der sich keinen Gott hat erfinden wollen.«

So spricht Kirillow in den *»Dämonen«*, kurz bevor er sich erschießt, und nach Dostojewskijs Definition einen »logischen Selbstmord« begeht. Im *»Mythos von Sisyphos«* bezeichnet Camus Kirillows Tod als »ein metaphysisches Verbrechen« von notwendig absurder Logik. Er verwandelt Kirillow gewissermaßen in eine Gestalt des zwanzigsten Jahrhunderts. Dies wiederum erklärt sich aus der Tiefe und der Vielseitigkeit, mit der Dostojewskij diesen Charakter ausgestattet hat – eine Mischung aus Ernst und Reizbarkeit, Besessenheit, Planmäßigkeit, Tatkraft und Güte. Vielleicht wollte Dostojewskij mit der Gestalt Kirillows nicht so viel zeigen, wie er durch seine Kunst erreichte. Fünf Jahre, nachdem er *»Die Dämonen«* geschrieben hatte, wandte er sich erneut dem Thema des logischen Selbstmords zu, diesmal im *»Tagebuch eines Schriftstellers«*. Seine Teilnahme ist in diesem Buch eindeutiger, heftiger und gleichzeitig konventioneller als in den Romanen, die eine schöpferische Anonymität und eine Unpersönlichkeit der Reaktionen voraussehen.

Im Jahr 1876 spürte Dostojewskij dem Selbstmordproblem hartnäckig nach wie ein Terrier, er wollte nicht davon ablassen. Er stöberte in Zeitungen, amtlichen Berichten, er hörte begierig dem Klatsch von Freunden zu und notierte Fälle von Selbstmord aus Stolz, aus »Schweinerei«, sogar aus Glaubensgründen. Einen davon machte er zur Grundlage einer Erzählung, für einen anderen erfand er ein kunstvolles Plädoyer in eigener Sache. Beständig wiederholte er die Auffassung, Selbstmord stehe mit Unsterblichkeitsglauben in unauflösbarem Zusammenhang. Vor allem fesselte und entsetzte ihn der Abschiedsbrief eines siebzehnjährigen Mädchens: »Ich unternehme eine weite Reise. Wenn die Sache mißlingt, so mögen sich alle versammeln, um meine Auferstehung mit Cliquot zu feiern. Wenn es aber gelingt, bitte ich, mich nicht eher zu beerdigen, als bis mein Tod feststeht, denn es wäre doch sehr unangenehm, im Sarg unter der Erde zu erwachen. Das wäre gar nicht schick!«[56]

Es ist klar, weshalb Dostojewskij diese Worte unwiderstehlich fand: die Mischung aus Perversität und Verzweiflung entsprach genau dem Stil seiner eigenen Romanhelden und -heldinnen. Aber die Perversität ist nach seiner Ansicht keineswegs einfach.

»Sie schrieb das vom Champagner, nur um vor dem Tode einen möglichst häßlichen und schmutzigen Streich zu spielen ... um mit diesem Schmutz alles zu beleidigen, was sie auf Erden zurückließ, um die Erde und ihr irdisches Leben zu verfluchen ... die maßlose Gehässigkeit dieses Streiches, vielmehr von einer qualvollen Geisteserfassung, von ihrer Verzweiflung in der letzten Minute ihres Lebens zeugen.«

Die Frivolität und der Zynismus des Mädchens entsprechen unmittelbar ihrer seelischen Qual, sie kennzeichnen das Maß ihrer Empörung »gegen die Einfachheit des sich ihr Bietenden, über die Inhaltslosigkeit des Lebens?«

Dostojewskij widmet dem Fall mehrere Seiten, er kommt häufig auf ihn zurück. Warum jedoch die Heftigkeit, das Bedürfnis, unablässig über den Gegenstand zu jammern und zu nörgeln, wie einer, den sein schmerzender Zahn wütend macht? Vielleicht fand er, daß Selbstmord eine stärkere Verführung sei, als er zugeben wollte. Das läßt sich nicht mehr feststellen. Tatsache ist dagegen, daß die Verachtung des Mädchens für die, welche ihrer Ansicht nach stur und gefühllos wie Ochsen weiterleben, dem Wunsch Kirillows gleicht, die Proklamation vor seinem Selbstmord mit einer Fratze zu verzieren, die *allen anderen* die Zunge herausstreckt: beides Gesten der Herausforderung gegen die herrschende Ordnung. Diese Gesten stellen Dostojewskijs qualvolles schriftstellerisches Bemühen in Frage. Denn wenn die Seele nicht unsterblich und alles Sichtbare einfach ist, wenn der Tod allem ein Ende setzt, dann hat das Leben keinen Sinn, und jedes Werk ist zwecklos.

Von dieser schrecklichen Möglichkeit begeistert oder erfüllt, forderte er einen ›logischen Selbstmörder‹, dessen Begründungen ein für allemal feststehen: »... sondern einfach deshalb, weil ich weder glücklich sein kann noch sein werde, solange ich weiß, daß mich morgen das Nichtsein erwartet. Das ist eine Gefühlssache, ein ganz unmittelbares Gefühl, das ich nicht bewältigen kann ... so verurteile ich in meiner fraglosen Eigenschaft als Kläger und Beklagter, als Richter und Angeklagter diese Natur, die mich so rücksichtslos und unverschämt zum Leiden erschaffen hat, zugleich mit mir zur Vernichtung ... Da ich aber die Natur nicht vernichten kann, so vernichte ich mich allein, einzig weil es mich langweilt, eine Tyrannei zu ertragen, bei der es keinen Schuldigen gibt.«

Dies ist, kurz zusammengefaßt, auch Kirillows Argument. Mit einem Unterschied allerdings: Kirillow, als erfundener, außerhalb der Wirklichkeit existierender Charakter, kann seinen logischen Überlegungen bis über den Punkt hinaus folgen, an dem Dostojewskij im »*Tagebuch*« haltmachen muß. Der Selbstmord läßt Kirillow aus diesem Grund gewissermaßen reicher und menschlicher erscheinen. Der Freitod des »logischen Selbstmörders« dagegen erscheint willkürlich und leicht lächerlich, weil Dostojewskij ihm am Ende nicht erlaubt, diesen Selbstmord zu billigen. »Der Mensch hat nie etwas anderes getan, als sich immer und immer wieder einen Gott erfunden, um eben leben zu können, ohne sich zu töten«, sagt Kirillow. Falls der Mensch also glaubt, alles was er tue, geschehe im Einklang mit Gottes Willen, ist es ein Verbrechen gegen die Gottheit, deren Willen zuvorzukommen und sich das Leben zu nehmen. So lautet die klassische Begründung, durch die Thomas von Aquin beweisen wollte, daß der Selbstmord eine Todsünde sei. Gibt es jedoch keinen Gott, dann ist des Menschen Wille wie sein Leben sein Eigentum. Er wird selbst zu einem Gott, nicht in einem anspruchsvollen Nietzscheschen Sinn, sondern einfach nur deshalb, weil über ihm nichts Höheres existiert. Das höchste Maß an Selbstbehauptung besteht darin, Gottes Funktion zu übernehmen und sich den eigenen Tod zu erlauben.

Es war Wittgenstein, der später darauf hinwies, daß der Selbstmord der Angelpunkt ist, um den jede Ethik kreist:

»Wenn der Selbstmord erlaubt ist, dann ist alles erlaubt.

Wenn etwas nicht erlaubt ist, dann ist der Selbstmord nicht erlaubt. Dies wirft ein Licht auf das Wesen der Ethik. Denn der Selbstmord ist sozusagen die elementare Sünde.

Und wenn man ihn untersucht, so ist es, wie wenn man den Quecksilberdampf untersucht, um das Wesen der Dämpfe zu erfassen.

Oder ist nicht auch der Selbstmord an sich weder gut noch böse!«[57]

Auf dramatische Weise war dieses Argument bereits von Kirillow in die Tat umgesetzt worden. Mit seinem Selbstmord bestätigte er alles, was Camus später als »das Absurde« bezeichnete: den Glauben, daß es keine letzten Lösungen gibt, nichts als die Welt, wie sie ist, in ihren Widersprüchen, ihrer Veränderbarkeit, ihrer Gegensätzlichkeit.

Im »*Tagebuch*« weigert sich Dostojewskij, die Perspektive des »Nichts von morgen« zu akzeptieren. An der schrecklichen Qual, die er in die zynische Äußerung des jungen Mädchens hineinprojiziert, und an der Weigerung des »logischen Selbstmörders«, die Schande der Sinnlosigkeit des Lebens hinzunehmen, läßt sich ermessen, mit welcher Anstrengung und Hartnäckigkeit Dostojewskij darauf bestand, beinahe gegen seinen künstlerischen Instinkt, Gott zu erfinden. »Es ist somit klar«, schreibt er im »*Tagebuch*«, »daß Selbstmord – wenn der Unsterblichkeitsglaube verlorenging – für jeden Menschen, der sich kraft seiner geistigen Entwicklung auch nur wenig über das Vieh erhoben hat, zur absoluten und unvermeidlichen Notwendigkeit wird.« Diese Notwendigkeit ist seine eigene Erfindung. Sein Ton ist schneidend, so als könne er durch Selbstmorddrohung Gott zwingen, sich zu offenbaren.

Dies gilt in gleicher Weise für sein Werk wie für sein Seelenheil. Wenn es außer diesem Leben und dem endgültigen Nichts des morgigen Tages nichts gibt, ist alles Streben und Mühen vergeblich. Alle Werke dienen nur der vergänglichen Befriedigung und Eitelkeit, sie gehören dem gleichen Niveau an wie »die Vorliebe für Fischsuppe, schöne Pferde, Schwelgerei, Prestige, Macht der Bürokratie und die Bewunderung der... Untergebenen und Hotelportiers«. Dostojewskijs zwiespältiges Christentum – ein so kantiger Glaube, daß es schien, als müsse er sich jeden Augenblick daran schneiden – war die geistige Parallele zu seinen konservativen politischen Überzeugungen. Dieser Glaube linderte seine Verzweiflung. Er brachte sie in einen elementaren Zusammenhang, ohne den seine unerlöste künstlerische Vision ihm unerträglich erschienen wäre.

Dostojewskijs Auffassung vom Selbstmord bildet eine Brücke zwischen dem neunzehnten und unserem Jahrhundert. Als Romancier erfindet er Figuren, die das Drama des über die Religion hinausgehenden geistigen Lebens bis zum Ende verkörpern: So tötet sich Kirillow bei vollem Bewußtsein, durch seine eigene unabweisliche Logik triumphierend. Doch als Individuum weist Dostojewskij diese Logik zurück, er will nicht von den hergebrachten Glaubenssätzen lassen. Das Christentum war für ihn ein Grund und ein Vorwand, um zu schreiben und das Leben zu zelebrieren, das seine Bücher erfüllte. Gleichzeitig aber war das Christentum ein Maßstab für seine Verzweiflung. Je größer christliche Liebe und Mitgefühl in seinen Romanen waren, desto schwerer wogen Schuld und Doppelzüngigkeit. Der Leichnam des heiligen Staretz Sossima fängt nach dem Tod sogleich an zu stinken. Seine christliche Sehnsucht scheint für Dostojewskijs Nase keinen guten Geruch ausgeströmt zu haben.

Sogar Tolstoij, der offenbar unerschütterlich im Glauben an das Leben als höchstes Gut war, machte, ehe er zum Christentum zurückkehrte, eine vergleichbare Selbstmordkrise durch: »Diese

Wahrheit war nämlich, daß das Leben ein Unsinn sei. Ich lebte gleichförmig weiter, wanderte und wanderte und gelangte schließlich an einen Abgrund, und deutlich sah ich hier, daß mich nichts anderes als das Verderben erwartete. Und stille stehen war unmöglich, ein Zurück gab es auch nicht und ebenso unmöglich war es auch, die Augen zu schließen, um die Leiden nicht zu sehen, die vor mir lagen – den unvermeidlichen Tod – die völlige Vernichtung.

Es war dahin gekommen, daß ich – ein gesunder, glücklicher Mensch – fühlte, daß ich nicht mehr weiter leben könne: Eine unbestimmbare Macht zog mich dahin, mich irgendwie meines Lebens zu entledigen. Ich kann nicht eben sagen, daß ich mich töten wollte. Die Macht, die mich vom Leben fortriß, war stärker, vollständiger, weitgehender als der bloße Wunsch. Es war das eine Macht, die dem vormaligen Streben nach Leben ähnlich war, nur in umgekehrter Beziehung. Mit aller Kraft strebte ich fort vom Leben. Der Gedanke an den Selbstmord war in mir ebenso natürlich wie früher die Gedanken an die Verbesserung des Lebens. Dieser Gedanke war so verführerisch, daß ich allerlei List gegen mich anwenden mußte, um ihn nur nicht zu schnell zur Ausführung zu bringen. Ich wollte mich deshalb nur nicht übereilen, weil ich alles versuchen wollte, um aus der Verwirrung, in der sich meine Gedanken befanden, herauszukommen; würde ich es nicht können, so blieb mir ja immer noch Zeit. Und so entfernte ich, ein glücklicher Mensch, alle Schnüre, damit ich mich nicht an der Querleiste zwischen den Schränken meines Zimmers, in dem ich allabendlich beim Auskleiden allein war, erhängte; auch hörte ich auf, auf die Jagd mit der Flinte zu gehen, damit ich mich nicht von dieser allzu leichten Art, mich des Lebens zu entledigen, verführen ließe. Ich wußte selbst nicht, was ich wollte; ich fürchtete das Leben, ich wollte dasselbe los werden und dennoch erhoffte ich noch etwas von ihm.«[58] Das Zitat stammt aus der Beschreibung der Krise, die Tolstoij im Alter von fünfzig Jahren durchmachte und mit schonungsloser Deutlichkeit in *»Meine Beichte«* dargestellt hat.

Dadaismus: Selbstmord als Kunst

Als Tolstoij und Dostojewskij in ihren mittleren Jahren eine Krise erlebten und die Aussicht auf den Tod den Wert ihres Lebens und Werks in Frage stellte, veranstalteten beide ein Autodafé, das es ihnen ermöglichte, weiterzuschreiben. Außer T. S. Eliot waren sie die letzten der großen Schriftsteller, die das, was Kierkegaard »den Sprung« nennt, wagten und zur orthodoxen Religion zurückkehrten. Auf sehr verschiedene Weise schufen auch D. H. Lawrence und Yeats sich Pseudo-Religionen. Pasternak klammerte sich ans Christentum wie an ein Rettungsfloß, um Stalins Terror zu überleben. Bei den übrigen Schriftstellern war das Christentum nicht mehr Bestandteil ihrer Kunst, gleichgültig, welche gesellschaftlichen und kirchlichen Gewohnheiten sie hatten.

»Was kümmert's mich, ob Gott existiert«, schreibt Miguel de Unamuno, »solange ich nicht ewig leben kann?« Doch wenn Gott nicht existiert, ändert sich auch das Ansehen des Todes. Er ist keine menschliche, übermenschliche – makabre, gottähnliche oder verführerische Erscheinung mehr: Der Tod gleicht weder dem tanzenden Gerippe aus dem Mittelalter noch dem verschlagenen, machtvollen Feind, mit dem John Donne kämpfte. Er ist auch nicht der schicksalhafte Liebhaber der Romantiker. Die Person des Sterbenden wird durch ihn nicht mehr erweitert und gesteigert. Es gibt weder einen Übertritt ins Jenseits noch einen Augenblick der Offenbarung, der alle Geheimnisse entfüllt. Ohne Gott ist der Tod einfach das Ende: kurz, schal, endgültig. Das Herz bleibt stehen, der Leib zerfällt, das Leben geht ohne uns weiter. Dieses »Nichts von morgen« veranlaßte Tolstoij vor seiner Bekehrung, sich über »die sinnlose Absurdität des Lebens« zu beklagen. Camus erblickte in dieser Absurdität, in diesem Leben, das keinen anderen Sinn als sich selbst hat, das Fundament, auf dem die gesamte moderne Kunst ruht. In *»Mythos von Sisyphos«*, seinem Buch über das Problem des Selbstmords, legte er seine Theorie des Absurden dar.

Camus' Auffassung des Absurden war weniger ein Programm für zukünftige Werke als eine Theorie, durch die eine Kunst erklärt wurde, die sich bereits vor der Jahrhundertwende machtvoll entfaltete: W. B. Yeats spürte das neue und fremde Element schon 1896, als er Zeuge der Premiere von Jarrys *»König Ubu«* war: »Nach Stéphane Mallarmé, Paul Verlaine, Gustave Moreau, Puvis de Chavannes, nach meiner eigenen Lyrik, nach allen subtilen Farben und nervösen Reimen und nach den schwachen Mischtönen Conders, was ist da noch möglich? Nach uns der grausame Gott.«[59] In gewissem Sinn dient die gesamte Kunst des zwanzigsten Jahrhunderts diesem erdgebundenen, grausamen Gott, der sich wie alle Götter seiner Art mit Blutopfern mästet. Ähnlich wie bei der modernen Kriegführung verfeinerten sich die theoretischen und technischen Voraussetzungen der Kunst in gewaltigem Maße. Durch Intellektualisierung wurde diese Kunst extremer, grausamer und im Grunde selbstzerstörerischer denn je zuvor.

Das beste Beispiel der ganzen Bewegung stellt der Dadaismus dar, dessen Herrschaft in Paris mit einem Selbstmord begann und mit einem Selbstmord endete. Der Dadaismus, der noch weitere Selbstmorde im Gefolge hatte, spielt in der modernen Literatur zugegebenermaßen eine verhältnismäßig geringe Rolle. Seine bedeutenden Vertreter waren alle bildenden Künstler – Arp, Schwitters, Picabia, Duchamp. In seinen verschwommenen Zielen – die zu zersplittert und zu anarchistisch waren, um als Programm zu gelten – karikierte der Dadaismus das Erbe des zwanzigsten Jahrhunderts und die bestehenden Kunstformen. Er vergröberte und verzerrte die gesellschaftlichen Zwänge, denen sich die kultivierteren, raffinierteren und auch die unauffälligeren Künstler unterwarfen.

Die Dadaisten wollten zerstörerische Agitation, die sich nicht nur gegen die etablierte Gesellschaft und das Bürgertum, sondern gegen alles Bestehende richtete, den Dadaismus selbst nicht ausgenommen: »Keine Maler mehr! keine Literaten! keine Komponisten! keine Bildhauer mehr! keine Religionen! keine Republikaner mehr! keine Royalisten! keine Imperialisten! keine Anarchisten mehr! keine Sozialisten! keine Bolschewisten mehr! keine Politiker! keine Proletarier mehr! keine Demokraten mehr! keine Armeen! keine Polizei mehr! keine Vaterländer! Endgültig Schluß jetzt mit dem ganzen Quatsch! Weg damit! Mit allem! Überhaupt nichts mehr! Nichts mehr! nichts! NICHTS! NICHTS! NICHTS!

So setzt sich dann hoffentlich das ganz, ganz Neue – was gerade dasselbe ist wie das, was wir nicht mehr wollen – so durch, daß es

nicht schon von vornherein verrottet und aufdringlich GROTESK wirkt.«[60]
Die brutalen Exzesse des Dadaismus und seine totale Ablehnung aller Werte entsprachen dem Bewußtsein des weltweiten moralischen Bankrotts nach dem Ersten Weltkrieg. Hierdurch wurde jedoch lediglich der Prozeß des Zweifels und der Desillusionierung beschleunigt, der viel früher eingesetzt hatte. Fast fünfzig Jahre vorher hatte Rimbaud – siebzehnjährig, aber schon am Ende seiner Laufbahn – sich als ein Musterbeispiel des verneinenden, verächtlichen, forschenden Geists in der modernen Kunst als einen *littératuricide* bezeichnet. Nach vier Jahren sinnlosen Gemetzels, das außer ein paar Grenzen nichts verändert hatte, zeichnete sich der grausame Gott nicht mehr als unbestimmte Drohung am Horizont ab; er war zu einer allgegenwärtigen, sich schrecklich aufbäumenden Erscheinung geworden, die jede Aussicht verstellte. Selbst Lenin schien seine Gegenwart zu spüren. Während seines Züricher Exils besuchte er gelegentlich das »Cabaret Voltaire«, wo Dada 1916 gegründet worden war. »Ich weiß nicht, wie radikal Sie sind«, sagte er zu einem jungen rumänischen Dadaisten, »oder wie radikal ich bin. Ich bin gewiß nicht radikal genug. Man kann nie radikal genug sein; das heißt, man muß immer so radikal sein wie die Wirklichkeit selbst.«[61]
Eine wesentliche Überzeugung des Dadaismus bestand darin, daß die Kunst angesichts der radikalen Wirklichkeit weniger wichtig sei als die Provokation. Der deutsche Dichter und angehende Mediziner Richard Hülsenbeck hatte zusammen mit Hugo Ball, ebenfalls einem deutschen Dichter, die Bewegung gegründet. Ball und Hülsenbeck suchten angeblich nach einem Künstlernamen für einen Sänger in ihrem »Cabaret Voltaire«. Dabei sollen sie in einem französisch-deutschen Wörterbuch auf das Wort *dada* gestoßen sein. Dada ist französische Kindersprache und bedeutet Pferdchen, auch Steckenpferd oder Lieblingsbeschäftigung.
Hülsenbeck begleitete sich, wenn er seine Klanggedichte rezitierte, fortissimo auf einem Tamtam. Laut Ball wollte er durch den verstärkten (Neger)rhythmus die Literatur gern in Grund und Boden trommeln.[62] Jedenfalls taten er und seine Kollegen ihr Bestes, indem sie ihre Zuhörer mit Beleidigungen, Lärm und Unsinn aller Art bombardierten, getreu dem von Antonin Artaud aufgestellten Grundsatz: »Alle Schriftstellerei ist Schund«.

Wenn die Kunst sich gegen sich selber richtet, sich selbst zerstört und sich selbst besiegt, wird der Selbstmord zur Selbstverständlichkeit. Wenn Kunst und äußere Erscheinung sich nicht mehr voneinander unterscheiden, tritt das Leben des Künstlers oder mindestens sein Verhalten an die Stelle der Kunst. Beide sind gleich unnütz und wertlos. Da der Dadaismus eine Reaktion auf den Verfall der europäischen Kultur im Ersten Weltkrieg war und durch Unsinn die Sinnlosigkeit der überlieferten Werte anprangerte, galt der Selbstmord für den konsequenten Dadaisten als unvermeidbar. Er wurde beinahe zur Pflicht, zum letzten Kunstwerk. Dies entspricht der Logik Kirillows, ohne seine sühnende Verzweiflung, Schuld und Passion. Für die Dadaisten wäre der Selbstmord lediglich ein logischer Scherz gewesen, hätten sie an Logik geglaubt. Da sie es nicht taten, bedeutete Selbstmord für sie nicht mehr als ein psychopathischer Scherz.

Vorbild aller Dadaisten war Jacques Vaché, der den späteren Begründer des Surrealismus, André Breton, entscheidend beeinflußt hat. Er stand in mancher Hinsicht dem lauten Auftreten und den Schmähreden der Dadaisten fern. Äußerlich war er eine *fin de siècle*-Gestalt, ein großer junger Mann mit kastanienbraunem Haar, elegant, penibel, exzentrisch. Er zeigte sich nicht dazu bereit, auf der Straße seine besten Freunde wiederzuerkennen, Briefe zu beantworten oder jemanden zu begrüßen. »Er lebte mit einer jungen Frau zusammen«, erzählt Emile Bouvier, »die bewegungslos und stumm in einem Winkel sitzen mußte, wenn er sich mit einem Freund unterhielt. Wenn sie den Tee servierte, küßte er ihr mit unsagbarer Würde die Hand.« Obwohl er die Kunstakademie besucht hatte und außergewöhnlich belesen war, widmete er sich dem systematischen Müßiggang. Als Breton ihn 1916 in einem Militärspital in Nantes kennenlernte, wo Vaché wegen einer Beinwunde lag: »Weil er nicht aus dem Bett durfte, vertrieb er sich damit die Zeit, daß er serienweise Postkarten bemalte oder mit Zeichnungen versah und dazu ausgefallene Texte ersann. Seine Sujets entnahm er zumeist der Herrenmode. Er liebte jene glattrasierten, ausdruckslosen Gesichter, die betont herrenhafte, steife Haltung, wie man sie in Bars trifft. Jeden Morgen brachte er gut eine Stunde nur damit zu, ein oder zwei Photographien, kleine Vasen, ein paar Veilchen auf einem Tischchen zu arrangieren, das neben seinem Bett stand und mit einer Spitzendecke geschmückt war ...«[63] Später, als es ihm besser ging, vergnügte er sich damit, in der Uniform eines

Husarenleutnants, eines Fliegerleutnants oder eines Militärarztes auf den Straßen von Nantes zu paradieren. Als Breton ihn im Jahr darauf wiedersah, bedrohte er das Premierenpublikum von Apollinaires *»Les Mamelles de Tirésias«* mit einem geladenen Revolver.

Vaché war sowohl ein Dandy, ein Geck als auch ein unmoralischer Gewalttäter, der sein Leben wie eine wilde ubueske Komödie gestaltete. Er behauptete, sein leitender Grundsatz sei Humor; er meinte damit, die Sinnlosigkeit erscheine in einem gewissen Stadium der Erkenntnis komisch. Sein Lustspiel-Stil aber war äußerst bedrohlich, da der »Humorist«, gleich *»König Ubu«*, sich absichtlich auf schlimme, zerstörerische Art dumm aufführte. Eine Komödie der Verzweiflung kehrte an ihren Ausgangspunkt, den Un-Sinn, zurück. Vaché starb, seinen Prinzipien getreu, einen komischen und bösartigen Tod. »Ich protestiere dagegen, in Kriegszeiten getötet zu werden«, hatte er von der Front geschrieben, »... ich werde sterben, wann ich sterben will, aber gemeinsam mit jemandem. Allein zu sterben, das ist langweilig, ich möchte sterben vorzugsweise mit einem meiner besten Freunde.«[64] Genau das tat er. Im Jahr 1919, im Alter von dreiundzwanzig Jahren, nahm er eine Überdosis Opium; zwei Freunden, die nur wegen des »Trip« und ohne selbstmörderische Absichten gekommen waren, verabreichte er die gleiche tödliche Dosis. Es war die höchste dadaistische Geste, der letzte psychopathische Scherz: Selbstmord plus Doppelmord.

Als die Selbstmordepidemie im neunzehnten Jahrhundert ihren Höhepunkt erreichte, war für die jungen Romantiker der freiwillige Tod das zweitbeste Los – nach dem Leben als großer Künstler. Für den reinen Dadaisten bestanden Leben und Tod in seiner Kunst. So erklärt sich Vachés außerordentlich starker Einfluß auf jene, die nach ihm kamen, obwohl von ihm außer Erinnerungen und einem Band Briefe fast nichts übrigblieb. Sein Dasein bedeutete mehr als sein Werk. Wie seine dandyhaften *fin de siècle*-Vorgänger betrachtete er sein Leben als Kunstwerk; als echter Dadaist jedoch sah er die Kunst als wertlos an. Tinguélys autodestruktive Skulpturen und die Abfallkunst von den primitiveren Gestaden des Pop können in unmittelbare Verbindung zu Vachés Selbstmord gebracht werden.

Ähnlich verhielt es sich mit dem Dichter, Kunstkritiker und Beleidigungs-Spezialisten Arthur Cravan, der ein Jahr vor Vaché starb. Seine Werke bestehen aus wenig mehr als ein paar überflüssigen Berichten, doch seine Legende sichert ihm einen

Platz im Dadaisten-Pantheon. Laut einer streitbaren autobiographischen Notiz, die er 1914 in ›*Maintenant*‹, seiner eigenen Zeitschrift, veröffentlichte, war er »Hochstarler – Seemann im Pazifik – Maultiertreiber – Orangenpflücker in Kalifornien – Schlangenbeschwörer – Hoteldieb – Neffe Oscar Wildes – Holzfäller – Ex-Champion des französischen Boxsports – Enkel des Kanzlers der englischen Königin – Chauffeur in Berlin – und so weiter«. Zweifellos war vieles davon unwahr, das hätte durchaus dem Geist des Dada entsprochen. So prahlte er beispielsweise mit der Behauptung, in einem Schweizer Juweliergeschäft den perfekten Diebstahl vollbracht zu haben. Aber seine authentischen Heldentaten waren außerordentlich genug. Als der Erste Weltkrieg sich auf der Höhe befand, reiste Cravan mit einem gefälschten Paß durch ganz Europa und danach durch die Vereinigten Staaten, Kanada und Mexiko, um nicht zum Kriegsdienst eingezogen zu werden. (Es ist merkwürdig, daß ausgerechnet die als gewalttätig bekannte literarische Figur Cravan sich solche Mühe gegeben hat, nicht im Krieg kämpfen zu müssen; vielleicht verletzte legalisierter Mord sein künstlerisches Unabhängigkeitsgefühl.) Cravan forderte den farbigen Boxer Jack Johnson, den erfolgreichsten Schwergewichtsmeister der Welt, zum Kampf heraus – obwohl er seine Aussichten realistisch genug einschätzte, um volltrunken in den Ring zu taumeln und in der ersten Runde k. o. zu Boden zu gehen. Als er 1917 aufgefordert wurde, auf der Ausstellung der Unabhängigen Künstler in New York eine Rede zu halten, erschien er, wie gewöhnlich, betrunken, fing an zu rülpsen, beschimpfte das Publikum, vor allem Damen der höchsten Gesellschaft, machte Anstalten, sämtliche Kleider auszuziehen, und wurde schließlich, in Handschellen, von der Polizei weggeschafft. »Welch wunderbare Rede«, sagte Marcel Duchamp, dessen eigener Ausstellungsbeitrag ein signierter Nachttopf war. Als Cravan schließlich auf der Überfahrt in einem Segelboot nach Buenos Aires im Golf von Mexiko verschwand, forschte seine Ehefrau, mit der er sich dort treffen wollte, in allen düsteren Gefängnissen Zentralamerikas nach ihm. Obwohl sie ihn nicht fand, wußte sie offenbar, welche Orte in Frage kamen. Ein weiteres dadaistisches Kunstwerk war vollendet: vermißt, vermutlich Selbstmord.
Gewalttätigkeit, Schock, psychopathische Verfassung und Selbstmord sind die Rhythmen des Dadaismus. »Selbstmord ist eine Berufung«, hatte Jacques Rigaut gesagt, dessen eigener Selbstmord 1929 das Ende der Dada-Epoche bezeichnet haben

soll. Alles deutet allerdings darauf hin, daß die Bewegung tatsächlich bereits fünf Jahre früher ihren Geist ausgehaucht hatte, als Breton mit Tristan Tzara gebrochen und die Konkurrenzfirma des Surrealismus gründete, Rigaut jedoch lebte als letzte, vollkommene Blüte des Dada noch kurz weiter. Wie Vaché war er eine elegante Erscheinung von bewußt vornehmer Lebensart, so daß er sich ernsthaft darüber Sorgen machte, ob ein potentieller Arbeitgeber ihn auch nicht für *trop gigolo* halten würde. Zum Arbeitgeber wurde Jacques-Emile Blanche, ein ruhiger, akademischer Maler und Kritiker, bei dem Rigaut mehrere Jahre als Sekretär arbeitete. Nach dem Tod Rigauts schrieb Blanche über den merkwürdigen Gegensatz zwischen Rigauts Eleganz und den schäbigen Gestalten, mit denen er verkehrte: »Wenn er seine dadaistischen Kameraden zu mir nach Hause mitbrachte und ich Rigauts romanisches Gesicht und amerikanische Aufmachung mit ihrem Äußeren verglich, wurde mir die Tatsache bewußt, daß er den Weg, dem er folgen wollte, nicht instinktiv gewählt hatte. Wohin gehörte er, zu Dada oder ins Ritz?«

Wie sich zeigte, lautete die Antwort: Dada. Ein Freund hat Rigaut einmal »einen leeren Koffer« genannt, womit er sagen wollte, daß Rigauts Lebensgepäck nicht durch irgendeinen Glauben belastet war. Wie Dostojewskij prophezeit hatte, war an die Stelle des Glaubens die »Berufung« zum Selbstmord getreten; Rigaut richtete sich sein Leben entsprechend und mit undadaistischer Gründlichkeit ein. Als Künstler vernichtete er fast alles, was er schrieb, sobald es vollendet war. Nach der Aussage Blanches war selbst seine Affektiertheit, mit der er ein höchst konventionelles und seichtes Leben bejahte, selbstmörderisch: »Die einzige Möglichkeit, die uns bleibt, um unsere Lebensverachtung zu zeigen«, schrieb Rigaut in einem der wenigen Artikel, die noch erhalten sind, »ist, das Leben hinzunehmen. Das Leben lohnt nicht die Mühe, es zu verlassen ... Ein Mensch, dem Sorgen und Langeweile erspart bleiben, vollzieht im Selbstmord vielleicht die desinteressierteste aller Gesten, vorausgesetzt, daß er nicht neugierig auf den Tod ist!«[65] Sein eigenes Desinteresse war groß, sein Selbstmord jedoch zeugte von Methode. Sein Bewunderer und Freund Drieu la Rochelle schildert beides mit angemessener Eleganz:

»So wird sie möglich, die lächerliche Tat, nicht die absurde (ein zu großes Wort, das sie abgeschreckt haben könnte), sondern die triviale, gleichgültige Handlung. ›Während ich morgens zu Bett

gehe, mache ich unversehens einen Fehler, statt auf den elektrischen Lichtschalter zu drücken, drücke ich ab.‹
Dies entzückte Gonzague (Rigaut) und seine Freunde. Für kurze Zeit lebte er in einem Zustand der Gnade, der höchsten Herrlichkeit. Er hatte den Selbstmord überwunden. Er wußte nicht mehr, ob er tot oder lebendig war, ob er einen Schuß abgefeuert oder einen Feuerbrand in der Nacht entzündet hatte.«[66]
Vier Jahre vor Rigauts Tod veröffentlichte die Zeitschrift für jene flüchtige Kunst ›*La Révolution Surréaliste*‹ mehrere Beiträge zu der Frage: »Ist Selbstmord eine Lösung?« Die Mehrzahl der Antworten war ebenso entschieden zustimmend, wie sie neunzig Jahre früher in Paris ausgefallen wäre, der Ton aber war weit weniger überschwenglich als der der Romantiker: »Mein Herr, ich möchte gern Ihre Frage beantworten, indem ich die Notiz an meiner Schlafzimmerwand wiedergebe: ›Treten Sie ein, ohne anzuklopfen, aber bevor Sie wieder gehen, werden Sie gebeten, Selbstmord zu verüben.‹« Die Bedeutung der Umfrage war klar: Wer den Selbstmord anerkannte, auf welch frivole Weise auch immer, erklärte sich mit der neuen Kunst einverstanden und schloß sich der Avantgarde an. Anerkennung war jedoch nicht das gleiche wie die Tat. Von den Teilnehmern an der Umfrage ging nur René Crevel, »der schönste der Surrealisten«, der eine der subtilsten Antworten beigesteuert hatte, den Weg wirklich bis zum Ende. Im selben Jahr hatte er in seinem Buch »*Umwege*« den perfekten Tod geschildert: »Kamillentee auf dem Gasherd. Das Fenster fest zu. Ich mache den Hahn auf. Ich vergesse, ein Streichholz dranzuhalten. Ehre gerettet, und noch Zeit, ein Confiteor zu beten ...«[67] Elf Jahre später brachte Crevel sich auf genau die gleiche Weise um. Doch er war eine Ausnahme, denn, wie er in seiner Antwort auf die Umfrage ausgeführt hatte, hatte ihn als Kind der Selbstmord einer geliebten Person tief beeindruckt. Für Crevel war der Selbstmord daher mehr als ein künstlerischer Glaubensartikel. Zudem gehörte er nicht zu den Dadaisten, sondern zu den Surrealisten. Zwar hatten die Surrealisten wie die moderne Kunst allgemein das dadaistische Prinzip übernommen, das darin bestand, unaufhörlich alle geheiligten Werte, Konventionen und unbesehen übernommenen Grundsätze, auf denen die Gesellschaft beruhte, anzugreifen. Doch sie strebten, nach Aussage des Surrealisten und Dada-Chronisten Georges Hugnet, nach »einer weniger anarchistischen und ungezwungenen Systematisierung eines Kampfs, dem sie sich anschließen wollten«. Dada war, wie

jedermann wußte, eine Sackgasse. Die Ziele des Dada waren mit der Kunst ihrem Wesen nach und nicht etwa durch Zufall unvereinbar. Es hätte auch kaum anders sein können, weil Dada nicht auf einer ästhetischen, sondern auf einer perversen Definition des Humors beruhte, die das Leben als geschmacklosen, gegen das Ich gerichteten Scherz verstand. Die Verzweiflung und das Unbehagen, die dieser Auffassung zugrunde lagen, mögen »so radikal wie die Wirklichkeit selbst« gewesen sein, doch der Dada-Stil verbot, solches zur Kenntnis zu nehmen. Selbst die Wahnsinnigen – und nach ihren Memoiren zu schließen, fanden sich sowohl bei Vaché als auch bei Cravan und bei Rigaut Anzeichen von Schizophrenie – gestatteten es sich offenbar nicht, unter ihrem Irrsinn zu *leiden*. Sie machten aus ihren Qualen Scherze, die vielleicht selbstmörderisch waren, dennoch aber Scherze blieben. Die ›Normalen‹ bewiesen mehr Selbsterhaltungsinstinkt und Vorsicht, was ihre Wirkung aufs Publikum anging. Sie begnügten sich mit Irrsinns-Imitationen, wie sie ihnen gerade gefielen. Es galt als ebenso modern, sich wahnsinnig zu stellen, wie Selbstmord zu verüben.

»Dada ist ohne Alter«, schrieb Hugnet, »... Dada ist kein *mal de siècle*, sondern ein *mal du monde*.« Ein gewaltiger Anspruch für eine so kleine Bewegung, sollte man meinen, doch in gewisser paradoxer Hinsicht bestand er zu Recht. Gemessen an der literarischen Produktion mag die Leistung des Dadaismus geringfügig gewesen sein, gemessen an der künstlerischen Befreiung dagegen war sie unverhältnismäßig groß. Auf seine chaotische Weise trug der Dadaismus dazu bei, den nachkommenden Generationen neue Gebiete zu erschließen. Selbstmord, Irrsinn und Psychopathologie der Alltagskunst setzte der Dadaismus bei seinen Angriffen gegen das Publikum als Stoßtrupp ein; dadurch verhalf er auch jenen zum Wort, für die Verzweiflung keine unterhaltsame Möglichkeit, sondern Verhängnis war. Das Groteske der Karikatur modernistischer Bewegungen durch Dada beeinträchtigte nicht deren Treffsicherheit. Die Unterschiede lagen lediglich in der Emphase der Äußerung. Alle Modernisten nehmen sich vor, die überlieferten Werte zu zerstören. Im Gegensatz zum Dadaismus aber verkünden sie ihre Absicht nicht laut. Sie tun dies weder aus Feigheit noch aus Taktgefühl, es ist ein Gebot des praktischen Überlebens. Die Kunst des zwanzigsten Jahrhunderts hat bei Null angefangen. Dennoch gedeiht sie, weil sie an sich selbst ebenso glaubt wie an die Möglichkeit der Kontrolle über das von Natur aus Unkontrollierbare, an die Verständlichkeit des Rudimentären und an ihre Fähigkeit, sich ihre eigenen Werte zu schaffen.

Die Künste überleben, weil die Künstler, jeglicher Anti-Kunst zum Trotz, an die Möglichkeit der Kunst glauben. Der Dadaismus begann damit, anti-alles, die Kunst inbegriffen, zu sein. Durch die jeder Karikatur eigentümliche Logik endete er damit, anti-dadaistisch zu sein. Wie viele Dadaisten starb Dada durch eigene Hand.

Es war einmal ein arger Mann
Legte seinen Garten an.
Als heranwuchs Gras und Klee
War's wie ein Garten voller Schnee.
Als der Schnee dann wieder schmolz
War's wie ein Schiff ohn' Spantenholz.
Als er unter Segel ging
War's wie ein Vogel ohne Schwing.
Als der Vogel dann aufflog
Er wie ein Aar am Himmel zog.
Als der Himmel Donner rollt
War's wie am Tor ein Leu der grollt.
Als das Tor im Rücken kracht
War's mir wie eine Prügeltracht.
Als mein Rücken zuckt vor Schmerz
War's wie ein Messer mir im Herz.
Als mein Herze blutet rot
War's der Tod, der bittere Tod.

ALTER ENGLISCHER KINDERREIM

Der grausame Gott

Wer vom Verfall der Werte und der damit notwendig zusammenhängenden Entfremdung spricht, schlägt leicht einen falschen Ton an. Er spricht von Krise und Verzweiflung in einer Weise, die wenig mit Erfahrung, aber um so mehr mit Theorie zu tun hat. Das Leben geht weiter, empirisch und so rational wie möglich, wie groß die Unsicherheiten auch sein mögen. Anders als für den Metaphysiker ist für den Künstler das Chaos nicht ein Zustand, mit dem er sich stündlich, täglich oder auch jährlich in tödlicher Qual auseinandersetzen muß. Der Künstler empfindet das Chaos eher als Mangel; er spürt das dringende Bedürfnis, für sich von Grund auf eine neue Ordnung zu schaffen. Das Chaos wird ihn also eher zum künstlerischen Schaffen anregen als es vereiteln.

Dies war wohl der Anstoß für die erste bedeutende Periode, der ersten Zeit des Modernismus nach dem Ersten Weltkrieg. T. S. Eliot beispielsweise schrieb *»Das wüste Land«*, als er sich in Zürich von einer Art Zusammenbruch erholte und von C. G. Jung behandeln ließ. In seinem Gedicht wird das innere Chaos nach außen auf die Gesellschaft projiziert – als Verfall aller traditionellen Formen und Werte, als Ausdrucksmittel für die allgemeine Auflösung schuf der Dichter einen neuen Stil formaler Ordnung – distanziert, erkennbar, subtil.

Die Dadaisten gaben dem schmerzhaften Gefühl des Verfalls und der Schmach wie verwöhnte Kinder nach. Sie wollten die Kunst über Bord werfen, weil das Gespräch ihres Lebens keinen Glauben mehr enthielt. Schöpferischere Künstler dagegen reagierten mit einer Art formaler Leidenschaft: Je tiefer die Unsicherheit, desto größer ihr künstlerisches Bemühen. Je stärker jedoch andererseits das Bemühen ist, eine der Erfahrung gemäße Kunst zu schaffen, desto größer werden die damit verbundenen Risiken.

Einfach ausgedrückt: eine der auffälligsten Kennzeichen der Kunst dieses Jahrhunderts ist der plötzliche steile Anstieg der »Verlustquote« unter den Künstlern. Von den bedeutenden Vorläufern der Moderne entsagte Rimbaud im Alter von zwanzig Jahren der Dichtung. Van Gogh tötete sich, Strindberg wurde wahnsinnig. Seither hat die Zahl der Todesopfer ständig zugenommen. Zu Beginn der Moderne: Kafka, der seinen frühen natürlichen Tuberkulose-Tod in künstlerischen Selbstmord umwandeln wollte, indem er alle seine Schriften zu vernichten befahl. Virginia Woolf, Opfer ihrer eigenen übermäßigen Empfindsamkeit, ertränkte sich. Hart Crane verwandte ungeheure Energie darauf, sein chaotisches Leben, eine desparate Mischung aus Homosexualität und Trunksucht, zu ästhetisieren, doch da er sich für einen Versager hielt, sprang er schließlich von einem Dampfer über Bord ins Karibische Meer. Dylan Thomas und Brandan Behan tranken sich zu Tode. Antonin Artaud lebte jahrelang in Irrenanstalten. Delmore Schwartz wurde in einem heruntergekommenen Hotel in Manhattan tot aufgefunden. Joe Orton wurde von seinem Geliebten, der ebenfalls Schriftsteller war, ermordet; der Freund beging daraufhin Selbstmord. Cesare Pavese und Paul Celan, Randall Jarrel und Sylvia Plath, Wladimir Majakowskij, Sergej Jessenin und Marina Zwetajewa starben von eigener Hand. Bei den Malern gehören Modigliani, Archil Gorki, Mark Gertler, Jackson Pollock und Mark Rothko zu den Selbstmördern. Die einzelnen Generationen verband Hemingway miteinander. Seine Prosa war auf eine Art physische Ethik der Tapferkeit und der Selbstbeherrschung bis zur Grenze des Erträglichen begründet. Er schrieb als ästhetische Entsprechung zu dieser physischen Haltung einen schmucklosen, sozusagen bis auf die Knochen entblößten Stil – ein Ergebnis großer Ökonomie, Genauigkeit, Spannung und nur scheinbarer Mühelosigkeit. Die natürlichen Alterserscheinungen – Schwäche, Unsicherheit, Ungeschicklichkeit, Ungenauigkeit, das Nachlassen einer einst leistungsstarken Maschine – mußten für eine solche Haltung ebenso unerträglich sein wie der Verlust der schriftstellerischen Potenz. Am Ende folgte er dem Beispiel seines Vaters und erschoß sich.

Jedem dieser Todesfälle eignet seine bestimmte innere Logik und unwiederholbare Verzweiflung. Um ihnen gerecht zu werden, wäre eine Fülle von Einzelheiten erforderlich, die über das Ziel dieses Buchs hinausgehen würden. Etwas fällt jedoch auf: Fälle, die sich vor dem zwanzigsten Jahrhundert ereignet haben, können individuell erörtert werden, da die Künstler, die Selbstmord verübten oder ernste Selbstmordabsichten zeigten, Ausnahmen darstellten. Im zwanzigsten Jahrhundert verlagert sich das Gewicht plötzlich: Je besser der Künstler, desto verletzbarer scheint er zu sein. Natürlich ist dies keine feste Regel. Die »Großen Alten Männer« der Literatur waren ebenso bedeutend wie zahlreich: Eliot, Joyce, Valéry, Pound, Thomas Mann, Forster, Frost, Stevens, Ungaretti, Montale, Marianne Moore. Die Verlustquote unter diesen Talenten ist ebenso unverhältnismäßig hoch. Es ist, als hätte sich die Natur des künstlerischen Schaffens mit ihren besonderen Anforderungen von Grund auf verändert.

Dafür gibt es, wie ich glaube, mehrere Gründe: Erstens den beständigen, rastlosen Drang zum Experiment, den Trieb, zu verändern, zu erneuern, die geltenden Formen zu zerbrechen. »Sowie es funktioniert, ist es überholt«, sagt Marshal McLuhan. Doch das Experiment folgt seiner immanenten Logik, die es ständig von Fragen formaler Technik wegführt in einen Bereich, wo die Rolle des Künstlers selbst sich wandelt. Veränderungen in der Kunst sind notwendig, wenn die zur Verfügung stehenden Formen dem, was ausgedrückt werden muß, nicht mehr genügen. Jede echte Revolution ihrer Technik bildet eine Parallele zu einer tiefgreifenden inneren Umstellung. (Die oberflächlichen Veränderungen interessieren hier nicht; sie entsprechen lediglich Moden und sind nicht von inneren Notwendigkeiten, sondern von wirtschaftlichen Überlegungen des Kunstmarkts und der Nachfrage der Kunstkonsumenten abhängig.) Die Dichter der Romantik verliehen ihrer neuen Freiheit des Gefühls dadurch wesentlichen Ausdruck, daß sie die Zwangsjacke des klassischen Reimpaars ablegten. Die ersten Dichter der Moderne warfen die traditionellen Reime und Verse über Bord, sie bevorzugten freie Verse, die es ihnen erlaubten, ihren Gefühlsbewegungen genau, ohne jede Abweichung, zu folgen. Technische Entdeckungen in der Kunst setzen ein gewisses Maß an psychischen Entdeckungen voraus; je radikaler die Experimente, aus desto größerer Tiefe kommen die Antworten. Deshalb erlosch der Drang zu experimentieren in den dreißiger Jahren, als die Politik des linken Flügels alle Fragen auf ihre Weise zu beantworten schien. Ähnliches geschah im England der fünfziger Jahre, als die Dichter der herrschenden Richtung sich bemühten, die Sicherheit und Annehmlichkeit des Lebens in den Vorstädten zu verewigen. Zwar bürgt experimentelle Avantgarde-Haltung keineswegs für irgend etwas, sie läßt sich ebenso leicht überstreifen wie jedes andere Maskenkostüm. Für die Furchtsamen und Konventionellen schafft eine solche Haltung mehr Verlegenheit als andere Moden. Das Muster ist allzu transparent, ihm fehlt es an Originalität: Die langweiligen Epigonen von Ezra Pound und William Carlos Williams auf beiden Seiten des Atlantiks beweisen diese Tatsache.

Für die ernsthafteren Künstler jedoch war das Experimentieren mehr als ein Basteln an der Maschinerie. Das Experiment schaffte vielmehr eine Voraussetzung zu der immerwährenden Frage »Was bin ich?«, die der Künstler sich ohne moralische, kulturelle oder auch nur formale Sicherheiten stellte. Da zum schöpferischen Talent auch die unheimliche Fähigkeit gehört, früher als andere Menschen die Spannungen und Tendenzen der Zeit zu spüren und zu artikulieren, ist die moderne Kunst trotz aller Gegenströmungen mehr und mehr zu einer seelischen Reaktion auf ein immer schwerer erträgliches Katastrophenbewußtsein geworden. Die Künstler befolgten Joseph Conrads Ausspruch »Versenke dich ins zerstörerische Element« bis zur Grenze des Möglichen. Dadurch wurde ihre Rolle in der Gesellschaft völlig verändert; statt weiterhin romantischer Held und Befreier zu sein, ist der Künstler zum Opfer und zum Sündenbock geworden. Eine der schönsten und sicherlich der traurigsten Aussagen über dieses neue Los stammt von Wilfred Owen, der bereits tot war, als der Wandel der Moderne einsetzte. Am Neujahrsabend 1917/18 schreibt er an seine Mutter:

»Ich bin nicht unzufrieden mit meinen Jahren. Alles hat sich in Phasen vollzogen.

Phasen furchtbarer Schwerarbeit in Shrewsbury und Bordeaux; Phasen erstaunlicher Freuden in den Pyrenäen und Spiele in Craiglockhart; religiöse Phasen in Dunsden; Phasen schrecklicher Gefahr an der Sonne; immer Phasen der Dichtung; immer Phasen Deiner Liebe und des Mitleids mit den Unterdrückten.

Aus diesem Jahr gehe ich als Dichter hervor, meine liebe Mutter, ich habe es nicht als ein solcher begonnen. Die Georgians halten mich für ihresgleichen; ich bin ein Dichter der Dichter.

Ich bin ausgelaufen. Die Schlepper haben mich verlassen; ich fühle, wie die starke Dünung der offenen See meine Galleone erfaßt.

Im letzten Jahr zur gleichen Zeit (es ist gerade Mitternacht, der unerträgliche Augenblick des Wechsels), im letzten Jahr lag ich wach in einem windigen Zelt mitten in einem ausgedehnten, grauenvollen Feldlager. Es schien weder Frankreich noch England, sondern eine Art Koppel zu sein, wo die Tiere für ein paar Tage vor der Schlachtung untergebracht werden. Ich hörte das lärmende Feiern der schottischen Truppen, die nun tot sind; die wußten, daß sie sterben würden. Ich dachte an die gegenwärtige Nacht und ob ich wirklich bin – ob wir wirklich sind –, aber ich dachte weder lang noch tief nach, denn ich bin ein Meister der Ausstoßung.

Hauptsächlich aber dachte ich an den seltsamen Ausdruck auf allen Gesichtern in jenem Lager; eine unverständliche Miene, die kein Mensch je in England sehen wird, obwohl es in England Kriege geben würde. Man kann diesen Ausdruck überhaupt in keiner Schlacht sehen, nur in Etaples. Es war weder Verzweiflung noch Schrecken, es war schrecklicher als Schrecken: Ein Blick aus verbundenen Augen, ausdruckslos, wie der eines toten Hasen.

Er wird nie gemalt werden, und kein Schauspieler wird ihn je nachahmen. Und um ihn beschreiben zu können, muß ich zurückkehren und bei ihnen sein.«[68]

Neun Monate später kehrte Owen nach Frankreich zurück. Zwei Monate darauf fiel er an der Front, genau eine Woche vor Kriegsende.

In diesem Brief sind zwei entgegengesetzte Kräfte am Werk: Erziehung und Veranlagung, Schulung und Instinkt, oder in Eliots Worten: »Tradition und individuelles Talent«. Beide sind für Owens persönliche Veranlagung kennzeichnend, sie entsprechen jedoch auch wesentlichen Zügen seiner Dichtung. Owen hält zwangsläufig an der Tradition fest, da er in vieler Hinsicht noch einer Meinung war mit den »Georgians«, die mit den sich anbahnenden poetischen Wandlungen nichts zu tun hatten. Deshalb reagierte er getreu der heroischen Tradition eines Sir Philip Sidney und eines Kapitän Oates, als »tapferer Mann und englischer Gentlemen«. Er kehrte nach Frankreich zurück, um seiner soldatischen Pflicht zu genügen; da Pflicht stets Opfer bedeutet, mußte er auch die Gefahr des äußersten Opfers ohne Aufhebens auf sich nehmen.

Noch deutlicher aber ist eine anti-heroische Kraft am Werk, die jenen Elementen in seinen Dichtungen entspricht, durch die er zu einem der britischen Vorläufer der Moderne werden sollte. Diese Kraft äußert sich in der herben, desillusionierten Kriegsvision seiner Lyrik und, in formaler Hinsicht, in ihrer differenzierten und klaren Anwendung von Halbreimen, welche die reine Poesie von der harmonischen Süße der »Georgians« befreite. Diese zweite Kraft zwang ihn, nach Frankreich zurückzukehren, nicht in seiner Eigenschaft als »Offizier und Gentlemen«, sondern als Schriftsteller. Der Brief handelt im Grunde von seinem dichterischen Reifeprozeß. Im Bewußtsein dieser Mündigkeit entschied er sich dazu, an die Front zurückzukehren. Es handelte sich um eine wirkliche Entscheidung: Er war schon lange Zeit im aktiven Dienst und dann wegen Kriegsneurose im Lazarett gewesen. Durch seine Dichtungen hatte er einflußreiche Freunde gewonnen. Einer von ihnen, der Proust-Übersetzer Scott-Moncrieff, arbeitete im Kriegsministerium. Er hatte sich dafür eingesetzt, daß Owen auf einen sicheren Posten in England versetzt wurde. Es kostete also fast ebenso viel Mühe und Verwaltungskram, an den Kriegsschauplatz zurückzukehren, wie ihm fernzubleiben. Was Owen dorthin zurückzog, hatte weder etwas mit Heldentum noch viel mit Dichtung zu tun. Neue Gewalten brachen in ihm auf, sie scheinen unlösbar mit der sonderbaren und unerwarteten Vision verknüpft gewesen zu sein, die er in Frankreich hatte:

»Hauptsächlich aber dachte ich an den seltsamen Ausdruck auf allen Gesichtern in jenem Lager; eine unverständliche Miene, die kein Mensch je in England sehen wird, obwohl es in England Kriege geben würde. Man kann diesen Ausdruck überhaupt in keiner Schlacht sehen, nur in Etaples. Es war weder Verzweiflung noch Schrecken, es war schrecklicher als Schrecken; ein Blick aus verbundenen Augen, ausdruckslos, wie der eines toten Hasen.

Er wird nie gemalt werden; kein Schauspieler wird ihn je nachahmen. Und um ihn beschreiben zu können, muß ich zurückkehren und bei ihnen sein.«

Diese Erstarrung jenseits von Hoffnung und Verzweiflung kennzeichnete jede modische Erscheinungsform der Entfremdung im zwanzigsten Jahrhundert. Energie, Hunger nach Neuem und ständige Vielfalt der modernen Künste können nicht über ein Zentrum der Leere und Fühllosigkeit hinwegtäuschen, das der größte schöpferische Optimismus und die kreativste Anstrengung nicht ausschalten können. Ein Gläubiger mag ähnliches fühlen, wenn er die furchtbare Erleuchtung gehabt hat, daß Gott nicht gut ist. Ein Psychiater definiert dies Gefühl, in zeitgemäßerer Terminologie, als die »psychische Abstumpfung«, die bei übermächtiger Todeserfahrung eintrete. Wenn der Tod überall und in einem solchen Ausmaß vorherrscht, daß er gleichgültig, unpersönlich, unvermeidlich und schließlich bedeutungslos wird, besteht die einzige Möglichkeit des Weiterlebens darin, sich jedem Gefühl zu verschließen, so daß man unverwundbar wird, nicht wie ein Tier in seinem Schutzpanzer, sondern wie ein Stein:

»... ein psychisches Sich-Absperren kann ein Zeichen höchster Anpassung sein. Das geschieht teilweise durch einen Verweigerungsvorgang (»Wenn ich nichts empfinde, dann findet der Tod nicht statt«)... Ferner schützt es den Überlebenden vor dem Gefühl gänzlicher Hilflosigkeit, davor, sich durch die Gewalt, die seine Umgebung überfallen hat, völlig handlungsunfähig zu fühlen. Indem er sich absperrt, sträubt er sich dagegen, ›an sich handeln zu lassen‹ oder verändert zu werden... Wir können also sagen, der Überlebende unterzieht sich einer radikalen, aber nur zeitweiligen Verminderung seines Wirklichkeitssinns, um diesen Sinn nicht völlig und dauernd zu verlieren; er unterzieht sich einer umkehrbaren Form von symbolischem Tod, um einem dauernden physischen oder psychischen Tod zu entgehen.«[69]

Lifton beschreibt hier die Abwehrmechanismen, welche die Überlebenden von Hiroshima und aus den nationalsozialistischen Konzentrationslagern anwandten. Das Bewußtsein eines allgegenwärtigen, willkürlichen Todes – der wie eine mittelalterliche Seuche ohne Vorankündigung und ohne Grund gleichermaßen über Gerechte und Ungerechte hereinbricht – steht im Mittelpunkt unserer Erfahrungen im zwanzigsten Jahrhundert. Diese massenhafte Todeserfahrung begann mit dem sinnlosen Gemetzel des Ersten Weltkriegs, sie verstärkte sich angesichts der nazistischen und stalinistischen Vernichtungslager; sie wird bestätigt durch den Völkermord in Tibet und Biafra, durch einen wahnwitzigen Krieg in Vietnam, durch Atomversuche, welche die Atmosphäre vergiften, und durch die Entwicklung biologischer Waffen, die wahllos mehr oder weniger unkontrollierbar töten. Dazu kommt die Untergangs-Perspektive, daß der Erdball selbst von im Weltraum kreisenden Kernwaffen bedroht wird.

Man muß sich vor Übertreibungen hüten. Das Katastrophengefühl ist zur Zeit eine gnädige Randerscheinung des Lebens, das die meisten von uns führen. Es wäre töricht, es kassandragleich unablässig zu beschwören; ebensowenig jedoch sollte man es völlig ignorieren. Tatsache bleibt, daß die Umwelt, in der Kunstströmungen, Moralbegriffe und Sicherheitsmaßnahmen entstehen, sich gründlich verändert hat. »Nach Hiroshima (schreibt Lifton) können wir uns keine kriegerische Tapferkeit und erst recht keinen Kriegsruhm mehr vorstellen. Tatsächlich vermögen wir keine Beziehung – nicht einmal einen Unterschied

– zwischen Peiniger und Opfer zu erkennen, außer ihrer Teilnahme an der Vernichtung der Spezies... In jedem Zeitalter sieht sich der Mensch einem beherrschenden Problem gegenüber, das seinem Zugriff entzogen ist. Er muß sich dennoch damit auseinandersetzen. In Freuds Tagen waren es Sexualität und Moralismus. Jetzt sind es unbegrenzte technische Gewaltanwendung und absurder Tod.«

Das Gefühl des Chaos, das nach meinem Dafürhalten die treibende Kraft des rastlosen Experimentierens in der Kunst des zwanzigsten Jahrhunderts ist, hat zwei Quellen: die eine stammt aus der Zeit vor 1914, die andere wurde zum ersten Mal während des Ersten Weltkriegs sichtbar. Im Verlauf des Jahrhunderts entwickelte sie sich zu einem immer reißenderen und mächtigeren Strom. Vielleicht sind beide Ursachen dieser Entwicklung Folgen der Industrialisierung: die erste steht im Zusammenhang mit der Zerstörung der alten gesellschaftlichen Beziehungen und der damit verbundenen Glaubenssysteme während der industriellen Revolution; die zweite kann als Produkt der Technik selbst angesehen werden. Zwar schuf die Technik Hilfsmittel, die das Leben mehr denn je zuvor erleichterten, zugleich jedoch stellte sie in einer Art aberwitzigem Plan Instrumente bereit, die das Leben völlig ausrotten können. Einfacher ausgedrückt: im neunzehnten Jahrhundert ließ der Verfall der religiösen Autorität das Leben ohne letzte Sinngebung erscheinen. In unserem Jahrhundert hat die Entwicklung der modernen Technik den Tod selbst sinnlos gemacht. Sie mindert ihn zu einem zufälligen Happening herab, das mit dem inneren Rhythmus und der inneren Logik der zerstörten Leben keinerlei Zusammenhang mehr hat.

Das also ist der grausame Gott, den Yeats vorausgesehen hat und dessen unerträgliche, fordernde Gegenwart Wilfred Owen an der Front erfuhr. Owen spürte, daß er, um seiner Berufung zum Dichter willen, den »Blick aus verbundenen Augen ausdruckslos wie der eines toten Hasen« beschreiben mußte. Er mußte also an die Front zurückkehren und sein Leben einsetzen. Diese zweifache Pflicht – eine Sprache zu schaffen, die den absurden Tod zugleich überwindet und bestätigt, und die damit verbundenen existentiellen Risiken auf sich zu nehmen – wurde zum Vorbild für alles Folgende, wie mir scheint. »In keiner menschlichen Sprache gibt es Worte, die Meerschweinchen, die nicht wissen, warum sie sterben müssen, trösten könnten«, schreibt ein Überlebender von Hiroshima[70]. Hinter dem merkwürdigen

Spannungsbewußtsein, das gerade für die besten und anspruchsvollsten Werke dieses Jahrhunderts charakteristisch ist, steht der Drang, eine der unerfüllbaren Aufgabe gemäße Sprache zu entdecken.
Selbstverständlich gibt es außer diesem Drang andere Ursachen, die augenfälliger sind. Zum Teil habe ich sie auch schon erwähnt. Da ist einmal der Zusammenbruch traditioneller Wertvorstellungen, die Ungeduld gegenüber veralteten Konventionen, zum andern das Vergnügen an Bilderstürmerei und am Experiment um seiner selbst willen. Nicht zu vergessen die Wirkung dessen, was Marshall McLuhan die »elektronische Kultur« nennt und deren Auswirkungen auf das Publikum und auf die »formale« intellektuelle Kunst. Gerade weil die Greueltaten an Umfang und Häufigkeit zugenommen haben, ist es um so notwendiger, eine Sprache der Kunst zu finden, die den geschichtlichen Tatsachen des Jahrhunderts gemäß ist, eine Sprache sowohl für das »destruktive Element« wie für die Tatsache des unnatürlichen, vorzeitigen Todes, also eine Sprache der Trauer. Die Künste müssen in Zukunft die »Trauerarbeit« übernehmen und gegen die »psychische Abstumpfung«, die auf jede massive Todeserfahrung folgt, kämpfen.

»Mein Gott, glücklich wären wir eben auch, wenn wir keine Bücher hätten« (schrieb Franz Kafka in einem Brief an seinen Freund Oscar Pollak), »und solche Bücher, die uns glücklich machen, könnten wir zur Not selber schreiben. Wir brauchen aber die Bücher, die auf uns wirken wie ein Unglück, das uns sehr schmerzt, wie der Tod eines, den wir lieber hatten als uns, wie wenn wir in Wälder vorstoßen würden, von allen Menschen weg, wie ein Selbstmord, ein Buch muß die Axt sein für das gefrorene Meer in uns.«[71]
Bücher dieser Art werden nicht geschrieben, um Greueltaten zu beschwören – ein Verfahren, das gewöhnlich nur zu rhetorischen Klagen und zur Entwürdigung von Millionen Toter führt. Schwieriger und individueller ist die notwendige schöpferische Tat, die als Erbe der Kunst unbestimmten Depressionen und Wahnideen Gestalt, Zusammenhang und »unverdiente« Schönheit verleiht. Freuds Reaktion auf den Ersten Weltkrieg war die Entdeckung des Todestriebes, den er dem Lustprinzip gegenüberstellte; Aufgabe des Künstlers ist es, eine Sprache zu schaffen, die »jenseits des Lustprinzips« dennoch »be-lustigend« wirkt.

Im Grunde wird der Künstler dadurch in die Rolle des Sündenbocks gezwungen. Um eine Sprache der Trauer zu erfinden, die in ihm selbst und in seinen Lesern gemeinsame Schuldgefühle und heimliche Feindseligkeiten freisetzt, begibt er sich in Gefahr. Er muß seiner eigenen Verletzlichkeit auf den Grund gehen. In der Phantasie nimmt er gleichsam seinen eigenen Tod voraus – symbolisch, versuchsweise, bei offenen Notausgängen. »Selbstmord«, sagt Camus, »wird, wie ein bedeutendes Kunstwerk, in der Stille des Herzens vorbereitet.« Unter bestimmten seelischen Belastungen wird ein bedeutendes Kunstwerk zu einer Art Selbstmord.

Es gibt zwei entgegengesetzte Wege. Der eine ist die »totalitäre Kunst«, die übrigens nicht einfach gleichzusetzen ist mit traditioneller Kunst in einer totalitären Gesellschaft. Vielmehr geht diese Art Kunst historische Situationen frontal und mehr oder weniger brutal an. Sie schafft für einen Prozeß der Entmenschlichung eine menschliche Perspektive. Der zweite Weg besteht in dem, was ich andernorts als »extremistische Kunst« bezeichnet habe: die Zerstörung wirkt nach innen, der Künstler erforscht in seinem Innern die enge, gefährliche Zone zwischen dem Möglichen und dem Unmöglichen, dem Tragbaren und dem Untragbaren. Beide Wege setzen gewisse radikale Veränderungen in der Beziehung zwischen dem Künstler und seinem Stoff voraus.

In der totalitären Kunst sind diese Veränderungen ebenso unvermeidlich wie unfreiwillig. Der Grund dafür ist einfach: ein Polizeistaat und seine Terrormaßnahmen schaffen Bedingungen, unter denen der ausgeprägte Individualismus, auf dem Kunst im allgemeinen beruht, und das absolute Vertrauen in die Gültigkeit der einzigartigen persönlichen Einsicht unmöglich werden. Wenn der Künstler, ähnlich wie ein Ingenieur, Fabrikarbeiter oder Beamter, nur danach beurteilt wird, in welchem Maß er der Politik des Staates dient, so wird seine Kunst zur mehr oder weniger nuancenreichen Propaganda. Der Künstler, der diese Rolle ablehnt, lehnt auch alles andere ab; er wird überflüssig. Unter diesen Umständen ist der für die traditionellen Werte der Kunst zu zahlende Preis Selbstmord – oder Verstummen, was auf das gleiche hinausläuft.

Vielleicht erklärt sich so die auffällig hohe »Unfallziffer« in der Generation russischer Dichter, die vor den Erschütterungen des Jahres 1917 zu schreiben begonnen hatten und sich der Joyceschen Alternative »Schweigen, Exil und List« widersetzten.

1926 erhängte sich Sergej Jessenin; er hatte sich die Pulsadern aufgeschnitten und in einer letzten großen ästhetischen Gebärde mit seinem eigenen Blut ein Abschiedsgedicht geschrieben. Majakowskij verurteilte seinen Schritt:

Sterben
 ist hienieden
 keine Kunst.
Schwerer ists:
 das Leben baun auf Erden.

Doch knapp fünf Jahre später gelangte Majakowskij, poetischer Held der Revolution und unverbesserlicher Hasardeur, der bereits zweimal mit geladenem Revolver Russisches Roulette gespielt hatte, selbst zur Überzeugung, daß seine politischen Grundsätze seine Dichtung von Grund auf vergifteten. Er spielte ein letztes Mal Russisches Roulette und verlor. In seinem Abschiedsbrief schreibt er lakonisch: »Anderen empfehle ich es nicht.« Tatsächlich folgten ihm jedoch mehrere nach, abgesehen von allen jenen, die wie Mandelstam und Babel im Verlauf der Säuberungsaktionen verschwanden. Boris Pasternak widmete ihnen allen eine Grabschrift.

»Um mit dem Wichtigsten zu beginnen: wir haben keine Ahnung von den Herzensqualen, die einem Selbstmord vorausgehen. Auf der Folter, unter physischen Martern, verlieren wir immer wieder das Bewußtsein. Diese Qualen sind so groß, daß sie durch ihre Unerträglichkeit das Ende beschleunigen. Aber ein Mensch, der den Händen des Henkers überantwortet ist, ist noch nicht vernichtet; noch im Schwinden seiner Sinne erlebt er das eigene Ende. Seine Vergangenheit bleibt ihm, seine Erinnerungen verlassen ihn nicht, und wenn er will, kann er sich ihrer bedienen. Vor dem Tode können sie eine Hilfe für ihn sein.

Wenn man an Selbstmord denkt, so schlägt man ein Kreuz über sich selber. Man wendet sich von allem ab, was war, erklärt sich für bankrott und seine Erinnerungen für unwirklich. Diese Erinnerungen erreichen den Menschen nicht mehr, sind nicht mehr imstande, ihn zu retten und zu stützen. Die Kontinuität des inneren Lebens ist zerrissen, die Person hat aufgehört zu existieren. Dann kann es sein, daß man sich schließlich das Leben nicht um des einmal gefaßten Entschlusses willen nimmt, sondern weil die Angst, von der man nicht weiß, wohin sie gehört, unerträglich geworden ist, diese Leiden in Abwesenheit des

Leidenden, diese leeren, ein fortschreitendes Leben nicht mehr ausfüllenden Erwartungen.
Mir scheint, Majakowskij hat sich aus Stolz erschossen, weil er in sich oder um sich herum etwas verurteilte, mit dem sich seine Eigenliebe nicht abzufinden vermochte. Jessenin erhängte sich, ohne sich über die Folgen im klaren zu sein; im Grunde seines Herzens wird er gedacht haben: was wissen wir, vielleicht ist es gar nicht das Ende, vielleicht kommt alles ganz anders, wir sehen ja nur die eine Seite der Medaille. Marina Zwetajewa suchte sich ihr Lebtag mit ihrer Arbeit gegen die Banalität des Alltäglichen abzuschirmen. An dem Tage, da sie diese ihre Arbeit als einen unerlaubten Luxus erkannte und als sie um ihres Sohnes willen vorübergehend eine übermächtige Leidenschaft aufopfern und die Dinge nüchtern betrachten mußte, da enthüllte sich ihr jenes Chaos, das ihr Schaffen sonst bewältigt hatte, plötzlich als starr, fremd, unerträglich; voller Angst taumelte sie zurück, und weil sie nicht wußte, wohin sie vor dem Grauen fliehen sollte, versteckte sie sich hastig in den Tod und legte ihren Kopf in die Schlinge, wie unter ein Kissen. Mir scheint, daß Paolo Jaschwili schon nichts mehr verstand, als er 1937, gefangen im Zaubernetz der Schigaliow-Doktrin, eines Nachts seine schlafende Tochter ansah und sich einbildete, er sei dieses Anblicks nicht mehr würdig, und dann am Morgen zu seinen Freunden ging, um sich eine Doppelladung Schrot in den Schädel zu jagen. Und mir scheint endlich, daß Fadejew mit jenem schuldbewußten Lächeln, das er in allen politischen Verwicklungen zu bewahren verstand, in der letzten Minute vor dem Schuß mit diesen Worten etwa von sich hätte Abschied nehmen können: ›Nun gut, alles ist aus, leb wohl, Sascha!‹ Sie alle aber haben unsäglich gelitten; ihre Qualen haben jenen Grad erreicht, wo das Gefühl innerer Not in Wahnsinn übergeht. Verneigen wir uns denn in Mitleid vor ihrem Talent, ihrem lichten Andenken und vor ihren Schmerzen.«[72]
Pasternak schreibt mit der Eindringlichkeit eines Menschen, der ähnliches erfuhr. Damit soll keineswegs behauptet werden, er habe erwogen, sich das Leben zu nehmen – eine Frage, die uns nichts angeht – sondern nur, daß er jene Bedingungen gekannt hat, unter denen Selbstmord zu einem unvermeidlichen Faktum der Gesellschaft wird. Pasternak schildert diese Bedingungen, so wie sie laut Hannah Arendt bestehen, wenn ein totalitäres System zur vollen Macht gelangt. Dem Opfer eines totalitären Staates gleich, erlebt der Selbstmörder passiv die Annullierung

seiner eigenen Geschichte, seines Lebenswerks, seiner Erinnerungen, seines inneren Lebens und all dessen, was seine Individualität ausmacht:

»Indem die Konzentrationslager den Tod selbst anonym machten (...), nahmen sie dem Sterben den Sinn, den es immer hatte haben können. Sie schlugen gewissermaßen dem einzelnen seinen eigenen Tod aus der Hand, zum Beweise, daß ihm nichts mehr und er niemandem mehr gehörte. Sein Tod war nur die Besiegelung dessen, daß es ihn niemals gegeben hatte.«[73] Die Bedingungen des Terrors waren für die Millionen Ausgerotteten, über die Hannah Arendt schreibt, und für Pasternaks Selbstmörder die gleichen: »Chaos, nicht länger von der Kunst abgeschirmt, starr, fremd, unbeweglich.« Aber die Selbstmörder behielten wenigstens eine letzte Freiheit: sie nahmen sich selbst das Leben. Das kann zum Teil als politischer Akt, als eine Geste des Widerstands und eine Verurteilung der Gesamtsituation gelten – wie die Selbstaufopferung des Studenten Jan Palach 1968 in Prag. Es ist aber auch ein Akt der Bejahung; der Künstler schätzt das Leben und seine persönlichen Überzeugungen zu hoch ein, als daß er ihre völlige Perversion erdulden könnte. Der totalitäre Staat macht seinen Künstlern den Selbstmord gleichsam zu einem Geschenk. Er wird zum letzten Kunstwerk, das alle früheren aufwertet. Es spricht für Pasternaks Genialität und Einzigartigkeit, daß er sich weigerte, auf diese Weise ausgelöscht zu werden. Er fuhr fort, seine Gedichte und seinen Roman so zu schreiben, als ob jene persönlichen Werte noch bestünden. Ein politisches Wunder, denn obgleich er es zweifellos mit Isolierung und Depression bezahlen mußte, blieb er doch ungeschoren wie kaum ein anderer. Aber weder denen, die weiterlebten, noch denen, die untergingen, gelang es, dem herrschenden totalitären System mit seiner Korruption des Natürlichen den Spiegel vorzuhalten. Es fehlte nicht an Bemühungen. Doch trotz Hunderten von Versuchen zeigte sich, daß Polizeiterror und Konzentrationslager für den Künstler nahezu unmögliche Themen sind; das, was dort vorging, übertraf die Phantasie, es war jenseits der Möglichkeit der Kunst, jenseits der menschlichen Werte, auf denen die Kunst herkömmlicherweise begründet ist.

Die bedeutendste Ausnahme ist der Pole Tadeusz Borowski. Während die russischen Dichter, denen Pasternak seine Huldigung darbrachte, so lange schrieben, bis sie fühlten, daß ihr gesamtes Leben und Werk durch die Geschichte entwertet worden sei, war Borowski der einzige, der mit dieser Entwertung begann. In einer seiner Auschwitz-Erzählungen, »*Faschisten*«, bemerkt er bitter: »Stimmt, ich könnte auch lügen, mich der uralten Mittel bedienen, die der Literatur gegeben sind, wenn sie sich den Anschein geben will, die Wahrheit zu sagen; aber dazu fehlt mir die Phantasie.«[74] Da ihm die Phantasie fehlte, mied er Melodrama, Selbstbedauern und Propaganda, alle jene Tricks und konventionellen literarischen Hilfsmittel, die der unerträglichen Wirklichkeit der Lager auswichen und sie mieden. Vielmehr vervollkommnete er einen knappen, eisigen Stil, der frei war von Gefühlen und Ausschmückungen und den monströsen Wahnsinn des Lebens in Auschwitz für sich selbst sprechen ließ, ohne Kommentar und Verfremdung. »Zwischen zwei Eckbällen hatte man hinter meinem Rücken dreitausend Menschen vergast.«[75] Nach der idyllischen, fast pastoralen Schilderung eines lahmen Fußballspiels vor einem Hintergrund, der friedlich wie der eines dörflichen Kricket-Rasens in England war, explodiert der Satz gleich einer Bombe.

Borowskis Kunst besteht in Vereinfachung; seine Prosa und seine Erzählungen sind so nackt und bar wie die Schicksale, die sie schildern. Ein polnischer Kritiker hat hervorgehoben, daß Borowskis »Begriff der Tragödie nichts mit der klassischen Auffassung zu tun« habe, »die eine Notwendigkeit der Wahl zwischen zwei Wertsystemen voraussetzt. Dem Held in Borowskis Erzählungen ist *jegliche Wahl genommen*. Er befindet sich in einer Situation ohne Wahl, weil jede Wahl gemein ist.« Da der Tod in den Öfen alle ohne Rücksicht auf ihre Unschuld oder ihre Vergehen betraf, »war die Ent-Individualisierung des Helden mit einer *Ent-Individualisierung der Situation verbunden*[76]«. Borowski selbst nannte seine Erzählungen »eine Reise an die äußerste Grenze einer gewissen Art von Ethik«. Eine Moral, die aus der Abwesenheit aller Moral entstanden ist. Die kunstvolle, wortknappe, dennoch beredte Sprache wird zum Ausdruck für die extremste Form dessen, was Lifton »psychische Abstumpfung« nannte. Indem er seine Mitteilung auf die Ereignisse und Bilder aus dem Lager beschränkte und sich aller Kommentare enthielt, gelang es Borowski, gewissermaßen durch seine Auslassungen und sein Schweigen, die Geistesverfassung, in der die Gefangenen lebten, genau zu definieren: brutal, unpersönlich, räuberisch, tödlich. Moralisch gesehen ist dies eine posthume Existenz, ähnlich der des Selbstmörders, der, wie Pasternak schrieb, »seinem Dasein ein Ende macht... sich von seiner Vergangenheit abwendet... sich selbst zum Bankrotteur und seine Erinnerungen für unwirklich erklärt«.

Das also ist totalitäre Kunst, eine Kunst des gelungenen Selbstmords, während extremistische Kunst die des Selbstmordversuchs ist. Um sie zu verwirklichen, erduldete Borowski einen fortschreitenden dreifachen Selbstmord. Obwohl er sich in Auschwitz sehr tapfer verhalten und freiwillig den verhältnismäßig leichten Posten eines Krankenpflegers aufgegeben hatte, um das Los der gewöhnlichen Häftlinge zu teilen, ist in seiner Prosa der Erzähler gefühllos und bestechlich, in angenehmer Position in der Lagerhierarchie; ein Überlebenskünstler, der seine leidenden Mitgefährten mehr haßt als die Wärter, denn deren Schwäche führt ihm die eigene vor Augen, und jeder neue Todesfall macht neues Leugnen notwendig und verschärft das Schuldgefühl. Borowskis erste Selbstzerstörung war also moralischer Natur: Die Schuld des Überlebens angesichts so vieler, die untergegangen waren, versuchte er zu vermindern, indem er sich mit dem Bösen identifizierte, das er beschrieb. Zum zweiten Selbstmord kam es nach den Erzählungen: Er wandte sich ganz von der Literatur ab und stürzte sich in die stalinistische Politik. Endlich, im Alter von siebenundzwanzig Jahren, gab er sich, der dem Zyklon B in Auschwitz so lange entkommen war, 1951 in seiner Wohnung den Gastod.

Politische und wirtschaftliche Schwarzseher mögen leichthin davon reden, »das Unvorstellbare auszumalen«; für die Schriftsteller ist das Problem von größerer Schwierigkeit. Borowski scheint, wie der weiter oben erwähnte Überlebende von Hiroshima, an der Aufgabe zu zweifeln, das, was er wußte, jemals adäquat mitteilen zu können: »Ich wollte aufschreiben, was ich erlebt habe, aber wer auf der Welt wird einem Schreiber glauben, der eine unbekannte Sprache spricht? Das ist, als wollte ich Bäume und Steine überzeugen.«[77] Der Schlüssel zu dieser Sprache heißt Verarmung, Entblößung. Es war eine totalitäre Kunst der Tatsachen-Schilderung und der Bilder, schmucklos, kommentarlos, unpersönlich und ausgepowert wie das Leben der Opfer. In ähnlicher Weise verfuhr Peter Weiss, als er seine dokumentarische Tragödie *»Die Ermittlung«* schrieb: Er erfand nichts und fügte nichts hinzu; er verwendete lediglich eine leere Bühne, Schauspieler in namenlosen Rollen, geschickt ausgewählte Vernehmungs- und Verhandlungsprotokolle aus den Frankfurter Auschwitz-Prozessen. Das Ergebnis erschütterte viel stärker als jede »phantasievolle« Darstellung der Konzentrationslager.

Samuel Beckett begann am anderen Ende des Spektrums mit einer typisch irischen Wortgenialität. Er schuf eine Welt des »Lebens im Tod«, wie Coleridge das genannt hat. Seine Figuren führen posthume, unbewegliche Leben, sie sind aller persönlichen Eigenschaften, Gelüste, jeglichen Eigentums und jeder Hoffnung beraubt. Alles, was ihnen bleibt, ist Sprache; durch verschwommene feierliche Beschwörungen einer Vergangenheit, in der sich noch etwas ereignete und ihre Gefühle sich noch regten, beschönigten sie ihre gegenwärtige Sterilität. Die Tatsache, daß Becketts innerer Abstand und sein unfehlbares Zeitgefühl die Komödie aus ihrer Ohnmacht befreit, machte die Trostlosigkeit am Ende nur noch vollständiger. Er widersteht der Versuchung zum Tragischen und stilisiert seine Sprache zum Minimum, das zum Überleben notwendig ist. Er macht seine Welt unüberwindlich. Er schafft eine Welt, die Gott verlassen hat. So verläßt das Leben ein ausgebranntes Gestirn. Um dieser End-Moral Ausdruck zu verleihen, benutzt er eine minimale Kunst ohne jeglichen Kunstgriff. Becketts Kunst entspricht Borowskis Lagererzählungen: Totalitarismus der Innenwelt.

Totalitäre und extremistische Kunst begegnen sich. Wenn Norman Mailer die modernen, statistischen Demokratien des Westens als »totalitär« bezeichnet, will er nicht sagen, der Künstler sei, ähnlich wie in einer Diktatur, mundtot gemacht, in seinen Freiheiten beschränkt, von Zwängen beherrscht. Eine solche Vision könnte nicht einmal die rastloseste Paranoia rechtfertigen. Was er meint, ist, daß sich Massendemokratie, Massengesinnung, Massenmedien ohne Rücksicht auf den einzelnen entwickelt: Der einzelne macht nur auf Kosten einer partiellen Verfälschung seiner Instinkte und Einsichten mit. Für seine sozialen Bequemlichkeiten zahlt er mit dem, was man früher Seele nannte: Mit seiner Urteilsfähigkeit, seiner Einmaligkeit, seiner psychischen Energie, seinem Ich. Dazu kommt das allgegenwärtige Bewußtsein der Gewalttaten, die er beiläufig, aber ständig wahrnimmt: örtliche Kämpfe, Aufruhr, Demonstrationen und politische Morde. Das alles sieht er wie die Nachrichten der Tagesschau auf dem Bildschirm, gleichsam nur aus dem Augenwinkel. Unterdrückt, aber nie ganz zu tilgen, ist sein Wissen von der Möglichkeit äußerster Gewalt als eines Gegengewichts gegen den Terror. Die Folge ist Totalitarismus, nicht als politisches Phänomen, sondern als Geisteszustand.

»Für extreme Krankheit extreme Heilmittel«, sagt Montaigne. In unserer Zeit ist das Heilmittel eine Revolution der Kunst gewesen, die so radikal war wie jene früheren, die nach Wordsworth' und Coleridges *»Lyrical Ballads«* oder Eliots *»Das wüste Land«* stattfanden. In gewisser Hinsicht wird die Revolution der ersten Romantiker, welche die Vorherrschaft ihrer subjektiven Vision verkündeten, nun erst vollendet. Ihr Ideal der Spontaneität war wohl im Prinzip, nicht aber in der Praxis annehmbar, da es zu leugnen schien, was offensichtlich nicht bestritten werden konnte: Die kritische Einsicht des Künstlers – seine realistische Einschätzung des Wertes und der praktischen Nutzbarkeit seiner Inspiration –, die ganze eintönige langweilige Mühsal schöpferischer Arbeit. Darum hielt man den Verstiegenheiten der Romantik ständig das Kriterium entgegen, von dem Matthew Arnold[78], Flaubert, James, Eliot und Joyce so viel Wesens machten: Das Kriterium des Künstlers als eines körperlosen, völlig unvoreingenommenen Schöpfers, dessen Werk objektiv und autonom ist und nach Coleridges Worten »den Grund für sein So-Sein und Nicht-Anders-Sein in sich selbst hat«. Diese Arnoldschen Auffassungen wirkten als ein Ersatz-Klassizismus und bewahrten die besten Künstler des neunzehnten und zwanzigsten Jahrhunderts vor den Schwächen ihrer Überzeugungen, vor Einbildungen und oft zitierten Torheiten, vor dem Bruch zwischen Gefühl und Verstand, der die dekadente Romantik von Shelley bis Ginsberg belastet.

Im Gegensatz dazu steht unsere heutige nach-Arnoldsche, nach-Eliotsche Kunst. Das Werk tritt nicht selbständig auf, ist sich nicht selbst Gesetz, sondern bleibt in ständiger, wechselseitig befruchtender Verbindung mit dem Leben des Künstlers. Die Existenz des Kunstwerks ist somit bedingt, ungewiß, provisorisch; es fixiert mit größtmöglicher Klarheit die Erfahrungstatsachen, Energien, Impulse, Gelüste, Stimmungen und Verstörtheiten, gleichsam um durch diese Dichtung eine zeitweilige Ruhe zu schaffen, und schreitet dann vorwärts oder zurück, in die Autobiografie. Camus deutet in *»Der Mythos von Sisyphos«* zum erstenmal darauf hin, wenn er sagt, die Werke eines Menschen gewönnen »ihre endgültige Bedeutung« erst durch seinen Tod. »Ihr hellstes Licht erhalten sie unmittelbar vom Leben ihres Autors. In dieser Hinsicht ist die Folge seiner Werke nur eine Sammlung von Niederlagen. Aber wenn diese Niederlagen alle denselben Unterton behalten, hat der Schöpfer das Bild seiner eigenen Lage zu wiederholen gewußt, hat er das sterile Geheimnis, das er besitzt, zum Klingen gebracht.«[79] Der amerikanische Dichter Hayden Carruth hat diesen Gedanken aufgenommen und auf die Situation der Kunst in der Gegenwart angewandt: »In seiner Authentizität ist das Leben unsere eigene Deutung und Neuordnung der metaphorisch strukturierten Erfahrung. Es ist das Ergebnis sukzessiver Vorstellungsakte – es ist ein Kunstwerk! Umgekehrt ist ein Kunstwerk Leben, *sofern es dem Erfahrungskern entspricht.* Innerhalb eines Jahrhunderts waren die Künstler also von einer Arnoldschen Lebenskritik zu einer existentiellen Lebens-Schöpfung übergegangen, und die Gewinne und die Verluste hierbei waren unermeßlich.

Ein beträchtlicher Teil dessen, was wir über die Kunst zu wissen geglaubt hatten, zählte vielleicht zu den größten Verlusten. Denn jetzt erkannten wir genau, in welcher Hinsicht die Kunst grenzenlos ist. Sie ist ohne Grenzen, weil frei und verantwortlich; sie ist ein Leben. Ihr einziges Ende ist das zufällige Abbrechen, was geschieht, wenn ein Herz birst oder eine Sonne. Dennoch muß das individuelle Kunst›stück‹ in gewissem Sinn objektiv sein; es befindet sich auf dem Blatt Papier, auf der Leinwand. Was ist praktisch ein grenzenloser Gegenstand? Ein grenzenloser Gegenstand ist ein Fragment, ein zufälliges Fragment, ein Fragment ohne eigentliche Form, das in allen Richtungen in das jeweils Darunterliegende allmählich übergeht. Und eben dies ist unsere Kunst in den letzten zwanzig Jahren geworden: zufällig, fragmentarisch und unabgeschlossen.

Darum ist jedes Werk der Literatur ... autobiographisch, das bedarf keinerlei Erwähnung: Ein Akt der Selbsterschaffung, den der Künstler mitten im Tumult seiner Erlebnisse vollzieht.«[80]

Der Bruch mit dem Klassizismus hat also nicht zu einer neuen Form der Romantik geführt – die zu behaglich, selbstgefällig und unkritisch wäre, um der Wirklichkeit dieser Zeit zu genügen. Eine existentielle Kunst entstand, die ebenso straff und streng ist wie ihre klassischen Vorbilder, doch weit weniger begrenzt, da sie gerade die heftigen Wirrungen zum Thema hat, vor denen die Neoklassizisten der letzten hundert Jahre angewidert zurückwichen.

Ein Gedicht von T. S. Eliot zum Beispiel ist undurchlässig, nimmt alles Licht in sich auf und reflektiert nur das Bild seiner eigenen Vollkommenheit. Ein Gedicht von Robert Lowell dagegen ist, obgleich von ebenso sorgfältiger Konstruktion, wie ein durchlässiger Filter; man blickt hindurch und sieht den Menschen, wie er ist. Ähnliches läßt sich über *»Heere aus der Nacht«*

von Norman Mailer sagen. Mailer wählt ein zeitgeschichtliches Ereignis, an dem er teilnahm (den Marsch zum Pentagon im Oktober 1967). Er stellt es, wie ein guter Journalist, mit allen damit verbundenen Possen, allem Durcheinander und politischem Gerangel dar und verwandelt es dennoch gleichzeitig in ein inneres Szenario, in dem alle Geschehnisse durch wachsendes künstlerisches Bewußtsein größere Schärfe und Klarheit gewinnen. Die Winkelzüge der Macht werden durch die der Erfahrung ersetzt.

Diese Methode entbindet den Schriftsteller keineswegs von der künstlerischen Anstrengung. Dies ist ein Grund unter anderen, warum die Bekenntnisdichter im Gefolge Ginsbergs kläglich wirken. Je unmittelbarer ein Künstler sich dem Durcheinander seiner Erlebnisse stellt, desto größer sind die Anforderungen an seine Intelligenz, Beherrschtheit und Wachsamkeit, desto größer auch muß der Vorrat seiner Phantasie sein, aus der er schöpft, damit das, was er weiß, weder geschwächt noch verfälscht wird. Die Urteilskraft und das Denkvermögen, die hier unerläßlich sind, unterscheiden sich jedoch wesentlich von denen der klassichen Kunst. Sie sind provisorisch, unbefriedigend, ruhelos. Wie D. H. Lawrence von seinem eigenen freien Vers sagte: »Er hat keine Politur. Er hat keine Stabilität, nichts Befriedigendes für jene, die das Unveränderliche lieben. Nichts dergleichen. Er ist das Augenblickliche.« Notwendig ist eine künstlerische Intelligenz, die fieberhaft arbeitet, nicht um festgelegte klassische Harmonien zu schaffen, sondern das schwankende, immer nur behelfsmäßige Gleichgewicht des Lebens zu erzeugen. Da ein solches Gleichgewicht jedoch immer bedroht ist, bringt Arbeit dieser Art Gefahr mit sich. Da der Künstler sich oft bis zur körperlichen Beschwerde mit Wahrheiten seines Innenlebens beschäftigt, wird seine Arbeit noch gefahrvoller.

Hier treffen die nach-Arnoldsche Kunst und das, was ich als Dimension des absurden Todes bezeichnete, zusammen: Die Revolution in der Kunst seit den letzten fünfzehn Jahren war zweifellos eine Reaktion auf den Totalitarismus im Sinne Mailers: Totalitarismus nicht als Summe von Ereignissen, fernab in anderen Ländern, anderen politischen Systemen, für die nicht wir verantwortlich sind, sondern als Ingrediens der tückischen Atmosphäre, in der wir atmen. Nihilismus und Zerstörungswut des Ich – die uns die Psychoanalyse immer stärker zum Bewußtsein gebracht haben – erweisen sich als genaues Spiegelbild des Nihilismus unserer eigenen gewalttätigen Gesellschaften.

Da wir diesen Nihilismus in der Außenwelt anscheinend nicht politisch unter Kontrolle zu halten vermögen, müssen wir wenigstens versuchen, ihn in uns, künstlerisch, zu überprüfen und zu lenken.
Das entscheidende Wort heißt »Kontrolle«. Die extremistischen Dichter müssen an der bröckeligen Grenze zwischen Tragbarem und Untragbarem psychische Sondierungen anstellen, sie sind jedoch gleichermaßen zu Klarheit, Genauigkeit und wachsamer Unmittelbarkeit des Ausdrucks verpflichtet. Insofern haben sie mehr mit den anstrengend hohen Maßstäben gemein, die Eliot und die anderen Großmeister der zwanziger Jahre gesetzt haben, als mit den Surrealisten, die sich um den »Esprit« oder die Wunderlichkeiten des Unbewußten bemühten. Aus den zufälligen, barocken Verbindungen des zügellos schweifenden Geistes schufen die Surrealisten im wesentlichen eine Landschaftsmalerei. Die extremistischen Künstler sind sozusagen auf die nächstniedrige Stufe verwiesen, auf das Stadium vor Beginn dessen, was Freud »die Traumarbeit« nannte. Das heißt, ihnen sind die Rohmaterialien der Träume anvertraut; die Schmerzen, Nöte, Schuldgefühle und Feindseligkeiten, welche die Träume nur unvollständig durch Verdrängung und Verfremdung verraten, suchen sie unmittelbar, eindringlich, sachgemäß und vollbewußt zum Ausdruck zu bringen. Kurz, Extremismus hat mehr mit Psychoanalyse als mit Surrealismus gemein.
In der Lyrik sind Robert Lowell, John Berryman, Ted Hughes und Sylvia Plath die vier führenden englischsprachigen Vertreter dieser Richtung. Sie alle zeichnen sich durch eine hohe Selbstzucht aus und sind sich der formalen Erfordernisse und Möglichkeiten deutlich bewußt. Ihren dichten, behutsamen, intelligenten Stil haben sie eigentlich von Eliot geerbt. Auf verschiedenen Wegen gelangen sie zu einer Lyrik, bei der die Mittel, obwohl nicht weniger anspruchsvoll als bisher, einem bestimmten inneren Drang untergeordnet werden. Dieser Drang zwingt sie dazu, immer wieder zu den Grenzen dessen vorzustoßen, was in der Dichtung tragbar ist. Ein unvermeidlicher Vorgang, denn jeder von ihnen muß seinen Vers bewußt vom Rand eines persönlichen Abgrunds retten und bergen. Das entscheidende Werk waren Lowells *»Life Studies«*, in denen er sich vom komplizierten römisch-katholischen Symbolismus seiner früheren Lyrik abwandte. Ohne Unterstützung durch den Klerus, als ein Mensch, der zu periodischen seelischen Zusammenbrüchen neigt, setzte er sich mit dem eigenen Chaos ausein-

ander. Durch eine seltsame kreative Logik, die teils seinen großen natürlichen Gaben, teils der Rücksicht auf ein bislang nicht erkanntes Bedürfnis seines Publikums ihren Ursprung verdankt – wurde sein Werk, je einfacher und persönlicher er schrieb, um so authentischer und glaubwürdiger. Das scheinbar Private verwandelte er in eine Dichtung, die unsere Nöte einschließt.

Auf ähnliche Weise wandte sich John Berryman von der in seiner *»Huldigung für Mistress Bradstreet«* herrschenden literarischen Welt ab und dem zwar noch immer konventionellen, aber viel intimeren Zyklus der *»Dream Songs«* zu. Zunächst waren es sonderbare poetische Aufzeichnungen über kleine Vergehen, Koliken, Katzenjammer und Morgenelend, dann vertieften sie sich und wurden zum klaren Ausdruck des poetischen Trauerns über den Selbstmord eines Paters, über den frühen Tod von Freunden und seine eigene selbstmörderische Verzweiflung. Berryman war immer ein Dichter gewesen, der vor nervöser Energie strotzte; jetzt verlieh sein Gefühl für Leid und Verlust seinem Werk eine neue Dimension. Durch alle Variationen des Trauerns – Schuldgefühl, Feindseligkeit, Sühne – hindurchgetrieben, fand er durch die schöne und klare Annahme seiner eigenen Vergänglichkeit Ruhe. Er endete, indem er seinen eigenen Epitaph schrieb.

Ted Hughes und Sylvia Plath, die einer jüngeren Generation angehörten, begannen auf einer späteren Wegstrecke und drangen weiter vor ins Hinterland des Nihilismus. So schreibt Hughes zuerst eine Reihe ungewöhnlicher Tiergedichte, die reich an scharf erfaßten Einzelheiten und unerwarteten Momentaufnahmen sind. Er projiziert jede plötzliche gewaltsame Regung, die er in sich selbst registriert, gleichsam auf einen zoologischen Garten voller Tiernaturen. Allmählich, wie in dämonischer Besessenheit, übernehmen die Tiere die Führung; die Tierbilder verwandeln sich in Selbstgespräche, in denen Mord nicht länger getarnt oder entschuldigt wird; der Dichter wird zum Jäger und zur Beute seiner eigenen inneren Wildheit. Wie der jugoslawische Dichter Vasko Popa[81], hält Hughes seine privaten Ungeheuer unter strenger Kontrolle, indem er sie willkürlichen Regeln – ähnlich jener der Spiele psychotischer Kinder – unterwirft. Doch führt er die Jagd mit außergewöhnlicher Zielstrebigkeit bis in dunkle Bereiche weiter. Ergebnis: die Erfindung von ›Crow‹, der Krähe und dem Anti-Helden eines Anti-Epos, dessen einzige bemerkenswerte Eigenschaft im Überleben besteht. Unbeschwert und mörderisch taucht ›Crow‹ aus jeder Katastrophe wieder empor, ununterdrückbar wie die Hoffnung. Doch ist er unausrottbar gerade deshalb, weil er keine Hoffnung kennt. Sein glänzendes Auge erfaßt nur das Zerstörerische, sein Pessimismus ist unerschütterlich. Die anderen Tiere wurden alle, jedes auf seine Art, durch instinktive Anmut und Unschuld erlöst. Crow dagegen ist unerlösbar: der reine Todestrieb.

Aber erst bei Sylvia Plath wird der extremistische Drang vollkommen und endgültig. Ihre Unzufriedenheit mit der Eleganz und gekünstelten Sprache ihrer früheren Gedichte traf zeitlich ungefähr mit dem Erscheinen der *»Life Studies«* zusammen. Lowell bewies, daß es möglich war, über bisher tabuisierte Dinge zu schreiben, ohne im geistlosen Morast der »Bekenntnisdichtung« zu versinken. Auf den Entschuldigungsgrund hatte Sylvia Plath nur gewartet. Jetzt öffnete sie die Schleusen der Qual, die sich seit dem vorzeitigen Tod ihres Vaters und dem Selbstmordversuch der Zwanzigjährigen stetig verstärkt hatte. In einer Fülle glänzender Gedichte aus ihren letzten Monaten folgte sie Lowells Beispiel bis zum logischen Ende: Systematisch suchte sie nach der Verknüpfung von Zorn, Schuldbewußtsein, Zurückweisung, Liebe und Zerstörungssucht. Schließlich nahm sie sich über diesen dichterischen Versuchen das Leben. Es ist, als hätte sie entschieden, daß ihre Lyrik, um gültig und wesentlich zu sein, ihren eigenen Tod frontal angehen müsse. Diesem Thema widmete sie einen größeren Erfindungsreichtum, größere sardonische Energie, als die meisten Dichter in lebenslanger, sogenannter positiver Schau zustande bringen.

Falls man geglaubt hatte, diese Straße sei unpassierbar, so bewies sie das Gegenteil. Es war jedoch eine Einbahnstraße, und sie war zu weit gegangen, um wieder umkehren zu können. Ihr Selbstmord ist im Hinblick auf ihr Werk nebensächlich, wie Lowells Nervenzusammenbrüche oder auch Berrymans und Hughes' private Schrecken; er fügt diesem Leben nichts hinzu, er beweist nichts. Er war lediglich ein Risiko, das sie einging, als sie mit derart unbeständigem Material hantierte. Tatsächlich ist den Extremisten nicht ein bestimmter Stil gemeinsam, sondern der Glaube an den Wert, ja sogar an die Notwendigkeit des Risikos. Anders als unsere neuesten Ästheten leugnen sie es nicht, sie ertränken es auch nicht im milden, warmen, aber tief verschlammten Ozean von Hippieliebe und Undeutlichkeit. Diese Entschlossenheit, alle Mittel der Imagination, alles formale Können einzusetzen, um das Vergängliche, nicht das Unvergängliche nahezubringen, es zu verstehen, hinzunehmen und zu registrieren, unterscheidet wirklich fortschrittliche Kunst von der modischen Menge der Pseudo-Avantgarde. In diesem Sinn kann ein Künstler so lange leben wie Robert Frost oder Ezra Pound und dennoch in seinem Werk ein Selbstmörder der Phantasie sein.

Ich behaupte, kurz gesagt, daß die besten modernen Künstler getan haben, was der Überlebende von Hiroshima für unmöglich hielt: Sie fanden aus ihren privaten Leiden zu einer allgemein verständlichen Sprache, die »Meerschweinchen, die nicht wissen, warum sie sterben müssen, zu trösten« vermag. Darin liegt meines Erachtens die Rechtfertigung der intellektuellen Kunst in einer Zeit, da die Kunst selbst immer weniger von ihrem Anspruch auf Beachtung oder auch nur von ihrer Existenzberechtigung überzeugt ist. Sie sichert sich moralischen Fortbestand, indem sie, auf diese oder jene Weise, zu einer Nachahmung des Todes wird, an der das Publikum teilnimmt. Um dies zu erreichen, muß der Künstler, in seiner Rolle als Sündenbock, den eigenen Tod und die eigene Verletzbarkeit für sich und an sich erproben.

Man könnte einwenden, daß die Kunst – oft in streitlustiger Art – sich mit vielen anderen Dingen beschäftigt. So befaßt sie sich intensiv wie nie zuvor mit Sex. Ich frage mich jedoch, ob sexuelle Drastik nicht ein Ablenkungsmanöver, fast eine Form des Konservatismus ist. Die Schlacht wurde immerhin bereits von Freud und Lawrence im ersten Viertel unseres Jahrhunderts ausgetragen und gewonnen. Mag die alte Garde murren und gelegentlich Klage erheben, in einer Gesellschaft, wo ein Buch wie *»Portnoys Beschwerden«*[82] alle Bestseller-Rekorde bricht, ist die Anerkennung des Sex kein Problem mehr. Der eigentliche Widerstand richtet sich gegen die Kunst, die das Publikum zwingt, imaginativ und nervlich nicht die Tatsachen des Lebens anzuerkennen, sondern die des Todes und der Gewalttätigkeit: sie sind absurd, willkürlich, grundlos, ungerechtfertigt und unentrinnbar ein Teil der von uns geschaffenen Gesellschaft. »Es gibt nur die eine Freiheit«, schreibt Camus in seinen *»Tagebüchern«*, »mit dem Tod handelseinig zu werden. Danach ist alles möglich.«

Die ganze Zeit kann man einteilen in die, welche schreiben, und die, welche nicht schreiben. Die, welche schreiben, vertreten die Verzweiflung, und die, welche lesen, mißbilligen das zwar und glauben, ein besseres Wissen zu haben, und doch, falls sie imstande wären zu schreiben, so schrieben sie das gleiche. Im Grunde sind sie alle gleichermaßen verzweifelt, aber wenn man keine Gelegenheit bekommen kann, sich mit seiner Verzweiflung wichtig zu machen, so ist es nicht der Mühe wert zu verzweifeln und sich damit bemerkbar zu machen. Heißt das, den Zweifel überwunden zu haben?

SÖREN KIERKEGAARD

Das Leben verarmt, es verliert an Interesse, wenn der höchste Einsatz in den Lebensspielen, eben das Leben selbst, nicht gewagt werden darf. Es wird so schal, gehaltlos wie etwa ein amerikanischer Flirt ... Es ist evident, daß der Krieg diese konventionelle Behandlung des Todes hinwegfegen muß. Der Tod läßt sich jetzt nicht mehr verleugnen; man muß an ihn glauben. Die Menschen sterben wirklich, auch nicht mehr einzeln, sondern viele, oft Zehntausende an einem Tage... Das Leben ist freilich wieder interessant geworden, es hat seinen vollen Inhalt wieder bekommen.

SIGMUND FREUD

Jeder Kampf mit dem Tod ist verloren, bevor er anfängt. Die Größe des Kampfs kann nicht in seinem Ausgang, sondern nur in der Würde der Handlung liegen.

PAUL-LOUIS LANDSBERG

Alles wog ich, rief alles mir zurück,
Die Jahre vor mir schienen Atemnot,
Die Jahre hinter mir Atemverschwendung
Im Gleichgewicht mit diesem Leben, dieser Tod.

WILLIAM BUTLER YEATS

Der private Terror des freien Geistes ist ausnahmslos Selbstmord, nicht Mord.

NORMAN MAILER

Es ist die Pflicht der Intellektuellen, als eine Klasse Selbstmord zu begehen.

CHE GUEVARA

Die im Geheimsten gefürchtete Sache geschieht immer. Ich schreibe: o Du, habe Mitleid. Und dann? Es genügt ja ein wenig Mut. Je bestimmter und genauer der Schmerz ist, um so mehr schlägt der Instinkt des Lebens um sich, und die Idee des Selbstmords sinkt. Es schien leicht, wenn man daran dachte. Und doch haben es kleine Frauen getan. Es braucht Demut, nicht Stolz. All das macht Ekel. Nicht Worte. Eine Geste. Ich werde nicht mehr schreiben.

LETZTE TAGEBUCHEINTRAGUNG CESARE PAVESES

Fünfter Teil

Epilog
Loslassen

Nach großem Schmerz kommt eine leere Stimmung auf –
Die Nerven ruhen feierlich wie Mausoleen –
Das starre Herz fragt, war das Er, das lästige Mensch,
Und war es gestern oder Jahrhunderte vorher?

Die Füße gehn mechanisch im Kreis –
Füße aus Erde oder Luft oder aus Nichts–
Auf einem stumpfen Pfad,
Gewachsen unbeachtet –
Zufriedenheit, kristallisch, wie ein Stein –

Das ist die Stunde der Erneuerung –
Unvergeßlich, wenn überlebt
Wie fröstelnde Menschen sich des Schrecks erinnern –
Erst Kälte – dann Erstarrung – dann das Loslassen.

EMILY DICKINSON

Endlich muß ich bekennen, daß ich ein gescheiterter Selbstmörder bin. Ein schmähliches Eingeständnis, denn nichts scheint leichter zu sein, als sich das Leben zu nehmen. Seneca, die höchste Autorität auf diesem Gebiet, weist beiläufig darauf hin, daß es überall Ausgänge gibt: jeder Abgrund und jeder Fluß, jeder Ast jedes Baumes, jede Ader unseres Leibes macht uns frei. Am Ende aber ist es doch nicht so. Niemand ist wahllos bei der Art seines Todes. Ein Mann, der den Entschluß gefaßt hat, sich zu erhängen, wird sich nicht vor einen Zug werfen. Je ausgeklügelter und schmerzloser die Methode, desto größer die Wahrscheinlichkeit des Mißlingens. Wenigstens dafür kann ich bürgen. Ich bereitete die Tat sorgfältig und lange vor, mit einer Art blinder Beharrlichkeit. Sie war der einzige Brennpunkt meines Lebens, alles andere wurde dagegen belanglos, zur bloßen Ablenkung. Jede sporadische Arbeitslust, jeder geringe Erfolg und jede kleine Enttäuschung, jeder Augenblick der Ruhe und Entspannung bildeten nur kleine Aufenthalte bei meinem ständigen Abstieg durch immer neue Schichten der Depression – so als hielte der Lift auf seinem Weg in den Keller kurz an. Nie während der Fahrt ergab sich die Frage des Aussteigens oder des Richtungswechsels. Trotz alledem schaffte ich es nicht.

Jetzt sehe ich ein, daß ich den Tod schon viel länger in mir trug, als ich damals erkennen konnte. Beide Eltern hatten, als ich noch ein Kind war, die Köpfe in den Gasherd gesteckt, nur halb bereit zu sterben. Jedenfalls behaupteten sie, es getan zu haben. Damals hielt ich es für eine großartige Gebärde, geheimnisumwoben, eine Zone verborgener Spannung, mit einem Hauch von Magie, begleitet von unerklärlichen, immer wieder unterdrückten Ausbrüchen. Selbstmord war etwas Heimliches, Anziehendes und für Kinder Verbotenes, ähnlich wie Sex. Aber es war auch gleichzeitig etwas, das Erwachsenen zweifellos zustieß. Wie hysterisch oder komisch man sich dabei benehmen mochte – und einem Kind erschien es eher lächerlich als tragisch, daß jemand seinen Kopf wie einen Sonntagsbraten in den fettigen Backofen legte –, Selbstmord war eine Tatsache, etwas, das sich nicht abstreiten ließ. So schrecklich es war, die Leute taten es. Als meine eigene Zeit kam, brauchte ich den Selbstmord nicht erst zu entdecken. Als ich heranwuchs, gewöhnte ich mich daran, wenn die Dinge besonders schlecht standen, immer wieder vor mich hin zu sagen: ›Ich wollte, ich wäre tot‹. Es war ein Echo aus der Vergangenheit, das mich mit meiner stürmischen Kindheit verband. Ich murmelte die Worte gedankenlos und mechanisch, wie ein katholischer Priester seinen Rosenkranz betet. Sie waren meine Zauberformel, mit der ich die Teufel abwehrte, ein verbaler nervöser Tick. Dwight Macdonald hat einmal gesagt, wenn man nicht weiß, was mit seinen Händen anzufangen ist, zündet man sich eine Zigarette an, und wenn man nicht weiß, was man mit seinem Geist anfangen soll, liest man das ›*Time-Magazin*‹. Mein Äquivalent war der eine, bis zur Unsinnigkeit wiederholte Satz: ›Ich wollte, ich wäre tot. Ich wollte, ich wäre tot. Ichwollteichwäretot ...‹ Doch eines Tages begriff ich, was ich sagte. Nach einem normalen Ehezank ging ich am Rande von Hampstead Heath spazieren und hörte den Satz plötzlich wie zum erstenmal. Ich blieb stehen, um auf die Worte zu achten. Ich wiederholte sie langsam, lauschte ihnen nach. Und ich erkannte, daß es mir ernst mit ihnen war. Was sie besagten, schien naheliegend – eine Antwort, die mir seit Jahren bekannt war, aber ich wollte sie nie ins Bewußtsein aufnehmen. Ich verstand nicht mehr, wie ich so lange Zeit so begriffsstutzig sein konnte.

Danach gab es nur mehr diesen einen Aus-Weg, obwohl es einiger Zeit – mehrerer Monate in der Tat – bedurfte, dorthin zu gelangen. Wir zogen nach Amerika – Frau, Kind, Au-pair-Mädchen, ich und Schrankkoffer voll Gepäck. Ich sollte Gastvorlesungen an einer New-England-Universität halten und hatte zu diesem Zweck eine große Villa in einem vornehmen, toten Vorort gemietet, zehn Meilen vom Campus, zwei vom nächsten Laden entfernt. Ein sehr deutscher, düsterer und viel zu teurer Wohnsitz – für meine Frau, die nicht Auto fuhr, so einsam und verlassen wie Sibirien. Die meisten Nachbarn waren doppelt so alt wie sie, die meisten Universitätsmitglieder ignorierten uns: Es war nichts los. Nicht einmal ein Fernsehgerät war im Haus. Ich mietete einen Apparat; zwei Monate lang saß sie trostlos davor. Dann gab sie auf, packte ihre Koffer und kehrte mit dem Kind nach England zurück. Ich nahm es ihr nicht einmal übel. Aber ich blieb, betäubt vor Elend. Ich schlitterte über die letzte Strecke der schrägen Eisbahn, nichts konnte mich aufhalten.

Meine Frau traf keine Schuld. Die Feindseligkeit und die Verzweiflung, die das arme Mädchen in mir – und ich in ihr – hervorrief, hatten einen infantilen Grund, wie jeder unparteiische Außenstehende mir hätte sagen können. In lichten Augenblicken erkannte ich ihn selbst. Ich brauchte meine Frau als Vorwand für eigene Schwierigkeiten, die tief in der Vergangenheit wurzelten. Doch diese rein verstandesmäßige Einsicht nützte nichts, zumal meine lichten Momente immer seltener wurden. Mein Leben war so zwanghaft verworren, daß ich kaum atmen konnte. Ich bewohnte eine verschlossene, dichte Welt, in der es keine Luft und keinen Ausgang gab. Ich bezweifle, ob sich dies im Verkehr mit anderen bemerkbar machte. Ich war nur verkrampfter und nervöser als sonst, und ich trank mehr. Doch unter der normalen Oberfläche wurde ich allmählich wahnsinnig. Ich betrat die in sich geschlossene Welt des Selbstmordes. Mein Leben wurde durch Kräfte, die ich nicht in der Gewalt hatte, für mich gelebt.
Als sich die weihnachtlichen Universitätsfeiern näherten, beschloß ich, die beiden Wochen in London zu verbringen. Vielleicht würden die Dinge dort leichter zu ertragen sein, sagte ich mir, jedenfalls würde ich das Kind sehen. Ich belud mich mit Geschenken und kletterte völlig betrunken in einen Jet. Nachdem ich mich hingesetzt hatte, war ich sofort eingeschlafen. Ich erwachte bei strahlendem Sonnenaufgang. Unter uns waren dunkle Inseln – die Hebriden vermutlich –, im Osten stand das Meer in Flammen. Aus dieser Höhe sah die Welt ruhig, lebendig und erträglich aus. Doch als wir in Prestwick landeten, hingen die Wolken tief – schwarze Kappen von Richtern, die Todesurteile verkünden. Der Regen trommelte auf den Flugzeugrumpf, wir warteten und warteten hoffnungslos auf der Rollbahn, bis sich der Nebel über dem Londoner Flughafen lichtete.
Als ich, um Stunden verspätet, endlich daheim ankam, war niemand da. In den Kaminen brannte Feuer, die Uhren tickten, das Telefon schwieg. Ich wanderte im leeren Haus umher, berührte Gegenstände, angstvoll abwartend. Nach einer Viertelstunde hörte ich ein Geräusch an der Eingangstür, mein Kleiner stürzte unter Gebrüll die Treppe hinauf in meine Arme. Über seiner Schulter hinweg erblickte ich meine Frau, die unschlüssig im Vorplatz stehengeblieben war. Auch sie sah verängstigt aus.
»Wir haben geglaubt, du bist verlorengegangen. Wir sind bis zur Endstation gefahren, du bist nicht gekommen.«

»Ich habe am Flughafen eine Direktverbindung bekommen. Ich habe angerufen, aber du warst wohl schon fortgegangen. Es tut mir leid.«

Frostig und unsicher hielt sie mir ihre Wange hin. Ich küßte sie, behielt mein Söhnchen dabei auf dem Arm. Es war eine Woche vor Weihnachten.

Wir hatten keine Chance. Nach ein paar Stunden kam der erste Streit, und am Abend fing ich mit Trinken an. Im allgemeinen trinke ich in Gesellschaft anderer. Wie jeder war ich gelegentlich betrunken, aber im allgemeinen ist es nicht meine Art, übermäßig zu trinken; ich lege zu viel Wert auf Selbstbeherrschung. Diesmal jedoch griff ich aus nackter Not, gleichsam verschmachtend, zur Flasche. Ich trank morgens, bevor ich aufstand, fast schon, bevor ich die Augen öffnete. Ich fuhr fort mit Trinken am Vormittag, bis ich um die Mittagszeit eine halbe Flasche Whisky in mir hatte und anfing, mich menschlich zu fühlen. Betrunken wurde ich nicht: die erste halbe Flasche brachte mich in jenen Zustand der Ruhe, in dem ich anfing, etwas zu unternehmen. Es war keine besondere Ruhe. Um die Mittagszeit traf ich einen gleichfalls deprimierten und trinkenden Freund im Pub, und wir tranken weiter, bis das Lokal geschlossen wurde. Wieder zu Hause bei unseren Frauen, blieben wir beim Trinken, den ganzen Nachmittag und Abend bis spät in die Nacht. Wichtig war, daß man nicht aufhörte. Auf diese Weise brachte ich es täglich zu einer Flasche Whisky und zu ansehnlichen Mengen Wein und Bier. Der Erfolg war gering. Gegen Abend, wenn das Kind im Bett lag, war ich wohl ein wenig beschwipst, aber das Trinken war nur Teil einer wilderen Raserei, die uns alle beherrschte. Wir ließen ständig dröhnende Popmusik laufen, wir tanzten, wir übten uns in Kraftproben: Hochstemmen mit einem Arm, Purzelbäume, Handstand; wir balancierten Bierkrüge auf unseren Stirnen, versuchten uns hinzulegen und wieder aufzustehen, ohne etwas zu verschütten. Wir taten alles, was uns in Atem hielt und uns daran hinderte, aufzuhören, nachzudenken, etwas zu empfinden. Die Spannung war so groß, daß wir ohne Sauferei in scharfe Splitter gerissen worden wären.

Am Weihnachtsabend fuhr das andere Ehepaar in Skiurlaub. Allein geblieben, starrten meine Frau und ich einander an. Schweigend und peinlich sorgfältig schmückten wir den Baum und stellten die Geschenke auf. Wir warteten. Es gab nichts mehr zu sagen.

Am späten Nachmittag schlich ich mich davon und rief den Psychotherapeuten an, den ich vor meiner Abreise in die Staaten ab und zu konsultiert hatte.
»Ich fühle mich ziemlich schlecht«, sagte ich. »Wäre es möglich, daß ich Sie sehe?«
Eine Pause entstand. »Das läßt sich schwer einrichten«, sagte er endlich. »Sind Sie wirklich verzweifelt, oder könnten Sie bis zum zweiten Feiertag warten?«
Der arme Kerl, dachte ich, er hat auch ein Anrecht auf sein Weihnachtsfest. Lassen wir es. »Ich kann warten.«
»Sind Sie sicher?« Seine Stimme klang erleichtert. »Falls es dringend ist, könnten Sie um halb sieben vorbeikommen.«
Das war die Zeit, in der das Kind zu Bett gebracht wurde; ich wollte dabeisein. »Es geht schon«, sagte ich. »Ich rufe dann später an. Frohe Weihnachten.« Was machte es schon aus? Ich ging wieder hinunter.
Mein Leben lang habe ich Weihnachten gehaßt: die unnötigen Geschenke und die erzwungene Fröhlichkeit, den strapazierenden Aufwand, die jähe Erschöpfung. Es ist ein Tag, der mit äußerster Vorsicht begangen werden muß – wie ein Minenfeld. Ich stärkte mich deshalb mit einem Schuß purem Whisky, bevor ich aufstand. Die aufgeregte Erwartung meines Kindes warf einen Hoffnungsschimmer über den Tag. Der Junge saß zwischen grellbunten Papieren, Bändern und Schleifen und krähte vor Entzücken. Für einen Dreijährigen kann Weihnachten noch ein Vergnügen sein. Vielleicht läßt sich die Sache doch überstehen, dachte ich. Schließlich hatte ich den langen Flug von den Staaten bis hierher unternommen, um meine Ehe sozusagen aus dem Feuer zu retten. Oder etwa nicht? Vielleicht wußte ich, daß sie nicht zu retten war, und wollte es auch gar nicht anders haben. Vielleicht suchte ich nur nach einem plausiblen Vorwand, um mich umzubringen. Vielleicht fing ich deshalb, noch ehe alle Geschenke ausgepackt waren, wieder an mit stummen Wutanfällen (nicht in Gegenwart des Kindes), Gegenangriffen und Entschuldigungen. Die Ehe war nur ein Teil des ganzen Lebens, mit dem Schluß zu machen ich vor Monaten beschlossen hatte.
An die folgenden Ereignisse erinnere ich mich nur ungenau. Es gab das übliche Truthahnessen für das Kind und meine Schwiegereltern. Anschließend gingen wir auf eine elegante und harmlose Einladung zum Abendessen und von dort, glaube ich, zu etwas Wilderem. Sicher bin ich mir nicht. Ich erinnere mich nur

an zwei triviale, aber lebendige Szenen. Wir sind wieder zu Hause, in Gesellschaft eines Paares, das ich nur flüchtig kenne. Er ist klein, gewandt, lustig, ein erfolgloser Dichter, aus dem ein erfolgreicher Journalist geworden ist. An das Gesicht seiner Frau erinnere ich mich nicht mehr. Ihn sehe ich jedoch noch manchmal im Fernsehen, wenn er aus den eleganteren Hauptstädten des Auslands sachkundig berichtet. Ich sehe ihn an unserem alten Klavier sitzen und Tänze aus den dreißiger Jahren spielen; seine Frau steht hinter ihm und singt den Text dazu; ich stütze mich aufs Klavier und summe leise mit; meine Frau liegt auf dem Sofa ausgestreckt und blickt finster drein. Wir alle sind sehr betrunken.

Später stehe ich in der Eingangstür und mache Witze, während sie sich die vereisten Treppenstufen hinabtasten. Als sie durchs Gartentor gehen, drehen sie sich um und winken. »Frohe Weihnachten«, rufen wir einander zu. Ich schließe die Tür und kehre zu meiner Frau zurück.

Von dem, was danach geschah, weiß ich nichts mehr, bis ich im Krankenhaus zu mir kam und in einem gelblichen Nebel das Gesicht meiner Frau undeutlich auf mich zukommen sah. Sie weinte. Aber das war drei Tage später. Drei Tage des Vergessens mit einem Loch in meinem Kopf.

Das alles liegt nun zehn Jahre zurück. Nur allmählich kann ich die Tatsachen aus widerstrebend geäußerten Andeutungen und Berichtsfetzen rekonstruieren. Niemand will einen, der einen Selbstmordversuch unternommen hat, an seine Torheit erinnern oder selbst an sie erinnert werden. Der Takt und der gute Geschmack verbieten das. Oder ist das Mißlingen der Tat peinlich? Zweifellos ruft ein gelungener Selbstmord keinerlei Zartgefühl hervor; jeder weiß sogleich Bescheid und hat eine Version über die Hintergründe parat. In meinem Fall ist meine Kenntnis der Ereignisse einseitig und aus zweiter Hand; die einzigen genauen Einzelheiten stammen aus dem trüben Kurztext der Krankengeschichte. Sie ist nicht wichtig, und sie bedeutet mir nichts. Mir ist, als sei all das einem anderen Menschen aus einer anderen Welt widerfahren.

Offenbar hatten wir, nachdem der Dichter-Zeitungsschreiber und seine Frau gegangen waren, eine letzte schreckliche Auseinandersetzung, erbitterter als jede vorangegangene und so heftig, daß derjenige – wer immer das gewesen sein mag –, der über uns im Gästezimmer die Nacht verbrachte, es hörte. Am Ende verließ meine Frau das Haus. Als sie verfrüht aus den Staaten zurückgekehrt war, wohnten Leute in unserem Haus, denen wir es für die Zeit unserer Abwesenheit vermietet hatten. Sie hatte deshalb eine schäbige Etage in einem nahe gelegenen, heruntergekommenen viktorianischen Herrenhaus bezogen. Da sie noch im Besitz des Wohnungsschlüssels war, ging sie in unser ehemaliges Haus und verbrachte die Nacht dort. In meinem Säuferelend kam mir ihr Fortgehen vielleicht wie der letzte Nagel zu meinem Sarg vor. Wahrscheinlicher ist jedoch, daß es mir den Vorwand lieferte, auf den ich gewartet hatte. Ich ging nach oben ins Badezimmer und nahm fünfundvierzig Schlaftabletten ein.

Seit Monaten hatte ich diese Tabletten gesammelt, besessen wie ein Philatelist wertvolle Stücke; ich hatte sie mir beiderseits des Atlantiks von den Ärzten verschreiben lassen. Dieser Sammeleifer erschien berechtigt, denn in dieser Zeit hatte ich nachts kaum mehr als zwei Stunden hintereinander geschlafen. Doch ich achtete stets darauf, mehr als die zum Schlafen erforderliche Menge zu haben. Wochen, bevor ich Amerika verließ, hatte ich aufgehört, die Tabletten einzunehmen, und angefangen, sie zu horten, um für den Zeitpunkt, der, wie ich wußte, kommen würde, gerüstet zu sein. Als es endlich so weit war, stand eine Schachtel bereit, die, wie mit Smarties, mit Pillen in allen Farben vollgestopft war. Ich schluckte den ganzen Haufen.

Am nächsten Vormittag brachte der Gast mir eine Tasse Tee. Die Vorhänge im Schlafzimmer waren zugezogen, im Halbdunkel konnte er mich nicht richtig erkennen. Er hörte, daß ich auf sonderbare Weise atmete, dachte aber, daß ich einen Kater hätte, und ließ mich deshalb allein. Um die Mittagszeit kam meine Frau, warf einen Blick auf mich und rief sofort die Rettungswache an. Als man mich im Krankenhaus einlieferte, war ich, laut Aufnahmebericht, in »tiefster Bewußtlosigkeit mit leichter Zyanose, im Mund Erbrochenes, Puls beschleunigt, schwach«. Ich habe ›Zyanose‹ im Lexikon nachgeschlagen: »Krankhafter Zustand, in dem sich wegen mangelhafter Oxydation des Blutes die Körperoberfläche blau färbt.« Anscheinend hatte ich mich in meinem Koma erbrochen und das Erbrochene hinuntergeschluckt, daraufhin hatte es Stauungen in meiner rechten Lunge hervorgerufen und mein Gesicht blau verfärbt. Ein krankhafter Zustand, wie gesagt. Als man mir die Barbiturate aus dem Magen pumpte, erbrach ich mich von neuem und stärker, und wieder kam das Zeug in die Lungen und verstopfte sie gefährlich. Nun trat bei mir eine »starke Zyanose« auf, ich wurde so blau wie ein Tory. Man versuchte, das Zeug abzusaugen, gab mir Sauerstoff und eine Injektion, doch ohne viel Erfolg. Ich vermute, daß man zu diesem Zeitpunkt meiner Frau gesagt hat, es bestehe wenig Hoffnung. Das war alles, was sie mir später über den Vorfall mitteilte; er war ein Anlaß großer Bitterkeit für sie. Da meine Lungen immer noch blockiert waren, nahmen die Ärzte eine Bronchoskopie vor. Diesmal saugten sie »eine große Menge Schleim« ab. Sie steckten mir, um die Luftzufuhr zu verbessern, einen Schlauch in die Kehle, und wirklich begann ich tiefer zu atmen. Fürs erste war die Krise behoben.

Das war am 26. Dezember. Tags darauf war ich noch bewußtlos, ebenso am übernächsten Tag, doch die Tiefe der Bewußtlosigkeit nahm ab. Da meine Lungen verstopft blieben, wurde die Sauerstoffzufuhr durch den Schlauch fortgesetzt. Ich wurde intravenös ernährt durch Tropfeninfusion. Gegen Ende des Komas wurde ich immer unruhiger. Am Abend des zweiten Tages entfernte man den Luftschlauch. Am Nachmittag des dritten Tages kam ich wieder zu mir. Ich spürte, wie man mir eine Kanüle aus dem Arm zog. In einem Nebel sah ich meine Frau, unsicher lächelnd und in Tränen. Es war alles sehr undeutlich. Ich schlief wieder ein.

Den größten Teil des nächsten Tages verbrachte ich still vor mich hin weinend. Ich sah alles doppelt. Zwei Ärztinnen stellten ein freundliches Kreuzverhör mit mir an. Zwei stämmige Physiotherapeuten mit blühenden Doppelgesichtern nahmen Übungen mit mir vor – anscheinend waren meine Lungen noch in schlechtem Zustand. Ich erhielt zwei Tabletts mit ungenießbarem Essen und versuchte dann und wann und erfolglos, zwei Kreuzworträtsel zu lösen. Auf der Station wimmelte es von ältlichen Zwillingen.

Irgendwann erschien die Polizei, da Selbstmord in jenen Tagen noch als Straftat galt. Gewichtig, doch eher mitfühlend saßen die Beamten an meinem Bett und stellten mir Fragen, die ich offensichtlich nicht beantworten sollte. Als ich eine Erklärung versuchte, brachten sie mich höflich zum Schweigen.

»Es war ein Unfall, mein Herr, nicht wahr?« Ich stimmte zögernd zu. Sie gingen.

Nachts wachte ich auf und hörte jemanden schwach schreien. Eine Pflegerin hetzte im trüben Licht über den Gang. Von der anderen Seite der Station drang ein neues mattes Stöhnen. Von irgendwoher in der Dunkelheit wurde es leise erwidert. Es waren nicht die schmerzhaften und scharfen Schreie von Frischoperierten oder Unfallverletzten. Vielmehr klangen die Laute gereizt, erschöpft, jenseits allen Gefühls. Jetzt begriff ich, warum in meiner Doppelsichtigkeit die Patienten mir so betagt erschienen waren: ich lag in einer Sterbeabteilung. Um mich herum wehrten sich alte Männer kraftlos gegen das Sterben; ich war einunddreißig Jahre alt und trotz allem, was geschehen war, noch immer am Leben. Als ich mich umdrehte, spürte ich zum erstenmal die Gummiunterlage. In meiner Bewußtlosigkeit mußte ich ins Bett gemacht haben wie ein kleines Kind. Ich schämte mich über alle Maßen.

Am folgenden Tag sah ich wieder normal. Die Station hatte eine graugelbe Farbe, die Zimmer schienen in den Ecken schmierig zu sein. Ich taumelte zum Waschbecken, es war gleichfalls schmutzig und roch übel. Ich schwankte zum Bett zurück, ruhte mich ein wenig aus und rief meine Frau an. Da weder Pillen noch Alkohol mich umgebracht hatten, war offenbar alles umsonst gewesen. Ich sagte ihr, ich käme wieder nach Hause. Ich sei nicht gestorben, würde folglich auch nicht sterben. Es hätte keinen Sinn mehr, im Krankenhaus zu bleiben.

Die Ärzte waren anderer Ansicht. Ich wäre kaum außer Lebensgefahr, meine Lungen befänden sich in einem schlechten Zustand, ich hätte Fieber, ich könnte jederzeit rückfällig werden, es wäre gefährlich und unvernünftig; sie wollten die Verantwortung nicht übernehmen. Ich lag stumm da, schwach wie ein neugeborenes Kind, und ließ ihre Begründungen über mich ergehen. Schließlich unterschrieb ich ein Formular, wodurch ich bestätigte, gegen ärztlichen Rat die Klinik zu verlassen und alle Verantwortung auf mich zu nehmen. Ein Freund fuhr mich nach Hause.

Ich mußte meine ganze Kraft und Aufmerksamkeit zusammennehmen, um die zum Schlafzimmer führende Treppe hinaufzusteigen. Ich fühlte mich schwach und durchscheinend wie aus Seidenpapier. Als ich den Schlafanzug anzog und mich ins Bett legte, kam ich mir übelriechend vor, nach Krankheit, Urin und dünnem saurem Todesschweiß. Ich ruhte mich nur eine Weile aus, dann nahm ich ein Bad. Inzwischen rief meine Frau, auf Weisung des Krankenhauses, unseren Kassenarzt an. Er hörte sich ihre Erklärungen wortlos an und lehnte es dann rundweg ab zu kommen. Vermutlich dachte er, daß ich im Sterben läge, und wollte nicht, daß ich seiner Liste zugezählt wurde. Meine Frau warf wütend den Hörer auf die Gabel, aber mein grünes Gesicht und meine extreme Schwäche erschreckten sie. Irgend jemand

mußte herbeigerufen werden. Schließlich wandte sich der Freund, der mich aus der Klinik nach Hause gefahren hatte, an seinen Hausarzt. Autoritär, vornehm, durch nichts zu erschüttern, kam er sofort und beschwichtigte alle Anwesenden.
Das war am Abend des 29. Dezembers, einem Donnerstag. Den ganzen Freitag und Samstag über lag ich geistesabwesend im Bett. Gelegentlich stand ich auf, um die Übungen zu machen, die sich auf meine Lungen günstig auswirken sollten. Ich unterhielt mich ein bißchen mit meinem Jungen, versuchte zu lesen, schlief. Meist tat ich nichts. Mein Kopf war leer. Manchmal hörte ich meine Atemzüge, manchmal meinen Herzschlag. Er erfüllte mich mit Widerwillen. Ich wollte nicht lebendig sein.
In der Freitagnacht hatte ich einen furchtbaren Traum. Ich tanzte wild und stampfend mit meiner Frau, wir waren beide voll Wut. Jeder Nerv und Muskel meines Körpers vibrierte, ich war wie über eine entsetzliche, unbeaufsichtigte elektrische Maschine gespannt, die mich Stück um Stück auseinanderriß. Schweißgebadet wachte ich auf, meine Zähne klapperten wie bei Schüttelfrost. Ich schlief fast sofort wieder ein und erlebte einen ganz ähnlichen Traum: Diesmal wurde ich gejagt und zur Strecke gebracht; als das Wesen, das mich verfolgt hatte, mich packte, schüttelte es mich wie ein Hund eine Ratte, und wieder war mir zumute, als zerreiße jeder Nerv, jedes Gelenk, jeder Muskel. Endlich wurde ich vollends wach und starrte die Vorhänge an. Ich lag mit weitoffenen Augen da und schauderte vor Angst. Ich fühlte, daß ich in meinen Träumen den Tod erlebt hatte, der mir in meiner Bewußtlosigkeit verweigert worden war. Meine Frau schlief neben mir im gleichen Bett und war dennoch unerreichbar für mich. Lange blieb ich schwitzend und bebend da. Ich habe mich nie mehr so einsam gefühlt wie damals.
Samstag war Silvester. Noch bevor ich aus Amerika gekommen war, hatten wir zu einer Party eingeladen; trotz allem Geschehenen schien kein Grund vorhanden, sie abzusagen. Ich hatte dem Arzt versprochen, im Bett zu bleiben. Eine Zeitlang gab ich in Pyjama und Morgenmantel eine königliche Audienz, eine ärgerliche, selbstgefällige Pose. Aus einer Art Pflichtgefühl kamen Freunde zu mir herauf. Ihnen war gesagt worden, ich hätte eine Lungenentzündung gehabt. Sie langweilten sich sichtbar. Die Musik und die Stimmen unten klangen verlockend. Zu verlieren hatte ich ohnehin nichts mehr. Um halb elf stand ich auf, um das neue Jahr zu begrüßen, sagte ich mir. Am nächsten Morgen um sechs ging ich wieder ins Bett. Um zehn Uhr vormittags stand

ich auf, ging nach unten und half beim Aufräumen, während meine Frau weiterschlief. Die Trümmer des Neujahrsgelages kamen mir vor wie die Trümmer des monströsen Lebens, das ich geführt hatte. Ich machte mich munter und entschlossen an die Arbeit, kehrte, putzte, warf Sachen weg. Als meine Frau mittags verkatert herunterkam, glänzte das Haus.

Eine Woche danach kehrte ich in die Staaten zurück, um das Semester zu beenden. Beim Packen fand ich in der Tasche meines Lieblingsjacketts eine große, hellgelbe, torpedoförmige Pille, die ich am Tag meiner Abreise von einem unter schwerer Schlaflosigkeit leidenden Amerikaner bekommen hatte. Ich starrte das Ding an, drehte und wendete es auf der Handfläche hin und her und fragte mich, wie ich es in jener Nacht hatte vergessen können. Es sah todbringend aus. Ich hatte fünfundvierzig Tabletten überlebt. Hätten sechsundvierzig genügt? Ich spülte das Ding durch den Abguß.

Das wäre alles. Mit meiner Ehe war es natürlich vorbei. Aus Gründen des Anstands warteten wir noch ein paar Monate; beide brachten wir es nicht fertig, unter solchem Zwang auszuharren. Als wir uns trennten, war nichts mehr übrig. Selbstverständlich zeigte ich die erwarteten schmerzlichen Regungen. Insgeheim aber empfand ich nur noch Gleichgültigkeit.

Die Wahrheit ist, daß ich tatsächlich in gewissem Sinn gestorben war. Meine übermäßige Intensität, meine Hyper-Sensibilität, und mein Selbstbewußtsein, meine Arroganz und mein exzessiver Idealismus, die sich mit der Jugend entwickelt hatten und über die Zeit hinaus wie ein lästiger Besucher dageblieben waren, hatten das Koma nicht überlebt. Es war, als hätte ich endlich und traurig spät meine Unschuld verloren. Wie alle jungen Leute war ich zugleich hochmütig und kleinmütig, abwechselnd erfüllt von Begeisterung, die nicht ganz echt war, und von Schuldgefühlen, die ich nicht begriff. Deshalb zwang ich meiner armen Frau, die viel zu jung war, um die Vorgänge begreifen zu können, eine verderbliche, zerstörerische Rolle auf, die sie nicht wünschte. Fünf Jahre lang hatten wir verstört um uns geschlagen, wie Ertrinkende, die sich gegenseitig unter Wasser ziehen. Drei Tage lang lag ich in der Schwebe zwischen Leben und Tod. Als ich wieder aufwachte, empfand ich nichts als matten Widerwillen gegen alles und alle. Mein geschwächter Körper, mein flacher Atem und die aufflackernden Gefühle erfüllten mich mit Ekel. Ich wollte nur mit mir allein sein. Die Monate vergingen. Allmählich fing ich an, einen anderen Le-

bensstil zu entwickeln. Ich wollte ein weniger theoretisches, weniger optimistisches, weniger verletzliches Leben führen. Ich bereitete mich auf unsensible mittlere Jahre vor.
Vor allem war ich enttäuscht. Ich hatte das Gefühl, vom Tod im Stich gelassen worden zu sein; ich hatte mehr von ihm erwartet. Ich hatte auf eine überwältigende Erfahrung gehofft, die alle meine Verstörtheiten klären würde. Der Tod aber hatte sich jedoch nur als Verweigerung jeglicher Erfahrung gezeigt. Alles, was ich von ihm wußte, waren die entsetzlichen späteren Träume. Vielleicht war meine verzögerte Adoleszenz an allem schuld: Jugendliche erwarten immer zu viel, sie verlangen sofortige und klare Lösungen, statt allmählicher und unvollständiger. Oder war das Kino schuld? Insgeheim hatte ich geglaubt, der Tod würde wie der letzte Akt eines der alten Hitchcock-Thriller sein: Als Erwachsener erlebt der Held in ihnen aufs neue jenen traumatischen Kindheitsaugenblick, in dem sich das Furchtbare ereignet, das seine Persönlichkeit spaltet. Er wird dadurch frei und findet endlich Frieden. Es handelt sich um ein Klischee, das sich durchgesetzt hat, viel nachgeahmt worden ist und überzeugend wirkt. Hitchcock arbeitet am besten mit dieser Schablone, er hat sie jedoch nicht erfunden. Er hat lediglich etwas Neues unter die Leute gebracht: das nur halbverdaute psychoanalytische Gerede über »Abreagieren«, über den entscheidenden Augenblick der läuternden Wahrheit, in dem die Komplexe sich selbst aufheben. Dahinter steht der alte Glaube an Offenbarungen in den letzten Augenblicken Sterbender, Bekehrungen auf dem Totenbett, Altweibergeschichten vom Ertrinkenden, vor dem beim letzten Untertauchen sein ganzes Leben vorüberzieht. Hinter allem wird eine noch ältere Überlieferung sichtbar: der Glaube an das Jüngste Gericht, an ein Leben nach dem Tod. Wir alle erwarten etwas vom Tod, und sei es auch nur die Verdammnis.
Was ich erlebt hatte, war jedoch nichts als Vergessen. Ich war praktisch gestorben: Mein Gesicht war blau gewesen, mein Puls unregelmäßig, meine Atmung schwach. Die Ärzte hatten mich aufgegeben. Ich war bis zum Rand des Abgrunds, ja fast bis auf seinen Grund gelangt, dann langsam, widerwillig, trotz allem wieder umgekehrt. Trotzdem wußte ich nicht das geringste über den Tod. Ich fühlte mich betrogen.
Warum war ich so sicher gewesen, eine Art Lösung zu finden? Es gibt immer besondere Gründe dafür, warum ein Mensch eine Todesart wählt, die andere verwirft. Die Gründe, warum ich

Barbiturate nahm, waren einleuchtend, obgleich ich sie damals nicht erkannte. In meinem ersten Lebensjahr wurde eine größere Operation an meinem Knöchel vorgenommen, ich erhielt eine Vollnarkose. Der Eingriff war nicht sehr erfolgreich. Während meiner Kindheit machte mir die Sache immer wieder zu schaffen. Vorbote der Anfälle war stets der gleiche Traum: Ich mußte eine komplizierte mathematische Aufgabe lösen, die meine ganze Familie miteinbezog. Das Wohlergehen meiner Familie hing davon ab, daß ich die richtige Antwort fand. Die Rechenaufgabe änderte sich mit den Jahren, sie wurde, da sich meine Mathematikkenntnisse erweiterten, zunehmend schwierig, war meinem Wissen stets um Schrittlänge voraus, wie die gelbe Rübe dem Esel. Mir war klar, daß die Lösung der komplizierten Aufgabe einfach sein würde. Sie entzog sich mir nur immer wieder. Als ich vierzehn Jahre alt war, wurde mir der Blinddarm herausgenommen, ich erhielt wieder eine Vollnarkose. Der Traum war vorher ein oder zwei Jahre lang ausgeblieben. Als ich den Äther einatmete, kehrte er wieder. Die scharfen Schwaden des Gases drangen in meine Lungen. Ich sah die Aufgabe, diesmal war es eine Differentialrechnung, die Zahlen leuchteten wie eine Neonschrift. Meine Familie hing dicht gedrängt an den Zeichen und Zahlen. Beim nächsten Atemzug wirbelten die Zeichen wie beim Schalten eines Computers, die Zeilen der Gleichung rasten an mir vorüber. Ich erhielt die Lösung: eine simple zweistellige Zahl. Ich hatte es von jeher gewußt, wie einfach die Lösung war. Nachdem ich wieder zu mir gekommen war, behielt ich die Lösung und die Methode ihrer Errechnung noch drei Tage lang im Gedächtnis. Die Sache interessierte mich nicht mehr im geringsten. Dann verblaßte das Erlebnis. Der Traum wiederholte sich nie mehr.

Ich hatte geglaubt, Sterben würde etwas Ähnliches sein: eine Gesamtschau des Lebens, in der alle Krisen ihre Klärung, Rechtfertigung und Entschuldigung fänden, eine Art Jüngstes Gericht in den Windungen und Schaltstellen des Gehirns. Statt dessen klaffte ein Loch im Bewußtsein, eine runde Null, ein Nichts. Ich war betrogen worden.

Monate später fing ich an zu begreifen, daß ich im Grunde doch die Antwort erhalten hatte. Die Verzweiflung, die mich dazu getrieben hatte, einen Selbstmordversuch zu unternehmen, war rein und unverfälscht gewesen wie die unerklärliche Verzweiflung eines Kindes, für die es kein Vorher und Nachher gibt. Wie ein Kind hatte ich erwartet, daß der Tod diese Verzweiflung nicht nur beenden, sondern auch erklären würde. Der Tod hatte mich nicht haben wollen. Ich sah langsam ein, daß ich die falsche Sprache benutzt hatte; ich hatte das Ganze ins Amerikanische übersetzt. Zu viele Filme, zu viele Romane, zu viele Reisen in die Staaten hatten mir eine optimistische fremdsprachliche Ausdrucksweise aufgezwungen. Ich hielt mich nicht mehr für unglücklich; statt dessen hatte ich ›Probleme‹. Dies ist eine optimistische Art und Weise, die Dinge zu nehmen, bei Problemen gibt es Lösungen. Unglück dagegen ist eine Lebensbedingung, mit der sich der Mensch abfinden muß wie mit dem Wetter. Nachdem ich anerkannt hatte, daß es nie, auch im Tode nicht, eine Lösung geben wird, stellte ich zu meiner Überraschung fest, daß es mich wenig kümmerte, ob ich glücklich oder unglücklich war; Probleme oder das Problem der Probleme existierten nicht mehr für mich. Vielleicht ist dies der Anfang des Glücks.

Jetzt kommt es mir lächerlich vor, daß ich etwas so Einfaches auf eine so mühselige Weise lernen, daß ich fast in den Tod gehen mußte, um erwachsen zu werden. Das Gefühl, betrogen und geschädigt worden zu sein, habe ich heute noch nicht völlig überwunden, auch die Beschämung über meine Torheit ist noch nicht vorbei. Schließlich ist aber auch Vergessen eine Art Erfahrung. Nichts ist mehr so wie früher, seitdem ich an mir selbst, am eigenen Leib gespürt habe, daß der Tod das Ende ist, nicht mehr und nicht weniger. Ich frage mich, ob diese Teilerkenntnis nicht bereits eine Form des Todes ist. Der Junge, der die Schlafmittel schluckte, und der Mann, der überlebte, sind so grundverschieden, daß jemand oder etwas in ihm gestorben sein muß. Vor Einnahme der Schlafmittel gab es da ein anderes Leben und eine andere Person, die ich kaum wiedererkenne und nicht sonderlich leiden mag – obgleich ich vermute, daß jener Ehemalige in seiner selbstgefälligen Art viel sympathischer war, als ich es jetzt je zu sein vermag. Seine Raserei und Verzweiflung kommen mir unglaubhaft vor, kläglich und unbedeutend.

Das Loch in meinem Bewußtsein blieb lange bestehen. In den ersten fünf Jahren hatte ich Perioden völliger Leere, als ob ein wichtiges Zentrum in mir ausgeschaltet sei. Tagelang wanderte ich wie ein lebender Leichnam umher. Immer von neuem stellte sich mir dumpf und undeutlich die Frage, ob ich nicht vielleicht doch gestorben sei. Falls dies zutraf, wie konnte ich es erfahren?

Mit der Zeit ging auch dies vorüber. Jahre danach, als das Haus, in dem sich der Vorfall ereignet hatte, endlich verkauft wurde, empfand ich plötzlich scharfe Reue über die ungeheure Qual und Vergeudung der Kräfte. Danach verlor das Ereignis seine Macht. Es wurde zu einer alten Geschichte, zu einer mäßig interessanten Anekdote über einen halbvergessenen Menschen: »Noch anderswo gibt's eine Welt«, sagt Koriolan.

Soziologen und Psychologen, die den Selbstmord als Krankheit definieren, setzen mich heute nicht weniger in Erstaunen als Katholiken und Moslems, die ihn als schwere Todsünde bezeichnen. Ich glaube, er steht ebenso sehr jenseits sozialer und psychischer Vorausberechnung wie jenseits der Moralgesetze. Er ist eine schreckliche, aber völlig natürliche Reaktion auf die gespannten, drückenden, unnatürlichen Zwangslagen, in die wir uns manchmal selber hineinmanövrieren. Für mich ist er überhaupt nichts mehr. Vielleicht fehlt es mir an Optimismus, um mich noch länger mit ihm auseinanderzusetzen. Wahrscheinlich wird der Tod, wenn er schließlich zu mir kommt, sehr viel ärger als der Selbstmord sein und sicherlich weniger willkommen.

Das Leben ist in der Tat ein Kampf. Das Böse ist dreist und stark; die Schönheit beglückend, doch selten; Güte oft schwach; Torheit oft keck; Gemeinheit oft siegreich; Dummköpfe sind oft in hohen Positionen, vernünftige Leute in geringen, und im allgemeinen ist die Menschheit unglücklich. Doch die bestehende Welt ist keine Täuschung, kein Hirngespinst, kein böser Traum einer Nacht; stets finden wir sie beim Aufwachen wieder; wir können sie weder vergessen noch leugnen, noch ohne sie auskommen.

HENRY JAMES

Gott hat alles aus dem Nichts geschaffen. Aber nichts behauptet sich.

PAUL VALÉRY

Anhang

Anmerkungen und Quellennachweise

Die deutsche Ausgabe wurde um zahlreiche Anmerkungen zu bestimmten Personen und Fakten erweitert, deren Kenntnis dem Verlag für den Leser nützlich erscheint.

Vorwort

1 Albert Camus, *»Der Mythos von Sisyphos. Ein Versuch über das Absurde.«*, rowohlts deutsche enzyklopädie Nr. 90, Hamburg, 1959.

2 Emile Durkheim, *»Der Selbstmord«*, Darmstadt, 1973

3 Erwin Stengel, *»Selbstmord und Selbstmordversuch«*, Frankfurt/Main, 1969

4 Giles Romilly Fedden, *»Suicide«*, London und Toronto, 1938

5 Cesare Pavese, *»Das Handwerk des Lebens. Tagebuch 1935–1950«*, Hamburg, 1956

Erster Teil

1 Sylvia Plath, *»Die Glasglocke«*, Bibliothek Suhrkamp Nr. 208, Frankfurt/Main, 1969.

2 *»Night Shift«* in *»The Colossus«*

»It was not a heart, beating,
That muted boom, that clangour
Far off, not blood in the ears
Drumming up any fever

to impose on the evening.
The noise came from outside:
A metal detonating
Native, evidently, to

These stilled suburbs: nobody
Startled at it, though the sound
Shook the ground with its pounding.
It took root at my coming ...«
(Übersetzt von Maria Dessauer)

3 Theodore Roethke (1908–1963), amerikanischer Dichter, drückte in seinen expressionistischen Gedichten, gekennzeichnet durch Pathos

und Bitterkeit, in intensiven konkreten Bildern und experimentellen Formen die Ängste und Hoffnungen des modernen Menschen aus.

4 Wallace Stevens (1879–1955), amerikanischer Lyriker. Seine die ›reine Poesie‹ anstrebende Lyrik besteht aus pointillistischen Klang- und Farbmustern mit bewußt eingesetzten Emotionen, spielerischen Wort- und Klangphantasien, die nicht den dramatischen Gehalt, sondern ästhetische Reize suchen und eine rein artistische Welt errichten. Als Thema könnte man die Macht des schöpferischen Unbewußten über die Welt der Erscheinungen bezeichnen.

5 Sylvia Plath, *»Ariel. Gedichte«*, Bibliothek Suhrkamp Nr. 380, Frankfurt/Main 1974. Die nachfolgenden Zitate aus Gedichten von Sylvia Plath und die Verszeilen auf Seite 16 sind in der Übertragung Erich Frieds dieser Ausgabe entnommen.

6 »Gentlemen, ladies

These are my hands
My knees.
I may be skin and bone,
I may be Japanese . . .«

7 »I have done it again.
One year in every ten
I manage it –

A sort of walking miracle . . .
I am only thirty.
And like the cat I have nine times to die.

This is Number Three . . .«

8 »At twenty I tried to die
And get back, back, back to you.
I thought even the bones would do.«

9 William Empson (geb. 1906). Seine Arbeiten über die Mehrdeutigkeit der Dichtersprache und seine dunklen, experimentellen Gedichte haben Kritik und Praxis der modernen englischsprachigen Literatur stark beeinflußt.

10 Robert Lowell (geb. 1917), amerikanischer Lyriker. Er schrieb episch-dramatische Gedichte von konkret erfühlter Gegenständlichkeit und allegorisierender Behandlung; Elegien, Hymnen, Epitaphe auf einzelne, oft historische Personen in streng und kompliziert organisierten, an die religiöse Dichtung des Barock erinnernden Formen. Das Thema seiner Lyrik ist der Gegensatz zwischen Welt, Macht, Notwendigkeit und Gnade und Befreiung. Lowell erhielt 1946 den Pulitzerpreis. Werke u. a.: *»Life Studies*, 1959; *»Poems 1938–49«*, 1959; *»Imitations«*, 1962.

11 T. S. Eliot (1888–1965), Traditionalist und Experimentator zugleich, gab der Literatur der Gegenwart entscheidende sprachliche und for-

male Impulse. Unter französischem Einfluß (J. Laforgue) schrieb er freie Rhythmen in bitter ironischem Ton. Seine Sprache orientiert sich am modernen Konversationsstil, seine Metaphern entstammen auch der großstädtischen Zivilisation. Dichten hieß für ihn Gefühle in ›objektive Korrelate‹ überführen. Seine spröde, beziehungsreiche Lyrik spiegelt eine aus den Fugen geratene Welt und will durch die Hinwendung zum christlichen Glauben aus der Kulturöde herausführen.

12 Sammelbegriff für eine Gruppe von Kritikern (J. C. Ransom, A. Tate, Cleanth Brooks, R. P. Warren u. a.), die trotz verschiedener Theorien etwa nach 1930 eine Renaissance der englisch-amerikanischen Literaturkritik einleiteten. Die Bezeichnung entstammt dem Buch *»The New Criticism«* von J. C. Ransom. Den Ursprung dieser formalistischen Bewegung sieht man in den kritischen Theorien von S. T. Coleridge (1772–1834), vor allem in dessen *»Biographie Literaria«*, in I. A. Richards Werken (*»Principles of literary criticism«*, 1924; *»Practical criticism, a study of literary judgment«*, 1929) und in den Theorien Ezra Pounds und T. S. Eliots. Gemeinsam ist den ›Neuen Kritikern‹ die analytische Betrachtung des literarischen Textes und die Ablehnung aller für die Literatur unerheblichen Elemente anderer Disziplinen. Das autonome literarische Kunstwerk gilt ihnen als Wortgefüge, das, an sich eine Vielheit oft widersprüchlicher Tendenzen, durch ausgewogene Gewichtsverteilung zu einem Organismus gefügt ist.

13 John Berryman (1914–1972). Werke u. a.: *»Unfortunate Traveller, 77 Dream Songs«*, 1964; *»Berryman's Sonnets«*, 1967; *»His Toy His Dream His Rest, 308 Songs«*, 1968; *»Love & Fame«*, 1970; Romanfragment *»Recovery«*, 1972. Berrymans totale Ich-Abkapselung in den letzten Lebensjahren führte zum Selbstmord; er stürzte sich 1972 in Minneapolis von einer Brücke auf das Eis des Mississippi. *»Huldigung für Mistress Bradstreet«*, Hamburg, 1967, bei Hoffmann und Campe: »John Berryman, dem im Jahre 1965 der Pulitzerpreis für Lyrik zuerkannt wurde, ist ein Einzelgänger: weder fügt sich der Poet den Rezepten der Avantgarde von Greenwich Village, noch macht er sich mit den Beatniks der Ostküste gemein.«

14 »The blood jet is poetry,
There is no stopping it.
You hand me two children, two roses.«

15 Zbigniew Herbert (geb. 1924). Das Bemühen um formale Vervollkommnung traditioneller, literarischer Vorbilder und die Reflexion über die Situation des modernen Menschen kennzeichnen sein lyrisches Schaffen. Außerdem schrieb Herbert Dramen, Hörspiele, Essays. *»Inschrift. Gedichte aus zehn Jahren«*, Frankfurt/Main, 1967; *»Ein Barbar in einem Garten«*, edition suhrkamp Nr. 365, Frankfurt/Main, 1970; *»Im Vaterland der Mythen. Essays, Gedichte, Spiele«*, Bibliothek Suhrkamp Nr. 339, Frankfurt/Main, 1973.

16 »I do not stir.
The frost makes a flower,
The dew makes a star,
The dead bell,
The dead bell.

Somebody's done for.«

17 »The woman is perfected.
Her dead

Body wears the smile of accomplishment,
The illusion of a Greek necessity

Flows in the scrolls of her toga,
Her bare

Feet seem to be saying:
We have come so far, it is over.

Each dead child coiled, a white serpent,
One at each little

Pitcher of milk, now empty.
She has folded

Them back into her body as petals
Of a rose close when the garden

Stiffens and odours bleed
From the sweet, deep throats of the night flowers.

The moon has nothing to be sad about,
Staring from her hood of bone.

She is used to this sort of thing.
Her blacks crackle and drag.«

Zweiter Teil

1 Zitiert nach E. H. Carr, »*The Romantic Exiles*«, Harmondsworth, 1949, p. 389
2 Zitiert nach Glanville Williams, »*The Sancity of Life and the Criminal Law*«, New York, 1957, und London, 1958, p. 233
3 Zitiert nach a. a. O.
4 Siehe Emile Durkheim, »*Der Selbstmord*«, Darmstadt, 1973, S. 382–386
5 *felo de se*
1. Einer, der sich vorsätzlich umbringt oder an den Folgen (Wirkungen) der Begehung einer vorsätzlichen, ungesetzlichen Handlung stirbt.

2. Ein Akt vorsätzlicher Selbstzerstörung: Selbstmord. »Webster's Third International Dictionary«

6 Zitiert nach Giles Romilly Fedden, *»Suicide«*, London und Toronto, 1938, p. 224

7 a. a. O., p. 223

8 *»The Connoisseur«*, zitiert nach Charles More, *»A Full Enquiry into the Subject of Suicide«*, London, 1790, Band 1, p. 323/24

9 Siehe Giles Romilly Fedden, a. a. O., p. 27–48, der auch viele andere Beispiele gibt.

10 Glanville Williams, a. a. O.

11 *›The Times‹*, London, 21. Januar 1970. Siehe auch die Ausgabe vom 26. und 27. Januar 1970

12 John Donne, *»Biathanatos«*, Faksimile Text Society, New York, 1930, Teil I Med., p. 58

13 David Hume (1711–1776), englischer Philosoph und Geschichtsforscher. Von der Unterscheidung der Wahrnehmungen und Vorstellungen ausgehend, gründet David Hume seine Theorie der Erfahrung ausschließlich auf das Prinzip der Assoziation. Auch das Kausalprinzip deutete er weder metaphysisch noch apriorisch, sondern er führte es in Übereinstimmung mit seiner Leugnung aller angeborenen Ideen auf ein gewohnheitsmäßiges Erwarten aufgrund der Erfahrung von Tatsachensequenzen zurück. In der Ethik verwarf er alle ›mönchischen Tugenden‹ und gründete sie auf ein ursprüngliches Gefühl der Sympathie, dessen Inhalt das Allgemeinwohl ist. Als Tugenden bleiben Humanität, Wohlwollen und Freundlichkeit, deren Inhalte sich mit den Wohlfahrtsbedingungen der Gesellschaft ändern können: es gibt keine Pflicht um der Pflicht willen.

14 Sigmund Freud, *»Totem und Tabu«*, Gesammelte Werke in 18 Bänden, London, 1940–1952, Band IX, London 1940 (nachfolgend wird diese Ausgabe mit G. W. bezeichnet).

15 Havamal (das; »die Sprache des Hohen«), eines der wichtigsten Lieder der Edda, in dem Odin als Dichter und Runengott den Menschen Nützlichkeitsmoral empfiehlt; zum Beispiel: »Besitz stirbt, Sippen sterben, du stirbst, doch der Ruhm stirbt nie.«

16 Thule, *»Altnordische Dichtung und Prosa II«*, zitiert nach James George Frazer, *»Der goldene Zweig. Das Geheimnis von Glauben und Sitten der Völker«*, Leipzig, 1928, S. 517

17 Siehe auch Charles More, a. a. O., Band 1, p. 147

18 *»Rapin's Introduction to the History of England«*, zitiert nach Charles More, a. a. O., p. 149

19 Siehe Gregory Zilboorg, *»Suicide Among Civilized and Primitive Races«*, *›American Journal of Psychiatry‹*, Band 92, 1936, p. 1362

20 Siehe Emile Durkheim, a. a. O., S. 243

21 Gregory Zilboorg, a. a. O., p. 1368

22 J. Wisse, *»Selbstmord und Todesfurcht bei den Naturvölkern«*, Zutphen, 1933, S. 207/08

23 Siehe Giles Romilly Fedden, a. a. O., p. 55, 59
24 Libanius, zitiert nach Emile Durkheim, a. a. O., S. 386
25 Giles Romilly Fedden, a. a. O., p. 83
26 a. a. O., p. 79/80
27 a. a. O., p. 50
28 Zitiert nach Helen Silving, »*Suicide and Law*«, in »*Clues to Suicide*«, herausgegeben von Edwin S. Shneidman und Norman L. Farberow, New York, 1957, und Maidenhead, 1963, p. 80/81
29 Siehe Giles Romilly Fedden, a. a. O., p. 93
30 John Donne, a. a. O., p. 54
31 Zitiert nach Giles Romilly Fedden, a. a. O., p. 84
32 Siehe John Donne, a. a. O., p. 64/65
33 a. a. O., p. 66
34 a. a. O., p. 60
35 a. a. O., p. 63, 65
36 Eduard Gibbon, »*Aufstieg und Fall des Römischen Reiches*«, zitiert nach Charles More, a. a. O., Band 1, p. 290
37 Helen Silving, »*Suicide and Lw*«, in a. a. O., p. 81/82
38 Perlson und Karpman, »*Psychopathologic and Psychopathetic Reaction in Dogs*«, ›*Quarterly Journal of Criminal Psychopathology*‹, 1943, p. 514/15, zitiert nach Glanville Williams, a. a. O., p. 226
39 Henry Morselli, »*Suicide*«, London, 1881, p. 3. Deutsche Ausgabe: Leipzig, 1881 (ohne Einleitungskapitel)

Dritter Teil

1 K. R. Eissler, »*The Psychiatrist and the Dying Patient*«, New York und Folkestone, 1955, p. 67
2 Erwin Stengel, »*Selbstmord und Selbstmordversuch*«, Frankfurt/Main, 1969, S. 24
3 Gerard Manley Hopkins, »*An den Herren des Lebens*«, in »*Gedichte*«, Hamburg, 1948, S. 103
4 »*Muralts Briefe über die französische und englische Nation*«, zitiert nach Charles More, »*A Full Enquiry into the Subject of Suicide*«, London, 1790, Band 1, p. 377
5 Montesquieu, »*Vom Geist der Gesetze*«, eingeleitet und herausgegeben von Ernst Forsthoff, Tübingen, 1951, Band 1, Buch XIV, Kapitel 12, S. 323f
6 Jährlich nehmen sich in der Bundesrepublik Deutschland 13 000 Menschen das Leben; das ist die gleiche Anzahl Menschen, die jährlich dem Verkehrstod zum Opfer fallen.
7 Erwin Stengel, a. a. O., S. 12
8 Cesare Pavese, »*Das Handwerk des Lebens. Tagebuch 1935–1950*«, Hamburg, 1956, S. 91
9 Forbes Winslow, »*The Anatomy of Suicide*«, London, 1840, p. 202

10 Joseph Heller, »*Catch 22*«, Fischer Bücherei Nr. 1112, Frankfurt/Main, 1971

11 Franz Kafka, »*Die Verwandlung*«, Insel-Bücherei Nr. 662, Frankfurt/Main, 1965; Bibliothek Suhrkamp Nr. 351, Frankfurt/Main, 1973

12 Jack D. Douglas, »*The Social Meanings of Suicide*«, Princeton, 1967, und London, 1968, p. 275

13 Erwin Stengel, a. a. O., S. 2

14 Alfred Adler (1870–1937), Schüler Freuds von 1902 bis zum Bruch mit der psychoanalytischen Schule 1911. Adler ist der Begründer der Individualpsychologie. Er sah einen Hauptantrieb des Menschen im Streben nach Geltung, womit oft durch Konflikte mit der Umwelt bedingte Minderwertigkeitserlebnisse kompensiert werden sollen.

15 Margarethe von Andics, »*Suicide and the Meaning of Life*«, London und Washington, 1947, p. 94 ff

16 Andrej Amalrik (geboren 1938), 1965 wegen »antisowjetischen und pornographischen« Charakters seiner Theaterstücke verhaftet und für zwei Jahre nach Sibirien in die Verbannung verschickt. 1968 verlor er seine Stellung in einer Presseagentur, als er vor der Englischen Botschaft gegen Englands Waffenlieferungen an Lagos demonstrierte. Dann zog er aufs Land und bewarb sich um den Posten eines Dorfbriefträgers. Mai 1970 erneute Verhaftung. »*Kann die Sowjetunion das Jahr 1884 erleben?*«, Zürich, 1970; »*Unfreiwillige Reise nach Sibirien*«, rororo-Taschenbuch Nr. 1452, Reinbek bei Hamburg, 1971

17 J. Tas, »*Psychical Disorders Among Inmates of Concentration Camps and Repatriates*«, ›*Psychiatric Quarterly*‹, Band 25, 1951, p. 683/84, 687

18 Robert E. Litman, »*Sigmund Freud on Suicide*«, in »*Essays in Self-Destruction*«, herausgegeben von Edwin S. Shneidman, New York, 1967, p. 324 ff

19 Ludwig Binswanger, »*Schizophrenie*«, Pfullingen, 1957, S. 119 f
Ludwig Binswanger (1881–1966), Schweizer Psychiater. Beeinflußt durch die Phänomenologie Edmund Husserls und Max Schelers, die Philosophie Wilhelm Diltheys, die Ontologie Martin Heideggers, entwickelte er eine neue Form der psychotherapeutischen Behandlung, die Daseinsanalyse.

20 »*On Suicide – With Particular Reference to Suicide Among Young Students*«, herausgegeben von Paul Friedman, New York und Folkestone, 1967

21 Wilhelm Stekel (1868–1940), Psychoanalytiker, gehört mit Alfred Adler und C. G. Jung zu den frühen Schismatikern des Freudschen Kreises; folgt in vielem Adlers Individualpsychologie: so hebt er die Bedeutung des Lebensplanes, der Lebenslinie, des Lebensstiles hervor, die für die Diagnose von entscheidendem Wert sei.
»*Wege zum Ich*«, Goldmann Psychologie und Pädagogik Nr. 9508, München, o. J.

22 Sigmund Freud, »*Trauer und Melancholie*«, G. W., Band X, London, 1949, S. 438 f

23 Thomas Hardy (1840–1928) entwickelte unter dem Einfluß der Philosophie von Spencer und Schopenhauer in seiner Lyrik einen düsteren Pessimismus. Seine Heimat Dorset, die er ›Wessex‹ nennt, bildet die Szenerie seines Werkes; zugleich steht sie als Symbol für die einsame, zum tragischen Scheitern verurteilte Existenz des Menschen, denn eine blindwütende, gleichgültige Macht hebt den Menschen empor oder zerbricht ihn, wie es ihr gefällt.

24 »If I've killed one man, I've killed two –
The vampire who said he was you
And drank my blood for a year,
Seven years, if you want to know.
Daddy, you can lie back now.
There's a stake in your fat black heart ...«

25 Sigmund Freud, *»Das Ich und das Es«*, G. W., Band XII, London, 1940

26 Melanie Klein (1882–1960). Der Ausgangspunkt ihrer analytischen Forschung war die Kinderanalyse, die ihr den direkten Zugang zu den frühkindlichen Konflikten eröffnete. Sie führte Spielsachen in die Analyse des Kindes ein und entdeckte damit ein überaus wichtiges Werkzeug zur analytischen Forschung, das ihr erlaubte, die Erkenntnisse Freuds aus der direkten analytischen Beobachtung zu bestätigen. *»Die Psychoanalyse des Kindes«*, Geist und Psyche Nr. 2109, München, 1973; *»Das Seelenleben des Kleinkindes und andere Beiträge zur Psychoanalyse«*, rororo studium Nr. 6, Reinbek bei Hamburg, 1972.

27 Karl Menninger (geb. 1893), der »Papst der amerikanischen Psychiater«, Leiter der berühmten nach ihm benannten psychiatrischen Klinik (Menninger Clinic) in Topeca/Kansas, Präsident der Menninger Foundation, ist neben zahlreichen fachwissenschaftlichen Arbeiten mit mehreren Büchern über Psychiatrie hervorgetreten, u. a.: *»Das Leben als Balance. Seelische Gesundheit und Krankheit im Lebensprozeß«*, München, 1969

28 Leonard M. Moss und Donald Hamilton, *»Psychotherapy of the Suicidal Patient«*, in *»Clues to Suicide«*, herausgegeben von Edwin S. Shneidman und Norman L. Farberow, New York, 1957, und Maidenhead, 1963, p. 99–110

29 Thomas Chatterton (1752–1770), Das ›Wunderkind von Bristol‹, gab 1768 die *»Rowley poems«* heraus, die er einer in einer Kirche von Bristol gefundenen Handschrift des Mönchs Thomas Rowley aus dem 15. Jahrhundert entnommen zu haben vorgab. Wegen dieser Fälschung verfolgt, körperlich und seelisch erschöpft, endete er durch Selbstmord.

30 »So daddy, I'm finally through,
The black telephone's off at the root,
The voices just can't worm through«

31 Sigmund Freud, *»Trauer und Melancholie«*, a. a. O., S. 432 f

32 Beyond all this, the wish to be alone:

However the sky grows dark with invitation-cards
However we follow the printed directions of sex
However the family is photographed under the flagstaff –
Beyond all this, the wish to be alone.

Beneath it all, desire of oblivion runs:
Despite the artful tensions of the calendar,
The life insurance, the tabled fertility rites,
The costly aversion of the eyes from death –
Beneath it all, desire of oblivion runs.«

33 Sigmund Freud, *»Das Ich und das Es«*, a. a. O., S. 283

34 Sigmund Freud, a. a. O., S. 288

35 Sigmund Freud, *»Jenseits des Lustprinzips«*, G. W., Band XIII, London, 1943

36 Sigmund Freud, *»Die endliche und die unendliche Analyse«*, G. W., Band XVI, London 1950

37 Sigmund Freud, a. a. O., S. 283

38 Siehe S. A. K. Strahan, *»Suicide and Insanity«*, London, 1893, p. 108

39 Siehe Giles Romilly Fedden, *»Suicide«*, London und Toronto, 1938, p. 305

40 Cesare Pavese, *»Das Handwerk des Lebens. Tagebuch 1935–1950«*, a. a. O., S. 412

41 a. a. O., S. 131

42 a. a. O., S. 412

43 Hannah Arendt, *»Vita Activa oder Vom Tätigen Leben«*, Stuttgart, 1960, S. 311

44 Nadeschda Mandelstam, *»Das Jahrhundert der Wölfe«*, Eine Autobiographie, Frankfurt am Main, 1971, S. 301

45 Antonin Artaud *»Artaud Anthology«*, herausgegeben von Jack Hirschnian, San Francisco, 1965, und Great Horwood, 1967, p. 56

46 Paul Valéry, *»Œuvres«*, Paris, 1962, Band II, S. 610/11

47 *»Aurélien«* (geschrieben 1944) ist der 4. Band der Tetralogie *»Le monde réel«* von Louis Aragon (Band I: *»Die Glocken von Basel«*, 1934, Band 2: *»Die Viertel der Reichen«*, 1936, Band 3: *»Die Reisenden der Oberklasse«*, (1942). Louis Aragon (geboren 1897) begann als Dadaist, Surrealist, wurde 1930 Kommunist und schildert in seinen Romanen den Niedergang der Bourgeoisie. Der französische Zusammenbruch und die Widerstandsbewegung fanden in Aragons Gedichten ihren Ausdruck.

48 Neil Kessel, *»Self-Poisoning«*, in Shneidman, a. a. O., p. 346

Vierter Teil

1 Dante, *»Die Göttliche Komödie«*, *»Hölle«*, XIII. Gesang, Hamburg – Berlin, 1960, S. 58

2 a. a. O., I. Gesang, S. 7

3 Elliott Jacques, »*Death and the Mid-Life Crisis*«, ›*International Journal of Psycho-Analysis*‹, Band 46, 1965, p. 502–514

4 John D. Sinclair, »*The Divine Comedy of Dante Alighieri*«, London und New York, 1948, p. 177

5 J. Huizinga, »*Herbst des Mittelalters. Studien über Lebens- und Geistesformen des 14. und 15. Jahrhunderts in Frankreich und in den Niederlanden*«, München, 1931, S. 207

6 Michel de Montaigne, »*Essais*«, Zürich, 1953, S. 121–141

7 Hauptwerk des englischen Staatsmanns und Humanisten Sir Thomas Morus (1478–1535). Die »*Utopia*« gibt eine halb scherzhafte Schilderung der idealen, auf Gemeineigentum beruhenden Gesellschaft und zugleich ein Reformprogramm im Hinblick auf die wirtschaftliche Überlegenheit Englands; die Nachwelt hat in ihr vor allem einen Staatsroman gesehen und danach die gesamte literarische Gattung der Utopie benannt.

8 Siehe M. D. Faber, »*Shakespeare's Suicides*«, in »*Essays in Self-Destruction*«, herausgegeben von Edwin S. Shneidman, New York, 1967, p. 31–37

9 »What if some little paine the passage have,
That makes fraile flesh to feare the bitter wave?
Is not short paine well borne, that brings long ease,
And layes the soule to sleep in quiet grave?
Sleepe after toyle, port after stormie seas,
Ease after ware, death after life does greatly please.«

»*Die Feenkönigin*« (»*The Faerie Queene*«) ist das Hauptwerk des englischen Dichters Edmund Spenser (1551–1599), ein fragmentarisches Epos, das in allegorischer Weise sechs Tugenden an den Abenteuern von sechs Artusrittern darstellt, die diese auf der Suche nach der Feenkönigin Gloriana zu bestehen haben. Die oft verwickelten allegorischen Beziehungen machen dieses Nationalepos undurchsichtig und viele Anspielungen zeitgebunden. Dennoch ist es hauptsächlich wegen der Schönheit der Sprache ein bedeutendes Kunstwerk.

10 »*The Complete Poetry and Selected Prose of John Donne*«, herausgegeben von Charles M. Coffin, New York, 1952, p. 387/88

11 John Donne, »*Biathanatos*«, New York, 1930, p. 17/18, 1947, p. 958–976

12 Donald Ramsay Roberts, »*The Death Wish of John Donne*«, ›*Publications of the Modern Language Society of America*‹, Band 62, 1947, p. 958–976

13 Izaak Walton, »*The Life of John Donne*«, London und New York, 1951, p. 56

14 a. a. O., p. 62

15 John Donne, »*Nacktes denkendes Herz. Aus seinen poetischen Schriften und Prosawerken*«, Köln, 1969, S. 88 ff.

16 John Donne, *»The Complete Poetry and Selected Prose of John Donne«*, a. a. O., p. 34/35

»Tis the yeares midnight, and it is the dayes,
Lucies, who scarce seaven houres herself unmaskes,
The Sunne is spent, and now his flasks
Send forth light squibs, no constant rayes;
The worlds whole sap is sunke:
The generall balme th'hydroptique earth hath drunk,
Whither, as to the beds-feet, life is shrunke,
Dead and enterr'd; yet all these seeme to laugh,
Compar'd with mee, who am their Epitaph.

Study me then, you who shall lovers bee
At the next world, that is, at the next Spring:
For I am every dead thing,
In whom love wrought new Alchimie.
For his art did expresse
A quintessence even from nothingnesse,
From dull privations, and leane emptinesse:
He ruin'd mee, and I am re-begot
Of absence, darknesse, death; things which are not.

All others, from all things, draw all that's good,
Life, soule, forme, spirit, whence they beeing have;
I, by loves limbecke, am the grave
Of all, that's nothing. Oft a flood
Have wee two wept, and so
Drownd the whole world, us two; oft did we grow
To be two Chaosses, when we did show
Care to ought else; and often absences
Withdrew our soules, and made us carcasses.

But I am by her death, (which word wrongs her)
Of the first nothing, the Elixer grown;
Were I a man, that I were one,
I needs must know; I should preferre,
If I were any beast,
Some ends, some means; Yea plants, yea stones detest,
And love; All, all some properties invest;
If I an ordinary nothing were,
As shadow, a light, and body must be here.

But I am None; nor will my Sunne renew.
You lovers, for whose sake, the lesser Sunne
At this time to the Goat is runne
To fetch new lust, and give it you,
Enjoy your summer all;

Since shee enjoyes her long nights festivall,
Let mee prepare towards her, and let mee call
This houre her Vigill, and her Eve, since this
Both the yeares, and the dayes deep midnight is.«

17 Ronald D. Laing (geb. 1927) deutet psychische Prozesse mit dem Blick auf ihre sozialen Implikationen und diese Implikationen als politische Phänomene. Auf diese Weise liefert er der Wissenschaft einen neuartigen Ansatzpunkt zur Beschreibung der Binnenstruktur menschlichen Verhaltens und zur Erforschung personaler Identität. »*Phänomenologie der Erfahrung*«, edition suhrkamp Nr. 314, Frankfurt/Main, 1970; »*Das Selbst und die Anderen*«, Köln, 1973; »*Knoten*«, das neue buch Nr. 25, Reinbek bei Hamburg, 1973, u. a. m.

18 Lawrence Babb, »*The Elizabethan Malady*«, East Lansing, 1951, p. 184; siehe auch Lawrence Babbs »*Sanity in Bedlam*«, East Lansing, 1959

19 Robert Burton, »*The Anatomy of Melancholy*«, Teil 1, Abschnitt 4, 1, London, 1838, p. 285. Die anderen Zitate sind aus demselben Abschnitt.

20 Bergen Evans, »*The Psychiatry of Robert Burton*«, London und New York, 1944, p. VII

21 S. E. Sprott, »*The English Debate on Suicide from Donne to Hume*«, La Salle, Illinois, 1961, p. 121/22

22 David Hume, »*Dialoge über natürliche Religion*«, Philosophische Bibliothek, Band 36, Leipzig, 1905, S. 150 ff

23 Horace Walpole, »*Correspondence*«, herausgegeben von W. S. Lewis, London und New Haven, 1961, Band XXXI, p. 337

24 Joseph Addison (1672–1719), englischer Staatsmann und Schriftsteller. Er gab u. a. zusammen mit Steele 1711 bis 1712 die Zeitschrift ›*The Spectator*‹ heraus, die durch seine Beiträge zur erfolgreichsten frühen moralischen Wochenschrift des 18. Jahrhunderts wurde. Seine liebe- und humorvollen Milieu- und Charakterzeichnungen bereiteten dem bürgerlichen Roman des 18. Jahrhunderts den Weg. Bahnbrechend war auch sein Bemühen, den Blick seiner Zeitgenossen auf die Schönheiten der Natur zu richten, wodurch er anregend auf die englische Romantik wirkte. Seine Tragödie »*Cato*« (1713) war Vorbild für Gottsched.

25 Alexander Pope (1688–1744), englischer Dichter; Repräsentant des englischen Klassizismus, der die Welt und das Leben hauptsächlich mit der Ratio zu erfassen und zu deuten versuchte.

26 Edward Young (1683–1765) schrieb neben Tragödien und Satiren die düster-gefühlsschwelgerischen »*Nachtgedanken*« und den Essay »*Conjectures on Original Composition*«, wodurch er auf den Geniebegriff der Romantik wirkte.

27 Robert Southey, »*The Life and Works of William Cowper*«, London, 1863, Band 1, p. 7

28 a. a. O., p. 120–131

29 »Man disavows, and Deity disonws me,
Hell might afford my miseries a shelter;
Therefore hell keeps her ever-hungry mouths all
Bolted against me...«

30 Thomas Gray (1716–1771) war mit seiner kontemplativen und elegischen Lyrik (Kirchhofspoesie) und als Entdecker der nordisch-keltischen Poesie ein Wegbereiter der Romantik.

31 Wenn nicht anders nachgewiesen, sind alle Chatterton-Zitate dem Buch von John Cranstoun Nevill, »*Thomas Chatterton*«, London und Toronto, 1948, entnommen.

32 Sigmund Freud, »*Bruchstücke einer Hysterie – Analyse*«, G. W., Band V, London 1942, S. 172 ff

33 John H. Ingram, »*The True Chatterton*«, London, 1910, p. 280

34 William James, »*The Varieties of Religious Experience*«, London, 1902, p. 364

35 John H. Ingram, »*The True Chatterton*«, a. a. O., p. 31

36 a. a. O., p. 112

37 The inheritors of unfulfilled renown
Rose from their thrones, built beyond mortal thought,
Far in the Unapparent. Chatterton
Rose pale, – his solemn agony had not
Yet faded from him....«

38 John Keats, »*The Letters of John Keats*«, herausgegeben von Maurice Buxton Forman, New York und London, 1948, p. 384, »*1780–1950*«, London, 1958, p. 37

39 Siehe eines der frühesten Dokumente der englischen Romantik, Edward Youngs »*Conjectures on Original Composition*«, (1759): »Von einem Original könnte man sagen, es sei urwüchsiger Natur; es erwächst aus den lebenskräftigen Wurzeln des Genius; es ›wächst‹, es wird nicht ›gemacht‹...« Zitiert nach Raymond Williams, »*Culture and Society*«

40 »Peace, peace! he is not dead, he doth not sleep –
He hath awakened from the dream of life –
'Tis we, who lost in stormy visions, keep
With phantoms an unprofitable strife,
And in mad trance, strike with our spirit's knife
Invulnerable nothings. – *We* decay
Like corpses in a charnel; fear and grief
Convulse us and consume us day by day,
And cold hopes swarm like worms within our living clay.«

41 »From the contagion of the world's slow stain
He is secure, and now can never mourn
A heart grown cold, a head grown gray in vain;
Nor, when the spirit's self has ceased to burn,
With sparkless ashes load an unlamented urn.«

42 »But now afflictions bow me down to earth:
Nor care I that they rob me of my mirth:
But oh! each visitation
Suspends what nature gave me at my birth,
My shaping spirit of Imagination.
For not to think of what I needs must feel,
But to be still and patient, all I can;
And haply by abstruse research to steal
From my own nature all the natural man –
This was my sole resource, my only plan:
Till that which suits a part infects the whole,
And now is almost grown the habit of my soul.
Hence, viper thoughts. . . .«

43 ». . . [I] dare no longer on the sad theme muse,
Lest kindred woes persuade a kindred doom:
For oh! big gall-drops, shook from Folly's wing,
Have blacken'd the fair promise of my spring;
And the stern Fate transpierc'd with viewless dart
The last pale Hope that shiver'd at my heart!
Hence, gloomy thoughts. . . .«

44 Richard Friedenthal, »*Goethe. Sein Leben und seine Zeit*«, München, 1963, S. 159/161. Folgendes Zitat: S. 160

45 Zitiert nach Forbes Winslow, »*The Anatomy of Suicide*«, London 1840, p. 205

46 William Empson, »*Seven Types of Ambiguity*«, London, 1930, und New York, 1931, p. 205

47 Sigmund Freud, »*Zeitgemäßes über Krieg und Tod*«, G. W., Band X, London 1949, S. 341

48 Sigmund Freud, a. a. O., S. 343 f

49 Maxime du Camp, »*Literary Recollections*«, London, 1893, Band 1, p. 112; Band 2, p. 122

50 Gustave Flaubert, »*Correspondance*«, Band 2, Paris 1887–1893, S. 191, 58

51 Die Zitate dieses Absatzes sind dem Buch von Louis Maigron, »*Romantisme et les mœurs*«, Paris, 1910, entnommen.

52 Thomas Paine (1737–1809), amerikanischer Publizist und Politiker. Seine wortgewaltigen Flugschriften verhalfen dem Gedanken der Unabhängigkeit in den Kolonien zum Durchbruch. In verschiedenen Stellungen beteiligte er sich am Kampf gegen England, ging 1787 dorthin zurück. Seine als Erwiderung auf Burkes »*Reflections*« zur Rechtfertigung der Französischen Revolution veröffentlichte Schrift »*Die Rechte des Menschen*« wurde in England unterdrückt. Paine wurde französischer Staatsbürger und schrieb ab 1794 seine deistische, gegen wörtliche Bibelauslegung gerichtete Abhandlung »*The Age of Reason*« (»*Das Zeitalter der Vernunft*«).

53 Mario Praz, »*Liebe, Tod und Teufel. Die schwarze Romantik*«, dtv Nr. 405, München, 1970
54 Sören Kierkegaard, »*Die Tagebücher*«, herausgegeben von Hayo Gerdes, Band 1, Düsseldorf/Köln 1962, S. 318
55 Albert Camus, »*Der Fremde*«, Boppard und Bad Salzig, 1948, S. 127
56 F. M. Dostojewskij, »*Tagebuch eines Schriftstellers*«, München, 1963, S. 275. Die folgenden Zitate: S. 276/77, S. 253, S. 257–59
57 Ludwig Wittgenstein, Tagebucheintragungen vom 10. 1. 1917, in: »*Schriften*«, Band 1, Frankfurt/Main 1960, S. 185
58 Leo Tolstoij, »*Meine Beichte*«, Berlin 1891, S. 22 f
59 W. B. Yeats, »*Autobiographies*«, New York, 1953, und London, 1955, p. 348/49
60 Louis Aragon, »*Manifest*«, in Maurice Nadeau, »*Geschichte des Surrealismus*«, Reinbek bei Hamburg, 1965, S. 32
61 Siehe »*The Dada Painters and Poets: An Anthology*«, herausgegeben von Robert Motherwell, New York, 1951. Wenn nicht anders angegeben, stammen alle Zitate in diesem Kapitel aus diesem Buch, das alle wichtigen historischen Fakten, Manifeste und Erinnerungen sammelt.
62 Hans Richter, »*Dada-Kunst und Antikunst*«, Köln 1964, S. 18
63 André Breton, »*Die arrogante Beichte*«, in Maurice Nadeau, a. a. O., S. 23 f
64 Siehe Hans Richter, in a. a. O., S. 176
65 ›*La Révolution Surréaliste*‹, Nr. 12, Dezember 1929
66 a. a. O.
67 Zitiert nach Maurice Nadeau, a. a. O., S. 79
68 Wilfred Owen, »*Collected Letters*«, herausgegeben von Harold Owen und John Bell, London und New York, 1967, p. 521
69 Robert Jay Lifton, »*Death in Life: The Survivors of Hiroshima*«, London und New York, 1968. Und siehe »*The Survivors*«, p. 479–541
70 Keisuke Harada, zitiert nach a. a. O., p. 528
71 Franz Kafka, »*Gesammelte Werke*«, herausgegeben von Max Brod, »*Briefe 1902 bis 1924*«, Frankfurt/Main, 1958, S. 27
72 Boris Pasternak, »*Über mich selbst. Versuch einer Autobiographie*«, Frankfurt/Main, 1959, S. 68/69
73 Hannah Arendt, »*Die Konzentrationslager*«, in »*Elemente und Ursprünge totaler Herrschaft*«, Frankfurt/Main, S. 712. In diesem Zusammenhang ist der gesamte 3. Teil »*Totalitäre Bewegung und totale Herrschaft*« des Buches von Bedeutung.
74 Tadeusz Borowski, »*Die steinerne Welt*«, München, 1963, S. 269
75 Tadeusz Borowski, »*Und sie gingen ...*«, in a. a. O., S. 188
76 Andrzej Wirth, »*A Discovery of Tragedy*«, in ›*Polish Review*‹, Nr. 12, 1967, p. 43–52
77 Tadeusz Borowski, zitiert nach »*Die unvollständige Rechnung des Tadeusz Borowski*«, Nachwort von Andrzej Wirth zu Tadeusz Borowski, »*Die steinerne Welt*«, a. a. O., S. 278

78 Matthew Arnold (1822–1888), englischer Dichter und Kritiker. Seine Dichtung ist in Form und Thematik an antiken Vorbildern orientiert. Wehmütig im Ton, stoisch in der Haltung kündet sie von der Suche nach neuen Lebensinhalten und Idealen. Als Professor für Dichtung in Oxford (1857–1867) prägte Arnold die berühmte Formel, Dichtung sei Kritik oder Deutung des Lebens. In der letzten Phase seines Schaffens nahm er vor allem zu kulturphilosophischen Fragen Stellung.

79 Albert Camus, »*Der Mythos von Sisyphos. Ein Versuch über das Absurde*«, rowohlts deutsche enzyklopädie, Nr. 90, Hamburg, 1959, S. 95

80 Hayden Carruth, »*A Meaning of Robert Lowell*«, ›*Hudson Review*‹, Herbst 1967, p. 429–447

81 Vasko Popa (geboren 1922) gilt als originellster Lyriker in der serbischen Dichtung der Gegenwart. Er erlebt die Welt tragisch, kämpft aber gegen das Tragische mit den Mitteln von Groteske, Humor und Phantastik. »*Gedichte*«, Ebenhausen, 1961

82 Philip Roth, »*Portnoys Beschwerden*«, Reinbek bei Hamburg, 1970

Personenregister

Sozialwissenschaften

A. Alvarez
Der grausame Gott
Eine Studie über den Selbstmord
Bd. 3807

Stella Baum
Der verborgene Tod
Auskünfte über ein Tabu
Bd. 3414

Howard S. Becker
Außenseiter
Zur Soziologie abweichenden Verhaltens
Bd. 6624

Daniel Bell
Die Zukunft der westlichen Welt
Kultur und Technologie im Widerstreit
Bd. 3411

Peter L. Berger
Auf den Spuren der Engel
Die moderne Gesellschaft und die Wiederentdeckung der Transzendenz
Bd. 6625

Peter L. Berger / Thomas Luckmann
Die gesellschaftliche Konstruktion der Wirklichkeit
Eine Theorie der Wissenssoziologie
Bd. 6623

Wilhelm Bernsdorf
Wörterbuch der Soziologie
3 Bände: Bd. 6131, 6132, 6133

Ernest Borneman
Das Patriarchat
Ursprung und Zukunft unseres Gesellschaftssystems
Bd. 3416

Fischer Taschenbuch Verlag